김동완의 사주명리학 강의 Vol.3
사주명리학
격국특강

원리를 알면 실전에 강하다!

김동완의 사주명리학 강의 Vol.3

사주명리학 격국특강

김동완
사주명리학 연구가

동학사

격국을 알면 사람을 알 수 있다

부족함이 많은 사람이 『사주명리학 초보탈출』과 『사주명리학 완전정복』에 이어 세 번째 책을 출간하게 되었다. 앞서 펴낸 책들이 생각보다 많은 사랑을 받아서 기쁘면서도 더 좋은 책을 펴내야 한다는 책임감을 마음 깊이 느꼈다. 그러면서도 기존의 학설들에 의문을 제기하며 새로운 학설을 주장하고 선도해 나가는 입장에서 하루 빨리 독자들에게 새로운 학문적 성과를 검증받고 싶었다.

　이제까지 대덕이 공부한 격국론을 이 책 한 권에 모두 정리했다고 생각하면서도 마지막 연필을 놓으면서는 좀더 잘 정리하고 좀더 잘 썼어야 했다는 후회가 든다. 그래도 평소 격국에 대해 하고 싶은 이야기를 했기에 마음이 홀가분하다.

이 책에서는 현대 사주명리학에서 격국 무용론이라고 비판을 받는 격국론에 대해 정리하였다. 그래서 그 어느 때보다 독자 여러분들의 반응이 궁금하다. 격국은 사주 주인공의 그릇 즉 성격, 개성, 직업 적성 등을 알아보는 도구이다. 격국을 알면 사람을 알 수 있다. 그러나 격국을 확대해서 활용하거나 용신과 혼용하면 안 된다.

　그와 같은 기존 이론의 오류를 발견하여 수정 보완하고 새로운 학설을 제시하여 정확한 사주 분석에 한발짝 다가섰다고 자부하기에 선배 제현들과 동료 사주명리학자들의 많은 관심을 바란다. 임상실험을 거쳐 대덕 이론을 비판하고 질책한다면 필자는 언제라도 겸허하게 수용할 것이다.

이 책의 출간과 더불어 대덕의 학설을 널리 알리고 있는 여러 제자 선생님들, 한국역학학회 임원 및 회원분들, 각 대학과 문화센터의 제자 여러분들, 〈좋은 사람들〉의 박범계 회장님과 회원님들과 화택규 모임을 이끌어주시는 회장 및 회원님들께 진심으로 감사의 마음을 전한다. 교정과 문서작업에 오랜 시간 고생한 한국역학학회 이영숙 기획실장에게도 감사한다. 그리고 대덕과의 인연을 소중히 여기고 어려운 부탁임에도 기꺼이 추천의 글을 써주신 모든 분들께도 진심으로 감사의 인사를 전한다.

　특히 2006년 family란 이름으로 만난 사랑하는 〈family〉 여러분들께 가슴 뜨거운 고마움을 표한다. 이분들을 만나고 나서 내 인생에 행운과 행복이 끊임없이 밀려왔음을 진심으로 고맙고 감사하게 생각한다. 이 세상 다할 때까지 함께 할 수 있기를 간절히 바란다.

　사주명리학의 길을 걷는 대덕을 언제나 안타까운 시선으로 지켜보고 있는 부모 형제에게는 진심으로 미안할 뿐이다. 살아오는 동안 대덕과 스쳐 지나간 모든 분들과 현재 만나고 있는 모든 분들께 진심으로 감사한다. 인연의 끈으로 만난 이 분들이 나의 스승이었고 내 삶의 일부분임을 진심으로 감사한다.

2006년 7월 김동완

일러두기

1 이 책에서는 일반 이론의 격국론을 상세하게 다루어 격국 전반에 대한 이해를 돕고 있다. 격국론의 내용 중 고전격(일반격)과 용신격을 각 격마다 분석하고 실제 사주 예를 설명하여 독자들이 고전격과 용신격을 이해하기 쉽도록 하였다.

2 이 책에서는 격국론의 역사와 흐름을 자세하게 설명함으로써 사주명리학사(四柱命理學史)에 대한 이해를 돕고 있다. 격국론의 역사를 이해함으로써 격국론의 타당성을 검토할 수 있는 기회가 될 것이다.

3 이 책에서는 기존의 격국론이 가지고 있는 문제점들을 꼼꼼한 분석을 통하여 비판하고, 나아가 기존 이론들을 수정 보완하여 새로운 격국론을 창조하였다. 이러한 시도가 사주명리학사에 새로운 흐름으로 이어지기를 바란다.

4 이 책에서는 기존의 격국론이 가지고 있는 한계, 즉 하나의 사주에는 하나의 격국만이 있다고 주장하며 용신과 격국을 혼용하는 문제점을 지적하였다. 그리고 어떤 사주든 하나의 사주에는 여러 개의 격국이 함께 존재함을 알리고, 격국론과 용신론을 분리하여 정리하였다.

5 이 책에서는 격국론을 심층적으로 다루고 있을 뿐만 아니라 실전문제를 더욱 보강하여 본문에서 학습한 격국론을 검토해볼 수 있게 하였다. 격국론의 개념에 대한 문제부터 실제 사주를 분석하는 문제까지 여러 가지 다양한 문제를 풀어봄으로써 독자 스스로 자신의 격국 실력을 테스트할 수 있을 것이다.

6 이제 한발 한발 사주명리학 전문가의 수준에 가까워지고 있다. 이미 여러 번 말했듯이 자신의 사주명리학 실력을 뽐내고 싶은 시기가 다가오고 있다. 들뜬 마음을 가라앉히고 따뜻한 상담가, 아름다운 카운슬러의 마음가짐을 다시금 떠올려보기를 바란다.

CONTENTS

머리말 4 / 일러두기 5

1부 격국의 이해

1. 격국의 정의 10
2. 일반 이론의 문제점 11
3. 격국의 종류와 역사 18
   1. 『낙록자삼명소식부주』의 격국 18
   2. 『옥조신응진경주』의 격국 19
   3. 『명통부』의 격국 20
   4. 『연해자평』의 격국 21
   5. 『명리정종』의 격국 22
   6. 『삼명통회』의 격국 22
   7. 『명리약언』의 격국 22
   8. 『자평진전』의 격국 22
   9. 『적천수』의 격국 22

실전문제 24
대덕 한마디 : 격국을 알면 자신이 보인다 · 26

2부 용신격

1. 용신격의 의의 31
2. 용신격의 역사 32
3. 용신격의 분석 33
4. 용신격의 종류 33
   1. 신강 사주의 용신격 33
   2. 신약 사주의 용신격 44
   3. 화기용신격 60

실전문제 64
대덕 한마디 : 입시 스트레스와 청소년의 무적 사봉 · 68

3부 고전격

1. **고전격의 의의** 72
2. **고전격의 역사** 74
3. **고전격의 분석** 75
4. **고전격의 종류** 75
   1. 사주원국에 없는 오행이나 육친을 불러들이는 격국들 76
   2. 신살을 이용한 격국들 90
   3. 기타 고전격 103

실전문제 108
대덕 한마디 : **사주팔자의 적성을 잘 찾아야 행복하다** · 112

4부 대덕 이론

1. **대덕 이론을 시작하기 앞서** 116
   1. 격국의 중요성 117
   2. 격국 분석의 주의사항 121
2. **내격** 124
   1. 내격의 정의 124
   2. 내격을 잡는 방법 127
   3. 내격의 종류 131
3. **외격** 147
   1. 종격 148
   2. 왕왕격 164
   3. 일위귀격 174
   4. 발달격 204
   5. 삼합격 214
   6. 기타 특별 외격 227

실전문제 288
대덕 한마디 : **우리 나라 운명산업의 현주소** · 302

격국(格局)은 일정한 규격을 의미하는 격(格)과 일정한 국세를 의미하는

국(局)을 합친 말로서 기존의 일반 이론에서는 대체적으로 사주의 형상이나 구조를 의미하지만,

대덕 이론에서는 사주에 나타나는 그 사람의 특징을 의미한다.

흔히 어떤 사람의 그릇이 크거나 작다는 말들을 하는데, 이 그릇이라는 말이 바로 격국과 같은 뜻이다.

일반 이론 특히 격국용신에서는 격국과 용신을 분리하지 않고, 사주 주인공의 됨됨이나 그릇을 알아내기 위해서

격국을 판단하는 게 아니라 용신을 찾아내기 위해 격국을 사용한다.

하지만 격국과 용신은 분리해야 한다는 것이 필자의 입장이다.

김동완의 사주명리학 강의 Vol.3
사주명리학 격국특강

격국의 이해

1. 격국의 정의
2. 일반 이론의 문제점
3. 격국의 종류와 역사

chapter 01

격국의 이해

격국은 사주의 형상이나 구조를 의미하며, 격국을 통해 사주 주인공의 특성, 개성, 성격, 적성 등을 알 수 있다. 일반 이론에는 격국과 용신을 혼용한 용신격이 있지만, 대덕 이론에서는 격국과 용신을 철저하게 구분하여 사주 주인공을 파악하는 도구로만 격국을 활용한다.

1. 격국의 정의

> **POINT**
>
> **격국**
>
> 사주팔자에 나타난 사주 주인공의 특성, 개성, 성격, 적성 등을 말한다. 한마디로 그릇의 크기라고 하며, 크게 외격과 내격으로 나누어진다.

격국(格局)은 일정한 규격을 의미하는 격(格)과 일정한 국세를 의미하는 국(局)을 합친 말로서 기존의 일반 이론에서는 대체적으로 사주의 형상이나 구조를 의미하지만, 대덕 이론에서는 사주에 나타나는 그 사람의 특징을 의미한다. 흔히 어떤 사람의 그릇이 크거나 작다는 말들을 하는데, 이 그릇이라는 말이 바로 격국과 같은 뜻이다.

일반 이론 특히 격국용신에서는 격국과 용신을 분리하지 않고, 사주 주인공의 됨됨이나 그릇을 알아내기 위해서 격국을 판단하는 게 아니라 용신을 찾아내기 위해 격국을 사용한다. 하지만 격국과 용신은 분리해야 한다는 것이 필자의 입장이므로, 용신을 찾아내는 방법은 다음 용신론에서 다루고, 여기에서는 격국 즉 사람의 그릇을 알아보는 법에 초점을 두어 설명한다.

2. 일반 이론의 문제점

일반 이론에서는 격국을 사주 주인공의 특성을 분석해내는 데 사용하기보다는 용신을 찾아내는 도구로 더 많이 사용한다. 일부 사주명리학자들을 제외한 대다수의 사주명리학자들이 격국보다는 용신 중심의 사주 해석을 따르고 있다. 현대의 사주명리학자뿐만 아니라 오래 전 선배 사주명리학자들 또한 용신에 치중하여 사주를 판단해왔다.

모든 일반 이론이 격국을 용신을 찾는 데 사용하는 것은 아니다. 그러나 격국은 활용한다고 해도, 일단 격국으로 그 사람의 그릇을 판단하기보다는 용신에 따라서 운명을 판단하기 때문에 운명이 극과 극으로 달라지는 문제가 생긴다. 다시 말해 사주원국 자체를 분석하기보다는 대운에서 용신이 들어오는가 들어오지 않는가를 따져서 사주 주인공의 흥망성쇠를 읽는 것이다. 그래서 제 아무리 격국이 좋아도 대운이 나쁘면 아무런 쓸모가 없고, 격국이 조금 나빠도 대운에 용신이 들어오면 운명이 좋다고 판단한다. 결국 용신이 한 사람의 운명을 좌우하는 셈이다.

이것이 바로 일반 이론의 문제점이다. 타고난 사주팔자를 읽어내기보다는 용신을 찾아서 그 용신으로 타고난 사주팔자를 평가하는 것이다. 그러나 필자의 생각은 이와 다르다. 격국을 살려야 사주팔자가 살고, 격국을 살려야 사주명리학이 산다.

그렇다면 일반 이론에서는 사주의 용신을 어떻게 정할까? 용신이란 사주에 필요한 오행과 육친을 말한다. 일반 이론에서는 이 용신으로 사주 주인공의 직업과 적성, 배우자와 가족 그리고 대운과 세운 등을 살펴본다. 한번 생각해보자. 특정 오행이나 육친을 사주에서 필요로 이유는 그것이 사주에 부족하거나 힘이 약하기 때문이다. 이러한 오행이나 육친을 용신으로 정해서 인간사의 모든 분야에 적용시킨다는 점에서 일반 이론은 타당성이 부족하다.

용신 다시 말해서 사주에서 힘이 약한 오행과 육친은 그 사주의 장점이 아니라 단점으로 볼 수 있다. 반대로 어떤 사주의 장점이란 그 사주에 많은 오행이나 발달한 오행 또는 그 사주에 많은 육친이나 발달한 육친이다. 바로 이 오행이나 육친에 그 사람의 성격과 특징이 드러난다. 그런데 일반 이론은 이러한 사실을 전혀 고려하지 않고 오히려 사주의 단점을 위주로 사주 주인공을 판단한다.

예를 들어 어떤 사주에 화(火)가 강하다면 토(土), 금(金), 수(水) 중의 하나를 용신으로 삼을 가능성이 높다. 이 사람의 장점이나 특성은 용신에서 찾을 수 있는 것이 아니라 사주원국에 많은 화(火)에서 찾을 수 있다. 화(火)는 활동적이고 급한 성격을 나타내므로, 이 사람은 활동적이고 급한 성격에 맞는 진로를 찾고 그에 맞는 직업을 선택해야 한다.

그러나 일반 이론의 용신론은 이러한 사실을 무시하고, 오히려 사주에 부족해서 단점에 해당하는 용신으로 사주 당사자의 운명을 좌지우지하려고 한다. 성격이 활동적인 사람에게 당신은 안정적인 오행이 용신이므로 직업 역시 안정적인 것을 선택해야 한다고 강요하는 꼴이다.

또한 일반 이론은 격국이 이루어졌다고 해도 형, 충, 파, 해가 있으면 격이 깨어진다는 뜻에서 파격(破格)이 된다고 하고, 공망이나 괴강살이 있어도 격이 떨어지는 하격 사주로 본다. 하지만 어떤 사주든 형, 충, 파, 해, 공망, 괴강살이 없는 경우는 매우 드물다. 게다가 현대 사주명리학에서는 파, 해, 공망 등의 신살은 버리고 적용하지 않는 추세이므로 이는 타당성이 부족한 이론이다.

이러한 일반 이론의 격국론을 과감하게 버려야 사주명리학이 살 수 있다. 사주명리학을 공부하는 여러분 역시 앞으로 많은 연구를 계속한다면 이와 같은 필자의 주장에 반드시 동의하리라고 믿는다. 사주원국(또는 원사주)의 특징이나 장점 등을 파악하기 전에, 보완해야 할 단점인 용신을 가지고 그 사람의 됨됨이와 인생사를 살피고 인생의 흐름을 읽어왔던 것이 지금까지 사주명리학이 걸어온 길이다.

그러나 앞으로는 과감하게 용신을 축소하여 적용하고, 사주팔자에 나타난 그 사람의 장점과 됨됨이, 적성, 성격, 개성, 부부관계, 가족관계, 대인관계 등을 먼저 읽어야 한다. 타고난 사주팔자를 철저하게 분석해서 그 사주의 모든 특성과 장단점을 내담자에게 전부 알려주어야 한다. 그러기 위해서는 과감하게 용신을 버리고 사주원국 자체를 읽는 데 시간을 더 투자해야 한다. 여기서 용신을 버리라는 표현은 현재의 사주명리학계가 용신론에 너무 빠져 있다고 생각해서 다소 강하게 표현한 것일 뿐, 대덕 이론에서 용신은 대운이나 연운과 관련해 유용하게 활용된다.

사주원국 자체를 중시하는 것은 사주원국에 나타난 사주 당사자의 장점과 단점이 인생의 70% 정도를 좌우한다고 보기 때문이다. 지금까지는 흘러가는 대운에 용신이나 희신이 들어오는가 아니면 기신이나 구신이 들어오는가에 따라 한 사람의 인생이 좌우되었다고 보아도 과언이 아니다. 이렇게 용신과 대운에 치우쳐서 사주명리학 이론을 전개해왔고 그것을 사주 상담에 활용해왔다. 그러다 보니 용신을 찾아내기 위해서 사주원국을 읽었지 사주원국 자체를 파악하는 데는 소홀할 수밖에 없었다.

사람의 운명은 타고난 적성과 성격을 살려 직업을 선택하는가 그렇지 않은가에 따라 크게 달라진다. 이러한 특성은 사주원국 자체를 파악하여 알아낼 수 있다. 예를 들어, 도화살과 편인이 있는 사람은 예술 분야와 연예계 방면의 직업이 잘 맞는다. 그런데 똑같은 사주를 가진 두 사람 중에 한 사람은 타고난 사주의 장점을 살려서 예술 분야의 일을 선택하고, 다른 한 사람은 자신의 적성과는 관련이 먼 사업을 하거나 평범한 직장에 다닌다면 두 사람의 인생은 어떻게 달라질까. 당연히 자신의 사주팔자에 나타난 특징을 살려서 직업을 선택한 사람은 대운이 조금 나쁘더라도 자신의 직업에 만족하며 살 것이고, 적성에 맞지 않는 직업을 선택한 사람은 대운이 좋다고 해도 평생을 갈등과 혼란 속에서 살아갈 것이다. 사주원국 자체를 읽어야 하는 까닭은 이러한 내용을 보아도 잘 알 수 있다.

그러나 사주 간명에 일반 이론의 용신론을 적용하는 사람들은 대운에 용신이 들어오면 저절로 좋은 직업을 선택할 것이라고 말한다. 그러나 필자는 그러한 의견에 결코 동의할 수 없다. 분명히 말하지만, 사주명리학을 공부하는 목적은 이론을 완벽하게 이해하는 것에 그치지 않고 그 지식을 실제 사주 간명에 적용하여 사주를 잘 풀어내는 데 있다. 소위 고전이라고 하는 옛 학자들의 저술을 독파했는가, 사주명리학 공부를 얼마나 오래 했는가 등도 중요하지만, 사주를 얼마나 잘 푸는가가 더욱 중요하다.

격국을 부정하며 버려야 한다고 주장하는 사람들은 격국을 일종의 꽉 짜여진 틀 또는 고정된 형태로 본다. 이것은 격을 어떤 일간이 무슨 월에 태어났는가 하는 내격 위주로만 판단하기 때문이다. 그들은 격국 하면 으레 내격과 외격 중에 하나라고 보고 그 격에 사주를 맞추어 부귀빈천과 상하를 논한다. 그런데 이것이 임상결과와 일치하지 않기 때문에 격국론의 타당성을 의심하게 되고, 격국론과 용신론이 뒤얽혀서 결국에는 격국의 유용성까지 의심하기에 이르렀다. 그래서 고전에 언급된 격국들을 모조리 버려야 한다는 격국 무용론자들이 등장하게 된 것이다.

옛 책에서도 고전의 격국들을 비판하는 내용이 의외로 많다. 유백온(1311~1375)은 사주명리학 책 중에서 큰 비중을 차지하는 『적천수(滴天隨)』에서 내격을 제외한 외격들을 철저하게 비판하였다. 지금으로부터 600여 년 전에 이미 고전 격국론을 비판한 사실이 놀랍다.

影響遙繫旣爲虛(영향요계기위허)
雜氣財官不可拘(잡기재관불가구)
그림자도 메아리도 요란하고 보이는 것이나 얽혀 있는 것도 허망한데
잡기재관이 무엇인가 가히 버려야 할지니라

그런데 버려야 할 이론들 즉 쓸모 없는 격들은 어떻게 해서 생겨났을까?

첫째, 어느 누구의 사주든 격은 반드시 하나여야 한다고 생각했기 때문이다. 한 사주에서 용신 하나를 찾아내듯이 격 또한 반드시 하나만 있어야 한다고 고집하다 보니 사주명리학자들마다 사주를 보는 관점이 서로 달라지게 되었고, 이것이 격의 혼란을 가져왔다.

둘째, 격국이 만들어진 시대는 엄격한 신분제 사회로서 왕족과 양반 계층을 대상으로 격국을 적용하다 보니 대다수 평민들의 사주를 제외시켰고 그 결과 통계적으로 오류가 발생하게 되었다. 대부분의 사람들이 평민인데 이들의 삶을 무시하고 사주명리학 이론을 전개했으니 평민들의 사주에 격국은 전혀 쓸모가 없었다. 철저한 신분제 사회에서는 제 아무리 좋은 사주를 타고난다고 해도 천민은 천민을 벗어나지 못하기 때문이다.

예를 들어보자. 어떤 왕이 딸 일곱에 아들 하나를 낳았다. 사주팔자의 좋고 나쁨을 따지지 않아도 이 왕자는 무조건 왕이 될 수밖에 없다. 그렇다고 해서 왕자의 사주가 반드시 왕의 그릇을 타고났을까? 답은 '아니다'이다. 마찬가지로 과거에 영의정의 아들은 아버지의 후광으로 웬만큼 높은 벼슬도 어렵지 않게 얻을 수 있었다. 영의정 아들의 사주가 그 집안의 머슴 사주와 큰 차이가 있을까? 역시 답은 '아니다'이다. 왕족이나 귀족이나 양반이나 사주만 놓고 보면 전혀 왕자나 정승이 될 만한 그릇이 아닌데 상류 계층이라는 이유만으로 쉽게 높은 지위에 오르는 것이다.

고전격을 다룬 고전 격국론은 이렇게 타고난 사주에 비해 높은 지위에 오르는 사주를 좋은 사주로 만들기 위해 없는 격을 만들고, 비천록마격이니 합록격이니 자오사격이니 축요사격 등을 만들어서 사주 내에 없는 오행을 충이나 합으로 불러들였다. 왕족이나 귀족 그리고 상류층 등 대물림이 가능한 사주만을 모아놓은 고서들을 가지고 현대의 복잡다단한 삶을 파악하려는 것은 문제가 있다.

셋째, 사주명리학 이론을 단순히 외우거나 무조건적으로 수용하려는 태도 또한 고전 격국론을 쓸모 없는 이론으로 몰아간 원인이다. 어떤 학문이든 내적인 성찰 없이 무조건적으로 받아들인다면 그 학문은 절대 발전할 수 없다. 특히 사람의 운명을 판단하는 사주명리학은 책상에 앉아 책만 읽는다고 실력이 느는 것도 아니고, 사주명리학의 고서들을 완전히 섭렵한다고 해서 사주를 술술 풀 수 있는 것도 아니다. 사주명리학의 궁극적인 목적은 실제 사주를 놓고 간명하는 실전에 있다.

앞서 설명한 것처럼 왕족이나 귀족 그리고 상류층 등 대물림이 가능한 사주만을 모아놓은 고서들을 가지고 구태의연한 사주 해석을 시도한 고전 격국론은 분명 문제가 있다. 그런데 격국으로는 현대의 복잡다단한 삶을 설명할 수 없으므로 버려야 한다는 격국 무용론자들에게도 문제가 많다. 이들은 사주명리학 정통 이론에 몰입하여 고서에서 정답을 찾다가 고서의 오류를 발견하고 이내 그것을 비판하는 과정에서 격국 무용론을 주장하였다.

예를 들어, 사주명리학에서 중요하게 여기는 『난강망(欄江網)』(『궁통보감(窮通寶鑑)』이라고도 한다)이라는 책에서는 조후의 필요성을 주장하면서 태어난 월에 따라 일간의 규격이 정해져 있다고 설명한다. 한 예로, 경금(庚金) 일간이 미(未)월에 태어나면 무조건 정화(丁火)를 용신으로 삼고 갑목(甲木)을 보조용신 즉 희신으로 삼아야 상격이 된다고 한다. 여기에 해당하지 않으면 하격 사주가 된다. 그런데 이렇게 단순히 일간과 월지만으로 격을 따지다 보니 한계에 부딪히게 되었고, 상격의 조건을 갖추지 않아도 상격이라고 할 만한 좋은 사주들이 있다는 것을 알게 되었다. 이렇듯 여러 고서에서 설명한 대로 임상을 해보았는데도 정확한 답이 나오지 않으니 점차 격국 자체를 무시하게 된 것이다.

그러나 아직까지는 고전의 격국을 사용하는 사주명리학자들이 더 많고, 격국 무용론자들 또한 용신을 정한 후 격국을 찾는 용신격 이론으로 방향을 바꾸었을 뿐 격국 자체를 버리지는 않는다. 필자 역시 격국의 종류 중에 쓸모 없는 격들이 너무 많아져서 문제이지 격국 자체가 문제는 아니라고 본다.

일부 내용이 맞지 않는다는 이유로 그 이론 전체를 비판하고 사장시키려는 태도는 오류가 있는 이론을 적용하는 사람들뿐만 아니라 이들을 비판하는 사람들 그리고 사주명리학을 공부하는 모든 학자들이 다 함께 반성해야 한다. 고서의 틀에서 벗어나 다양한 분석을 시도하는 것은 모든 사주명리학자들의 과제이기 때문이다. 옛 책에서 오류를 발견했다고 해서 그것을 보완하고 발전시키는 대신 무조건 비판만 하고 그것들 모두를 무시하는 것은 사주명리학의 발전에 전혀 도움이 되지 않는다. 여러 고서들에 나온 이론들을 제대로 연구해보고 이론적인 타당성을 검토해본 후 버려도 늦지 않을 것이다. 선배 제현들의 연구를 응용하여 사주명리학을 발전을 꾀하는 것은 후배 명리학자들의 의무이다. 중요한 것은 과거의 격국론으로 현대인들의 사주를 얼마나 잘 풀 수 있는가 하는 점이다. 격국을 통해 현대인들의 삶에 얼마나 많은 희망을 수 있을 것인가가 더욱 중요하다.

이 책에서는 옛 책의 내용을 무조건 수용하지 않고, 이제까지 필자의 임상경험 및 연구를 통해 발견한 새로운 격국을 소개하고, 한 사주에 하나의 격만이 존재하는 것이 아니라 다양한 격들이 존재할 수 있음을 밝히는 데 초점을 둔다.

예를 들어 격국 중에 도화격이 있는데, 이 도화격 사주에는 도화격뿐만 아니라 다른 격들이 함께 존재한다. 도화살의 특징이 가장 크게 나타나므로 도화격이라고 부를 따름이다. 이러한 특징을 잘 파악하면 사주 주인공의 적성, 성격, 직업을 판단하는 데 큰 도움이 된다. 기존의 일반 이론과 다른 내용도 있겠지만, 지금까지 필자의 임상결과로는 적중률 있는 내용이다. 조급하게 판단하지 말고 일반 이론의 선입견에서 벗어나 천천히 공부해 나간다면 분명 사주명리학 공부에 큰 도움이 되리라 믿는다.

3. 격국의 종류와 역사

격국은 크게 고전격과 용신격으로 구분된다. 고전격과 용신격은 별도로 전해온 학설은 아니다. 처음에는 고전격이 사용되다가 세월이 흐르면서 고전격의 한 종류로 용신격이 나타나기 시작했다고 볼 수 있다.

용신격이 사주원국의 기세와 틀(구조)을 보아서 격국을 정하고 그와 동시에 용신을 정한다면, 고전격은 사주의 단편적인 특징을 잡아서 사주를 해석하는 단식 판단법이라고 할 수 있다.

고전격 이론 중 대다수는 단순히 사주에 대한 설명으로 그치거나 신살을 활용하거나 사주원국에 없는 오행이나 육친을 불러들이는 등 허무맹랑한 논리를 바탕으로 하기 때문에 오랜 세월 동안 비판의 대상에서 벗어나지 못하고 있다. 이에 여기서는 우선 사주명리학 역사에 등장하는 고전격과 용신격 중에서 버려야 할 격과 계승해야 할 격을 구분하고자 한다. 자세한 내용은 다음의 용신격과 고전격 그리고 대덕 이론에서 상세하게 다루어질 것이다.

사주명리학을 다룬 옛 서적들 속에는 고전격과 용신격이 엄격하게 구분되어 있지 않기 때문에 먼저 각 서적 속에 존재하는 모든 격을 고전격과 용신격으로 나누고 버려야 할 격과 사용할 수 있는 격을 분류해보겠다. 대덕 이론은 고전격과 용신격을 모두 버리는 것이 아니라 그 중에서 사주원국을 통해 사주 주인공의 성격 유형, 적성, 개성 등을 읽어낼 수 있는 격들은 활용하고 있다.

각각의 사주명리학 저서에 실린 격국에 대해 알아보자. 참고로 다음 설명하는 서적 중에서 『낙록자삼명소식부주』, 『옥조신응진경주』, 『명통부』, 『연해자평』은 현대 사주명리학의 토대를 이루는 일간 중심의 사주명리학을 정립한 서자평의 저서이다.

1 『낙록자삼명소식부주』의 격국

사주 전체의 기세를 살펴서 격국을 정하고 단편적인 특징을 잡아서 사주를 해석하는 단식 판단법이 주류를 이룬다.

❶ 버려야 할 고전격

거지위복격(去之爲福格), 건록불부격(建祿不富格), 귀왕신쇠격(鬼旺身衰格), 금목성기격(金木成器格), 금화양정격(金火兩停格), 녹마동향격(祿馬同鄉格), 녹유삼회격(祿有三會格), 당우불우격(當憂不憂格), 동봉염열격(冬逢炎熱格), 마열재미격(馬劣財微格), 목토비화격(木土比和格), 무합유합격(無合有合格), 문희불희격(聞喜不喜格), 반안천록격(攀鞍天祿格), 배록불빈격(背祿不貧格), 불견지형격(不見之形格), 비천록마격(飛天祿馬格), 생시좌록격(生時坐祿格), 생월대록격(生月帶祿格), 수화기제격(水火旣濟格), 신왕귀절격(身旺鬼絶格), 음양불합격(陰陽不合格), 음양상합격(陰陽相合格), 장성부덕격(將星扶德格), 재명유기격(財命有氣格), 하초조상격(夏草早霜格).

❷ 사용해야 할 고전격

구진득위격(句陳得位格), 삼기위귀격(三奇爲貴格), 현무당권격(玄武當權格).

2 『옥조신응진경주』의 격국

천간과 지지의 음양오행을 정하고 음양오행의 생극합화(生剋合化)의 관계를 살펴서 사주의 등급과 길흉을 판단한다.

❶ 버려야 할 고전격

고목다수격(孤木多水格), 금목교치격(金木交馳格), 금왕무의격(金旺無依格), 금인봉금격(今人逢金格), 금인봉목격(金人逢木格), 금인봉화격(金人逢火格), 남다북소격(南多北少格), 남소북다격(南少北多格), 동쇠서왕격(東衰西旺格), 동왕서쇠격(東旺西衰格), 목괘생춘격(木卦生春格), 목왕무의격(木旺無依格), 목인봉금격(木人逢金格), 목인봉목격(木人逢木格), 상하상극격(相下相剋格), 세일조시격(歲日朝時格), 수인봉토격(水人逢土格), 수화상상격(水火相傷格), 신왕대관격(身旺帶官格), 유기봉관격(有氣逢官格), 융합거중격(隆合居中格), 을경왕상격(乙庚旺相格), 임정회패격(壬丁會敗格), 자림미위격(子臨未位格), 자협합축격(子夾合丑格), 지지상형격(地支相刑格), 토인봉목격(土人

逢木格), 합어편지격(合於偏地格), 화봉수괘격(火逢水卦格), 화인봉금격(火印封禁格), 화인봉수격(火人逢水格), 화인봉화격(火人逢火格).

❷ 사용해야 할 고전격
팔자순양격(八字純陽格), 팔자순음격(八字純陰格).

3 「명통부」의 격국
월령(월지)을 중시하면서 사주의 격국을 정하되, 사주원국의 다른 여러 가지 상황을 함께 분석한다. 현대 사주명리학의 용신격을 이루는 억부용신, 오행의 왕상휴수사, 십신의 길흉 등 정격과 잡격의 대부분이 완성되었다.

❶ 버려야 할 고전격
공귀격(控貴格), 공록격(拱祿格), 비천록마격(飛天祿馬格), 녹마격(正官祿馬格), 삼록격(三祿格), 삼인격(三刃格), 세덕격(歲德格), 양인격(陽刃格), 육을서귀격(六乙鼠貴格), 일록귀시격(日祿歸時格), 자요사격(子搖巳格), 전식합록격(專食合祿格), 전인합록격(專印合祿格), 정관육음조양격(六陰朝陽格), 포태격(胞胎格), 형합격(刑合格).

❷ 사용해야 할 고전격
곡직격(曲直格), 금신격(金神格), 시상일위 귀격(時上一位貴格), 육친의 십격(十格), 임기용배격(壬騎用背格), 염상격(炎上格), 윤하격(潤下格), 정란차격(井欄叉格), 종혁격(從革格).

❸ 사용해야 할 용신격
월령정관격(月令正官格), 월령정재격(月令正財格), 월령정인격(月令正印格), 월령칠살격(月令七殺格), 월령편재격(月令偏財格), 곡직격(曲直格), 관인격(官人格), 도식격(倒食格), 상관격(傷官格), 시상편재격(時上偏財格), 시봉칠살격(時逢七殺格), 식신격(食

神格), 염상격(炎上格), 윤하격(潤下格), 인수격(印綬格), 양인격(陽刃格), 잡기재관격(雜氣財官格), 재관격(財官格), 종혁격(從革格).

4 『연해자평』의 격국

대다수의 격국론과 용신론의 판단 기준이 될 뿐만 아니라 사주명리학의 고전으로 유명한 책이며, 십신(十神)의 성질을 심도 있게 분석하여 현대 사주명리학에 미친 영향이 매우 크다.

❶ 버려야 할 고전격

비천록마격(飛天祿馬格)1, 비천록마격(飛天祿馬格)2, 도충격(倒沖格)1, 도충격(倒沖格)2, 을기서귀격(乙己鼠貴格), 육을서귀격(六乙鼠貴格), 합록격(合祿格)1, 합록격(合祿格)2, 자요사격(子遙巳格), 축요사격(丑遙巳格), 공귀격(控貴格), 공록격(拱祿格), 귀록격(歸祿格), 금신격(金神格), 상관대살격(傷官帶殺格), 세덕부살격(歲德扶殺格), 세덕부재격(歲德扶財格), 시묘격(時墓格), 양인격(陽刃格), 오행구족격(五行具足格), 육갑추건격(六甲趨乾格), 일귀격(日貴格), 일덕격(日德格), 일인격(日刃格), 육음조양격(六陰朝陽格), 육임추간격(六壬趨艮格), 협구공재격(挾丘控財格), 형합격(刑合格).

❷ 사용해야 할 고전격

시상편재격(時上偏財格), 시상일위 귀격(時上一位貴格), 가색격(稼穡格), 곡직격(曲直格), 구진득위격(句陳得位格), 복덕격(福德格), 양간부잡격(兩干不雜格), 염상격(炎上格), 월상편관격(月上偏官格), 윤하격(潤下格), 인수격(印綬格), 임기용배격(壬騎用背格), 일덕수기격(日德秀氣格), 정관격(正官格), 정란차격(井欄叉格), 종혁격(從革格), 현무당권격(玄武當權格).

❸ 사용해야 할 용신격

가색격(稼穡格), 곡직격(曲直格), 기명종살격(棄命從殺格), 기명종재격(棄命從財格),

상관생재격(傷官生財格), 시상편재격(時上偏財格), 시상일위 귀격(時上一位貴格), 정관격(正官格), 잡기재관격(雜氣財官格), 염상격(炎上格), 월상편관격(月上偏官格), 윤하격(潤下格), 인수격(印綬格), 잡기인수격(雜氣印受格), 종혁격(從革格).

5 『명리정종』의 격국

명나라 시대 장남의 저서로서『연해자평』의 격국을 거의 그대로 계승하고 있다. 다만 용신론의 동정설, 개두설, 병약설 등 새로운 학설을 주창하였다.

6 『삼명통회』의 격국

명나라 시대 유백온의 저서로서『연해자평』과『명리정종』의 격국을 그대로 계승하면서 여러 가지 이론을 첨가하였다. 또한 일간과 시지에 따른 대조를 통해 특징을 분석해내고, 길흉을 판단하며 사주 3,500개를 예로 든 것이 독특하다. 또한 용신이란 단어가 최초로 등장하였다.

7 『명리약언』의 격국

청나라 시대 진소암의 저서로서 사주명리학 역사 속에 존재하는 잡격을 모두 배격하고 무시하고 있다는 것이 특징이다. 특히 억부를 강조하여 십정격과 종격과 회기격만 인정하였다.

8 『자평진전』의 격국

청나라 시대 심효첨의 저서로 정관, 재성, 정인, 식신 등의 사길신과 칠살, 상관, 양인, 편인 등의 사흉신을 통한 격을 분석하고, 사길신은 순용(順用)하고 사흉신은 역용(逆用)하는 원리를 설명하였다.

이 책은 격국에 의해 용신이 정해지는 원리를 가장 체계적으로 정리해놓아 격국용신론 분석을 가장 완벽하게 하였다고 볼 수 있다. 월지 본기 위주의 격국 구성을 원칙으로 하고, 지장간의 투출이나 지지의 합국(合局)을 보조적으로 참고하여 격을 구성하였다.

9 『적천수』의 격국

명나라 시대 유백온의 저서로서 기존 이론들의 잡격을 배제하고 억부용신을 활용하였으며, 풍부한 임상 실례와 통변을 설명하였다.

특히 사종격(四從格)인 종왕격(從旺格), 종강격(從强格), 종기격(從氣格), 종세격(從勢格)을 만들고, 사주에서 한 가지 오행이나 육친이 너무 강하면 그것을 따라 용신을 정한다고 주장하였다. 종왕격은 대다수가 비견과 겁재로 이루어진 것이고, 종강격은 대다수가 인성으로 이루어진 것이고, 종기격은 사주의 기세가 목화(木火)로 치우쳐 있거나 금수(金水)로 치우쳐 있는 것이고, 종세격은 일주가 뿌리가 없고 식상, 재성, 관성의 세력이 왕성한 것을 말하는데, 이 경우 모두 강한 세력으로 용신을 삼는다는 것이 특징이다.

EXERCISE

KEY POINT

대덕 이론에서는 격국을 통해 사주 당사자의 특성, 개성, 성격 등을 알아볼 수 있다고 설명한다.

대덕 이론에서는 격국과 용신을 분리하여 사용한다.

일반 이론에서는 격국론보다 용신론을 중요한 것으로 본다.

실전문제

1 격국에 대한 설명 중 대덕 이론으로 올바른 것은?

① 대덕 이론에서는 격국을 통하여 용신을 찾아낸다.
② 대덕 이론에서는 하나의 사주에 하나의 격만 존재한다.
③ 대덕 이론에서는 격국을 사주 주인공의 특성, 개성, 성격 등을 알아보는 도구로 사용한다.
④ 대덕 이론에서는 격국이 용신격과 같은 의미를 가진다.
⑤ 대덕 이론에서는 사주 하나에 2개의 격이 존재한다.

2 대덕 이론의 격국에 대한 설명 중 옳지 않은 것은?

① 대덕 이론에서는 격국을 통하여 반드시 용신을 찾아낼 수 있다.
② 대덕 이론에서는 사주 하나에 여러 개의 격이 나올 수 있다.
③ 대덕 이론에서는 격국으로 사람의 그릇 즉 인품과 됨됨이를 판단할 수 있다.
④ 대덕 이론의 격국은 용신격과 고전격 중 일부를 계승하였다.
⑤ 대덕 이론의 격국에는 새롭게 창조한 격들도 많이 존재한다.

3 일반 이론의 격국에 대한 설명 중 옳지 않은 것은?

① 일반 이론의 격국은 일반격과 용신격으로 나눌 수 있다.
② 일반 이론의 격국 중에서 용신격은 격국을 통해 용신을 찾는 데 활용한다.
③ 일반 이론에서는 격국론이 용신론보다 중요하다고 본다.
④ 일반 이론에서 격국은 오랜 세월 동안 비판의 대상이었다.
⑤ 일반 이론의 격국 중에는 사주에 없는 오행을 불러들이는 종류도 있다.

4 일반 이론의 격국론이 지금까지 비판의 대상이 된 이유가 아닌 것은?

① 단 하나의 격으로 사주 주인공의 삶을 해석하려다 보니 제대로 분석하기 어려웠다.
② 당시 격국을 활용하던 시기가 왕권시대이다 보니 격만으로는 왕과 평민, 양반과 평민의 삶을 분석해내기 어려웠다.
③ 왕권시대에 상류층에 오른 사람들의 사주를 분석하다 보니 전혀 논리적인 근거가 없는 엉뚱한 격국들을 만들게 되었다.
④ 격국을 통해서 용신을 찾는 용신격이 발달하면서 고전격은 비판의 대상이 되었다.
⑤ 격국을 통해서 한 사람의 삶을 분석하는 것보다 용신을 통해 삶을 분석하는 것이 더 정확하기 때문에 비판의 대상이 되었다.

5 대덕 이론과 일반 이론의 격국 설명 중 올바른 것은?

① 대덕 이론과 일반 이론은 거의 유사하다.
② 일반 이론은 고전격과 용신격으로 분류할 수 있다.
③ 대덕 이론은 격국과 용신을 종합적으로 판단한다.
④ 일반 이론은 신살 이론을 사용하고 있지 않다.
⑤ 대덕 이론은 신살 이론을 사용하고 있다.

6 다음 중 격국에 대한 설명으로 옳지 않은 것은?

① 격국은 용신을 찾아내는 도구로 활용할 수 있다.
② 격국으로 사람의 특징을 읽어낼 수 있다.
③ 격국에는 좋고 나쁜 것이 존재하지 않는다.
④ 격국과 형, 충, 파, 해, 공망은 상관이 없다.
⑤ 격국이 많을수록 직업적 특성이나 적성이 뚜렷하게 나타난다.

KEY POINT

용신으로 분석하는 것이 격국으로 분석하는 것보다 더 정확하다는 이유로 비판의 대상이 되지는 않았다.

일반 이론의 격국론은 고전격과 용신격으로 분류된다.

기존의 학설 즉 일반 이론에는 격국을 통해 용신을 찾아내는 용신격이 존재하지만, 대덕 이론에서는 임상 결과를 중시하여 용신격을 모두 버렸다. 격국은 단순히 타고난 적성, 특성, 특징, 개성, 성격 등을 알아보는 도구이므로 용신을 찾는데 사용해서는 안 된다.

▶ 여기 정답!
1) 3 2) 1 3) 3 4) 5 5) 2
6) 1

대덕 한마디

격국을 알면 자신이 보인다

사주명리학의 한 분야인 격국론은 여러 사주명리학자들에 의하여 저술되거나 번역되어 책으로 나온 것이 많다. 격국론을 최대한 제대로 설명해보겠다는 일념으로 오랜 세월 동안 공부한 내용을 정리하면서 격국론이란 과연 무엇인지 그 정의를 생각해보았다.

격국론은 바로 '자신을 바로 알기'라고 말할 수 있다. 필자는 어릴 적 스님으로 계시던 집안 어른의 절에 놀러가곤 하였다. 그 당시 그 절에 다니러 오신 큰스님들을 만나 뵐 기회가 많았다. 큰스님들의 말씀 중에 다음과 같은 이야기가 가장 기억에 남는다. "미움과 사랑을 어깨에서 놓아 둘 때 행복을 찾을 수 있다."

누구나 사랑하는 감정과 미워하는 감정을 가지고 있다. 다른 사람에 대한 감정뿐만 아니라 자기 자신에 대한 감정 속에도 사랑과 미움이 똑같이 존재한다. 즉, 자기 자신에 대해 사랑이란 감정과 미움이란 감정을 모두 마음 속에 간직하고 있다는 말이다. 그 중에서도 자기 자신에 대해서는 자신감이나 사랑보다는 불만이나 미움이 먼저 자리 잡고 있다고 한다.

그러나 이렇게 가슴 깊이 자신을 가두어놓고 무거운 짐처럼 어깨에 짊어지다 보면 자신을 정확하게 볼 수 없다. 자신을 미워하는 감정을 가슴 속에서 풀어놓거나 어깨 위에서 내려놓고 한발짝 앞에 놓으면 자기 자신이 객관적이고 정확하게 보인다는 것이다.

그러나 자신이 자신을 살펴보기란 여간 어려운 일이 아니다. 특히 자신을 객관적으로 대상화하여 자신의 한발짝 앞에 놓아두고 자세히 분석하기란 매우 어려운 일이다. 이 때 필요한 것이 사주 분석이다. 특히 격국 분석이야말로 자신을 읽어내고 자신을 정확하게 분석해낼 수 있는 중요한 도구가 된다.

　자기 자신에 대한 미움과 집착이 생길 때 사주의 격국 분석을 통해서 객관적인 시선을 가질 있게 된다. 격국 분석은 자신을 알게 하는 훌륭한 도구가 된다. 격국을 알면 자신이 보인다. 격국을 알면 타인이 보인다. 격국을 알면 사람이 보인다. 격국을 알면 타인의 장점이 보이고 나의 장점이 보이고 사람의 장점이 보인다.

　장점이 보이는 세상은 진정 아름답다. 장점이 보이는 세상은 애지욕기생(愛知欲其生)이 가능한 세상이다. 애지욕기생이 의미하듯 사랑이란 그 사람이 타고난 삶을 최대한 살아가게 해주는 것이다. 격국을 통해 사람들은 자신과 타인의 장점을 발견해내고 타고난 삶을 그대로 실현하며 살기 위해 노력하게 될 것이다.

용신격은 청나라 시대를 거치며 서서히 사주명리학 이론 중에서 중요한 위치를 차지하게 되었다.
용신격이 나타나기 전에는 사주원국 분석을 신살론에만 의지하고 있었고,
용신론은 운(運)의 흐름에 초점을 맞추었기 때문에 대운 분석과 연운 분석에 치중하는 한계가 있었다.
그러다가 용신론에 격국론이 혼합된 용신격이 탄생함으로써 신살론에서 벗어날 수 있게 되었고,
사주명리학은 큰 발전을 이룩하기에 이른다. 그러나 용신격에는 다음과 같은 한계가 있다.
첫째, 누구나 하나의 용신격만을 가진다는 점이다. 둘째, 사람을 용신격의 틀에 한정시킨다는 것이다.
셋째, 격국론과 용신론을 결합시킴으로써 격국론이 갖고 있는 사주원국 분석 기능으로
사람마다 타고난 직업, 적성, 특성, 개성, 성격 등을 분석하고 해석해 나가야 하는데,
용신에 초점을 맞추다 보니 사주원국 분석 기능이 축소되었다.

김동완의 사주명리학 강의 Vol.3
사주명리학 격국특강

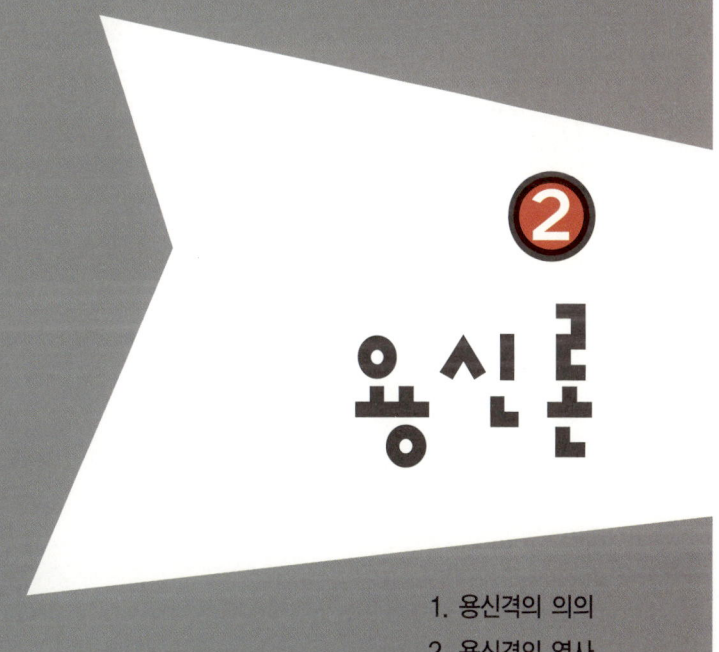

용신론

1. 용신격의 의의
2. 용신격의 역사
3. 용신격의 분석
4. 용신격의 종류

chapter 02

용신격

용신격은 용신론과 격국론을 혼합한 이론으로서, 용신에 초점을 맞추다 보니 격국론이 갖고 있던 사주원국 분석 기능이 축소되고 말았다. 대덕 이론에서는 용신과 격국을 별개로 판단하므로 용신격을 선택적으로 수용한다.

일반 이론에서 격국은 고전격과 용신격으로 나누어진다. 이제까지 사주명리학 역사에서 고전격과 용신격을 명확하게 구분한 경우는 없지만, 고전격이 먼저 등장해서 사용되다가 용신격이 나타난 후에는 용신격과 고전격이 함께 뒤섞여서 사용되었고, 현대에 와서는 용신격이 고전격과 분리되어 나름대로 자리를 잡게 되었다.

두 이론 모두 하나의 사주에는 하나의 격이 존재한다고 설명한다. 그러나 고전격이 용신론과 별도로 격을 취급하는 반면, 용신격은 용신론과 격국론을 혼합하여 사용한다. 즉 용신이 정해져야 격국도 정해지고, 격국 속에는 반드시 용신이 존재한다는 것이다.

대덕 이론에서는 격국과 용신을 구분하여 사주를 분석한다. 따라서 격국론과 용신론이 혼합된 용신격은 사용할 수 있는 용신격들만 선택적으로 수용한다.

1. 용신격의 의의

용신격은 청나라 시대를 거치며 서서히 사주명리학 이론 중에서 중요한 위치를 차지하게 되었다. 용신격이 나타나기 전에는 사주원국 분석을 신살론에만 의지하고 있었고, 용신론은 운(運)의 흐름에 초점을 맞추었기 때문에 대운 분석과 연운 분석에 치중하는 한계가 있었다. 그러다가 용신론에 격국론이 혼합된 용신격이 탄생함으로써 신살론에서 벗어날 수 있게 되었고, 사주명리학은 큰 발전을 이룩하기에 이른다. 그러나 용신격에는 다음과 같은 한계가 있다.

첫째, 누구나 하나의 용신격만을 가진다는 점이다. 사람은 다양한 특성을 갖고 있고, 다양한 성향을 가지고 있으며, 인생의 흐름도 각자 다르다. 용신격 하나로 개개인의 사주팔자를 판단하는 것은 인간의 다양성을 간과하고 있으므로 타당성이 부족하다.

둘째, 사람을 용신격의 틀에 한정시킨다는 것이다. 즉 누구는 어떤 용신격의 사주를 타고나서 성공했다, 누구는 어떤 용신격의 사주를 타고나서 패가망신했다 이러한 단순 논리로 사람의 인생을 규격화했다는 것이다. 용신격에 따르면 누구나 자신의 노력 여부와 상관없이 타고난 사주팔자대로 인생이 결정된다는 사주결정론 또는 사주숙명론에서 벗어날 수 없다.

> **POINT**
>
> **용신격**
>
> 용신론과 격국론이 혼합된 격으로, 용신을 먼저 파악한 후 격을 정한다. 대덕 이론에서는 용신과 격국을 별개로 보기 때문에 사용할 수 있는 용신격만 수용한다.

셋째, 격국론과 용신론을 결합시킴으로써 격국론이 갖고 있는 사주원국 분석 기능으로 사람마다 타고난 직업, 적성, 특성, 개성, 성격 등을 분석하고 해석해 나가야 하는데, 용신에 초점을 맞추다 보니 사주원국 분석 기능이 축소되었다. 또한 용신을 확대 적용하여 용신으로 대운이나 세운을 분석하고 운에 운명을 모두 맡겨버리는 오류를 범하게 되었다. 운명론에서 명(命) 즉 사주원국을 읽는 격국론이 운(運)에 해당하는 대운이나 세운에 흡수되어버린 것이다.

2. 용신격의 역사

사주명리학 역사를 보면 연주 위주의 고법 사주학에서 서자평이 일간 위주의 신법 사주학을 창안하고 격국론을 주장하면서 사주원국으로 사람마다 그릇의 크기와 특징을 분석할 수 있게 되었고, 그로 인해 격국론과 용신론의 시대로 들어서게 되었다. 이후 서자평은 『연해자평』에서 사주 분석 실례를 풍부하게 소개하여 격국론을 체계적으로 발전시켰다.

명나라 개국공신 유백온의 저서인 『삼명통회』는 기존의 사주명리학 이론을 모두 집대성하였으나, 너무 욕심이 많아 모든 학설을 담다 보니 내용이 지나치게 방대하고 체계적이지 못하여 용신론과 격국론을 소홀하게 다루었다. 유백온의 또 다른 저서인 『적천수』는 4가지 종격을 주장하고 격국용신을 한 단계 발전시켰다.

청나라 시대 진소암이 『적천수』를 풀이한 『명리약언』은 격국용신론을 요약 정리하면서 잡격들을 모두 제외시키고 억부용신만을 강조하였다.

역시 청나라 시대 학자인 심효첨의 『자평진전』은 육친론에 근거하여 사길신(四吉神)과 사흉신(四凶神)의 순용(順用)과 역용(逆用)에 따른 격국용신을 제창하였다.

근대 이후에는 서낙오가 『자평수언』에서 억부(抑扶), 조후(調候), 병약(病弱), 통관(通關), 전왕(專旺) 등 용신을 정하는 5가지 원칙을 정하였다.

3. 용신격의 분석

① 용신격이란 용신론과 격국론을 혼합한 이론으로서, 격의 이름만으로도 사주에 무엇이 필요한지 무엇이 문제가 되는 상황인지 바로 알아볼 수 있다.
② 용신격은 먼저 용신을 정확하게 알아야만 격을 정할 수 있다.
③ 용신격은 오행의 생극제화를 판단한 후 사주의 구조를 살펴서 격의 이름을 부여한다.
④ 용신격의 종류는 사주명리학자에 따라 다르지만 30개 내외로 볼 수 있다.
⑤ 용신격은 격 안에 용신이 반드시 포함되어 있어야 한다.

4. 용신격의 종류

용신격은 신강 사주와 신약 사주 그리고 합이 되어 인성과 비겁으로 변하면 신강 사주, 합이 되어 식상, 재성, 관성으로 변하면 신약 사주로 사주 상황에 따라서 달라지는 화기용신격(化氣用神格)으로 나누어진다.

1 신강 사주의 용신격

신강 사주는 비겁이나 인성이 많은 사주이므로, 용신격 또한 비겁 과다 사주와 인성 과다 사주를 구분하여 적용한다.

1) 비겁 과다의 용신격

군겁쟁재격(군비쟁재격)

❶ 분석

군겁쟁재격(群劫爭財格)은 군비쟁재격(群比爭財格)이라고도 한다. 사주에 비겁이 과

POINT
군겁쟁재격

사주에 비겁이 과다할 때 관성이나 식상을 용신으로 삼는 것을 말한다. 인성이 많으면 관성보다 식상이 우선한다.

다하여 인성과 비겁으로 용신을 쓸 수도 없고, 재성은 비겁이 많아서 재성이 오면 돈을 서로 가져가겠다고 달려드는 형상이라 오히려 문제가 심각해진다. 관성이나 식상이 용신이 되는데, 인성이 많으면 관성보다는 식상으로 용신을 삼아야 좋다고 본다.

❷ **사주 예**

예)

시	일	월	연
乙	癸	壬	丁
卯	亥	子	酉

이 사주는 비견과 겁재가 월주와 일주에 있고 연지의 유금(酉金)마저 금생수(金生水)를 하니 비겁이 왕해졌다. 연간 정화(丁火)는 왕성한 비겁에 견디기 힘드니 군겁쟁재격이 되었다. 명문대를 졸업하고 대기업에 다니다 그만두고 사업을 하다가 50억 정도의 재산을 날리고 망한 사람의 사주이다.

종왕격

POINT
종왕격

사주가 비겁으로만 이루어져 있을 때 강한 세력을 따르는 종(從)의 원리에 따라 비겁을 용신으로 정하는 것을 말한다.

❶ **분석**

종왕격(從旺格)이란 사주가 대개 비견과 겁재로만 이루어진 경우를 말한다. 종왕격은 하나의 오행으로 이루어졌다고 해서 일행득기격(一行得氣格)이라고 부르기도 하는데 오행에 따라서 목(木)은 곡직종왕격(曲直從旺格), 화(火)는 염상종왕격(炎上從旺格), 토(土)는 가색종왕격(稼穡從旺格), 금(金)은 종혁종왕격(從革從旺格), 수(水)는 윤하종왕격(潤下從旺格) 등으로 나누어진다. 종왕격은 하나의 세력이 너무 강하면 그 세력을 따라가야 한다는 종(從)의 원리에 따라 용신을 비견과 겁재로 잡는다.

❷ **사주 예**

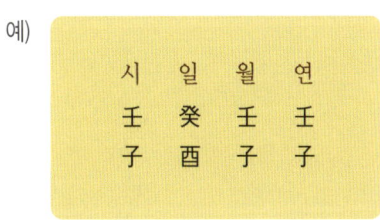

이 사주는 일지만 빼고 모두 수(水)로 이루어져 있고 일지 유금(酉金)마저도 금생수(金生水)를 하므로 오행 중에서 수(水)를 종하여 윤하격이 되었고 종왕격이 되었다. 이 사주는 일반 이론에서는 수(水)로 용신을 잡는다.

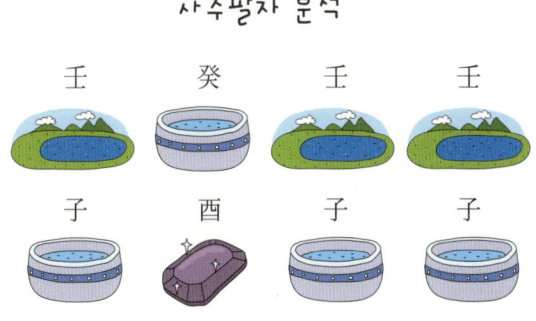

비겁용식상격

❶ **분석**

일부 사주명리학자들은 비겁용식상격(比劫用食傷格)을 식신격과 상관격으로 부르지만, 비겁용식상격이나 식상용신격이 올바른 호칭이다. 이 격은 사주에 비견과 겁재가 많은데 재성과 관성이 없거나 힘이 적고 식상이 힘이 있는 경우를 말한다. 이 때 강한 비겁을 설기해주는 식상을 용신으로 삼는다.

POINT
비겁용식상격
사주에 비겁이 많고 재관(財官)이 약하며 식상이 힘이 있을 때 식상을 용신으로 삼는 것을 말한다.

❷ 사주 예

예)

시	일	월	연
丙	甲	甲	戊
寅	子	寅	申

갑목(甲木) 일간이 인월생(寅月生)으로 득령하였으며 득지까지 하여 신강하다. 인(寅)월의 지장간 중에서 정기인 갑목(甲木)이 월간으로, 중기인 병화(丙火)가 시간으로, 여기인 무토(戊土)가 연간으로 모두 투출되었다. 이런 경우에는 정기 갑목(甲木)으로 격을 잡고 병화(丙火)로 설기하는 것이 아름다우니 식신 용신으로 비겁용식상격이 된다.

식신생재격(상관생재격)

POINT
식신생재격(상관생재격)
사주에 비겁이 많고 관성이 약하며 식상이 힘이 있을 때 식상을 용신으로 삼는 것을 말한다.

❶ 분석

식신생재격(食神生財格)은 상관생재격(傷官生財格)이라고도 한다. 비견과 겁재가 강한 사주에서 관성이 없거나 또는 힘이 약해서 무력하면서 식신과 상관이 힘이 있는 경우를 말한다. 더불어 재성의 힘이 있으면 비겁의 강한 힘을 식상으로 빼서 재성으로 몰아준다는 원리다.

❷ 사주 예

예)

시	일	월	연
庚	辛	庚	癸
寅	亥	申	卯

이 사주는 신금(辛金) 일간이 신(申)월에 태어나고 월간과 시간에 각각 경금(庚金)이 투출되었으므로 신강한 사주이다. 화(火)로 금(金)을 극하면 좋겠지만 사주원국에 화(火)가 없으니 물을 써서라도 강한 금(金)을 설기해주어야 하는데 마침 일지에 해수(亥水) 상관이 있다. 고전에서는 이런 경우를 가상관격이라고 하는데 이것은 월령(월지)에 존재하지 않는 상관을 용신으로 삼는다는 뜻이다. 일지 해수(亥水) 상관이 연지와 시지의 재성 목(木)을 생조하므로 식신생재격이 되었다.

비겁용재격

❶ 분석

비겁용재격(比劫用財格)은 사주에 비견과 겁재가 많고 식상과 관성이 없거나 힘이 적고 재성이 어느 정도 힘을 갖추고 있는 경우를 말한다. 이 때는 비겁과 대치하고 있는 재성을 도와 맞설 수 있게 해야 하므로 재성이 용신이 된다.

❷ 사주 예

예)

시	일	월	연
辛	丙	乙	丁
卯	戌	巳	酉

이 사주는 사(巳)월에 병화(丙火) 일간으로 화(火) 비겁이 강한데다 연간에 정화(丁火)가 있고 지지에서는 묘술합(卯戌合)까지 있다. 이 사주에 관성은 전혀 없고 식상 또한 힘이 약하고, 연지 유금(酉金)과 시간 신금(辛金)이 사유합(巳酉合)과 유술합(酉戌合)을 하여 재성인 금(金)의 힘이 있으니 비겁용재격을 이루었다.

> **POINT**
> **비겁용재격**
> 사주에 비겁이 많고 식상과 관성이 약하거나 재성이 어느 정도 힘이 있을 때 재성을 용신으로 삼는 것을 말한다.

비겁용관격

POINT
비겁용관격
사주에 비겁이 많고 식상과 재성이 약하며 관성이 힘이 있을 때 관성을 용신으로 삼는 것을 말한다.

❶ 분석

비겁용관격(比劫用官格)을 일부 사주명리학자는 정관격과 편관격으로 부르지만 비겁용관격이나 관용신격(官用神格)으로 부르는 것이 올바르다. 비견과 겁재가 많은 사주에 식상과 재성이 없거나 힘이 약하고 관성이 힘이 있는 경우를 말한다. 이 때 강한 비겁을 극하는 관성을 용신으로 삼는다.

❷ 사주 예

예)

시	일	월	연
乙	戊	己	癸
卯	午	未	丑

이 사주는 무토(戊土) 일간이 미(未)월에 생하고 월간에 기토(己土)가 투출되어 있어 겁재격을 이루었다. 월지 미토(未土)로 득령하고, 일지 오화(午火)로 득지하고, 연지 축토(丑土)로 세를 얻으니 비겁이 강한 신강 사주인데 식상은 없고 재성은 힘이 약하니 관성인 목(木)으로 용신을 삼는다.

재자약살격

❶ 분석

재자약살격(財滋弱殺格)은 비견과 겁재가 많아 신강한 사주에 관성이 용신인데, 이 관성 용신이 힘이 약한 상태에서 재성이 관성을 생해주는 것을 말한다.

이 격이 이루어지기 위해서는 신강한 사주에 관성이 약하고 재성이 사주원국에 있어야 한다. 재자약살격 사주일 때 남성은 부귀공명을 이루고, 여성은 행운이 길하고 남편이 대귀하다고 한다.

재자약살격

사주에 비겁이 많고 관성의 힘이 약할 때 재성이 관성을 생해주는 것을 말한다.

❷ 사주 예

예)

시	일	월	연
庚	庚	庚	丙
辰	申	寅	申

이 사주는 경금(庚金) 일간이 비록 인(寅)월에 출생하였지만 일지가 신금(申金)으로 득지하였으니 뿌리를 내렸으며, 연지 신금(申金)으로 득세하였으며, 시지는 토생금(土生金)을 하고, 경금(庚金)이 월과 시에 투출하여 신강한 사주가 되었다.

연간 병화(丙火)로 용신을 삼으려 하나 힘이 약한 듯한데, 월지 인목(寅木) 재성이 연간을 생조하니 재관(財官)이 서로 상부상조하는 격이 되었다. 이 사주는 신강한 사주에 관성이 약한데 재성이 사주원국에 있어서 관성을 생하므로 재자약살격이 되었다.

2) 인성 과다의 용신격

종강격

POINT
종강격
사주가 인성으로만 이루어져 있을 때 강한 세력을 따르는 종(從)의 원리에 따라 인성을 용신으로 정하는 것을 말한다.

❶ 분석

종강격(從强格)이란 사주가 대체적으로 정인과 편인의 인성으로만 이루어져 있는 경우를 말한다. 인성이 목(木)으로 이루어진 것을 곡직종강격, 화(火)로 이루어진 것을 염상종강격, 토(土)로 이루어진 것을 가색종강격, 금(金)으로 이루어진 것을 종혁종강격, 수(水)로 이루어진 것을 윤하종강격이라고 한다.

종강격은 하나의 세력이 너무 강하면 그 세력으로 따라야 한다는 원리에 따라 용신을 정인과 편인으로 잡는다.

❷ 사주 예

예)

시	일	월	연
丁	戊	丁	癸
巳	午	巳	卯

이 사주는 무토(戊土) 일간에 연간 계수(癸水)만 빼고 연지 묘목(卯木)은 목생화(木生火)를 하고 월일시가 모두 화(火)로 이루어져 있으니 종강격이 되었다. 이 사주는 화(火) 인성의 힘으로만 이루어졌다고 하여 화(火)의 세력을 따라야 한다는 일반 이론에 따라 화(火)로 용신을 잡는다.

인중용재격

❶ 분석

인중용재격(印重用財格)은 인수용재격, 인성용재격, 기인취재격(棄印就財格)으로도 불린다. 일간은 인성의 생을 받아 신강해지는 것은 기뻐하지만, 비겁이 있어서 신강한 사주가 되면 인성의 생은 귀찮아진다.

또한 비겁이 적어서 신약 사주일지라도 인성이 적당하게 생해주어야지 너무 많이 생해주면 도리어 일간에 해롭다. 인중용재격이란 바로 인성이 많아서 사주가 지나치게 강해졌을 때 재성으로 강한 인성을 극하는 것을 좋아하여 재성으로 용신을 삼는 것이다.

> **POINT**
> **인중용재격**
> 사주에 인성이 많을 때 강한 인성을 극하는 재성을 용신으로 정하는 것을 말한다.

❷ 사주 예

예)

시	일	월	연
壬	戊	丁	癸
子	午	巳	卯

이 사주는 월지에 사화(巳火)가 있어서 득령했고 일지 오화(午火)로 득지까지 했으니 신강한 사주가 되었다. 신강이 모두 인성으로 이루어진 것이니 인성을 극하는 재성이 용신이다. 마침 이 사주에는 연간 계수(癸水)와 시주 임자(壬子)가 있어서 재성의 힘이 충분하다. 그러므로 인성이 강하여 신강한 사주에 재성으로 용신을 삼으니 인중용재격이 되었다.

POINT

인중용관격

사주에 인성이 많을 때 식상이나 재성이 약해서 관성을 용신으로 삼는 것을 말한다.

인중용관격

❶ 분석

인중용관격(印重用官格)은 인중용살격(印重用殺格)으로도 부른다. 인성이 강하여 신강한 사주일 때 식상이나 재성으로 용신을 정하는 것이 원칙이지만, 식상이나 재성이 없거나 힘이 약할 때 어쩔 수 없이 관성으로 용신을 삼는다는 것이다.

　이 경우는 오히려 관성이 강한 인성을 생하여 좋지 않은 상황이 되니 전혀 어울리지 않는다. 하지만 달리 용신을 찾을 수 없으므로 어쩔 수 없이 관성으로 용신을 삼을 수밖에 없다.

❷ 사주 예

예)

시	일	월	연
丁	己	丁	癸
巳	未	巳	卯

이 사주는 인성이 강하여 신강한 사주가 되었다. 식상으로 용신으로 삼자니 사주원국에 나타나 있지 않고, 연간 계수(癸水) 편재를 용신을 삼자니 힘이 너무 약하다. 이 경우에는 어쩔 수 없이 연지의 묘목(卯木) 관성으로 용신을 삼는다. 묘목(卯木) 관성은 연간이 수생목(水生木)을 하고 일지와 묘미(卯未) 목국(木局)을 이루어 어느 정도 힘이 갖추어져 있다고 할 수 있다. 이렇게 강한 인성으로 인해 신강한 사주에 관성으로 용신을 삼으니 인중용관격 또는 인중용살격이 되었다.

식상용재격

❶ 분석

식신생재격 또는 상관생재격은 앞서 비겁이 왕한 사주에서 설명한 바 있다. 식신생재격이나 상관생재격은 사주원국에 비겁이 왕해서 신강한 사주이고, 여기서는 인성이 왕해서 신강한 사주이다.

식상용재격(食傷用財格)은 식신용재격 또는 상관용재격이라고 하며, 인성이 강한 사주에 재성이 용신인데 재성의 힘만으로는 인성의 강한 힘을 제어하기 어려울 때는 식상이 있어서 재성을 생조해주면 매우 좋다는 원리다.

앞의 인중용재격과 재성으로 인성을 극하는 원리는 같지만, 인중용재격은 단순히 재성으로 인성을 극하는 것이요, 식상용재격은 자연스럽게 식상이 재성을 생해줌으로써 사주의 흐름을 원활하게 한다.

> **POINT**
> **식상용재격**
> 사주에 인성이 많을 때 재성이 용신인데, 재성의 힘만으로 인성을 제어하기 어려울 때 식상이 재성을 생조해주는 것을 말한다.

❷ 사주 예

예)

시	일	월	연
己	丁	甲	戊
酉	卯	寅	戌

이 사주는 갑인(甲寅)월에 정묘(丁卯) 일주로 인성이 왕하여 신강한 사주가 되었다. 이 경우 식상으로 용신을 삼자니 묘술합화(卯戌合火)로 술토(戌土)의 힘이 약하다. 할 수 없이 시지 유금(酉金) 재성으로 용신을 삼는데, 재성이 강한 목(木)의 인성을 극하면서 연지의 술토(戌土) 상관과 유술합금(酉戌合金)을 이루고 시간의 기토(己土) 식신이 토생금(土生金)으로 생조해주니 매우 좋아 보인다. 그러므로 식신생재격이 성립되었다.

POINT
재자약살격
사주에 인성이 많을 때 관성을 용신으로 삼는데, 재성이 약한 관성을 생해주는 것을 말한다.

재자약살격

❶ 분석

재자약살격은 인중용관격과 관성으로 용신을 삼는 것은 같지만, 인중용관격에 비해 관성의 힘이 약하여 재성이 약한 관성을 생조해줌으로써 용신 관성이 힘을 얻게 된다는 원리다.

❷ 사주 예

예)

시	일	월	연
庚	庚	丙	己
辰	戌	寅	酉

이 사주는 인(寅)월에 태어난 경술(庚戌) 일주로서 인성과 비겁인 토금(土金)이 왕하여 신상한 사수가 되었다. 식상인 수(水)가 없으니 식상으로는 용신을 삼을 수 없고, 더불어 인(寅)월은 목(木)이지만 겨울의 기운이 아직 왕성하여 수(水)로 용신을 삼을 수 없는 상태이다. 그래서 관성으로 용신을 삼는데 월간 병화(丙火)는 힘이 약하여 월지 인목(寅木)에 의지하고 재성 인목(寅木)은 관성 병화(丙火)를 생조하니 재생관(財生官)을 하는 형상이다. 그러므로 재자약살격의 격을 이루었다고 볼 수 있다. 용신은 편관이 되고 희신은 재성이 된다. 용신과 희신이 같은 사주 기둥에 있고, 용신이 일주 가까이에 있으니 매우 좋은 구조이다.

2 신약 사주의 용신격

식상이나 재성이나 관성이 과다한 신약 사주 그리고 식상, 재성, 관성이 혼합되어 신약한 사주의 용신격이 있다.

1) 식상 과다의 용신격

종아격

❶ 분석

식상은 자식, 아이, 아랫사람을 상징하므로 종아격(從兒格)은 아이를 따라 종한다는 의미가 있다. 한마디로 사주원국이 식상으로만 이루어져 있어서 다른 것으로는 용신을 쓸 수 없고 식상을 따라갈 수밖에 없다는 원리다.

종아격은 오행에 따라 목(木)으로 종하는 곡직종아격, 화(火)로 종하는 염상종아격, 토(土)로 종하는 가색종아격, 금(金)으로 종하는 종혁종아격, 수(水)로 종하는 윤하종아격으로 나누어진다.

POINT
종아격
사주가 식상으로만 이루어져 있어서 종의 원리에 따라 식상을 용신으로 삼는 것을 말한다.

❷ 사주 예

예)

시	일	월	연
甲	丁	己	戊
辰	未	未	戌

이 사주는 정화(丁火) 일간에 식상인 토(土)의 기운이 왕성하므로 할 수 없이 토(土)를 종하게 되는 종아격 사주이다. 토(土)로 종하므로 용신은 토(土)이다.

종아생재격(아우아생재격)

❶ 분석

종아생재격(從兒生財格)은 아우아생재격(兒又兒生財格)이라고도 부르는데, 아이가

POINT

종아생재격

식상용재격과 비슷한 격으로, 사주에 식상이 많을 때 강한 식상이 용신 재성을 생조해주는 것을 말한다.

다시 또 생한다는 의미로 강한 식상이 재성을 생조한다는 의미다. 이 격은 식상용재격과 비슷한 의미를 가지고 있다.

❷ 사주 예

예)

시	일	월	연
甲	癸	丙	甲
寅	卯	寅	寅

이 사주는 목(木)의 식상으로 가득 차 있어서 종아격을 이룬 사주이다. 다만 식상 목(木)이 월간 병화(丙火) 재성을 생조하니, 식상 목(木)의 기운이 재성인 병화(丙火)로 모이게 된다. 이 경우는 종아격의 사주보다 한 단계 높은 격의 사주로 본다.

〈신강〉　　〈신약〉

상관용비겁격

❶ 분석

상관용비겁격(傷官用比劫格)은 상관용비견격과 상관용겁재격으로 나눌 수 있다. 상관용비겁격은 식상이 많아 신약한 사주에는 인성이 필요한데 인성은 없고 비겁만 있어서 비겁으로 용신을 삼는 것을 말한다. 상관용인격에 비해서 격의 등급이 떨어진다고 본다.

POINT
상관용비겁격
사주에 식상이 많을 때 인성이 없어서 대신 비겁을 용신으로 삼는 것을 말한다.

❷ 사주 예

예)

시	일	월	연
癸	己	辛	戊
酉	酉	酉	戌

이 사주는 유(酉)월 기토(己土) 일간인데 금(金)의 기운이 왕성하여 신약한 사주가 되었다. 인성으로 용신을 삼으면 좋겠는데 인성인 화(火)가 하나도 없다. 할 수 없이 토(土)로 용신을 삼으니 상관용비겁격이 된 사주이다.

상관용인격(상관패인격)

❶ 분석

상관용인격(傷官用印格)은 상관패인격(傷官佩印格)이라고도 부르는데, 식상이 많아서 신약한 사주는 인성으로 용신을 삼는다는 원리다. 패인(佩印)은 상관 바로 위에 인성이 있는 것을 말한다. 이 사주는 관성을 극하는 식상이 과다하다고 하여 제살태과격(制殺太過格)이라고도 한다.

POINT
상관용인격
사주에 식상이 많을 때 인성으로 용신을 삼는 것을 말한다.

❷ 사주 예

예)

시	일	월	연
庚	戊	丙	辛
申	午	申	酉

이 사주는 무토(戊土) 일간에 식상이 많아서 매우 신약한 사주가 되었다. 그러나 월간의 인성 병화(丙火)가 무토(戊土) 옆에서 튼튼하게 자리를 잡고 있고 일지에도 오화(午火)가 있으니 당연히 인성으로 용신을 삼을 수 있다. 그러므로 이 사주는 상관용인격이 된다.

2) 재성 과다의 용신격

종재격

❶ 분석

종재격(從財格)은 사주원국의 육친이 대부분 재성으로만 이루어져 있어서 신약한 사주로서, 어쩔 수 없이 재성의 세력을 따라간다는 원리다.

오행에 따라 목(木)으로 종하는 곡직종재격, 화(火)로 종하는 염상종재격, 토(土)로 종하는 가색종재격, 금(金)으로 종하는 종혁종재격, 수(水)로 종하는 윤하종재격으로 나누어진다.

강한 재성으로 이루어진 사주이므로 재성으로 용신을 삼는 것이 특징이다.

POINT
종재격
사주가 재성으로만 이루어져 있어서 종의 원리에 따라 재성을 용신으로 삼는 것을 말한다.

❷ 사주 예

예)
시	일	월	연
丙	壬	甲	丙
午	戌	午	午

이 사주는 임수(壬水) 일간에 재성인 화(火)가 5개나 있고 월간 갑목(甲木) 또한 뜨거운 불기운에 타들어가고 일지 술토(戌土)마저도 오술합화(午戌合火)로 재성이 왕성하니 종재격이 되었다. 이 격은 왕성한 재성을 따르므로 용신이 재성이다.

사주팔자 분석

재중용비겁격

❶ 분석

재중용비겁격(財重用比劫格)은 비겁을 얻으면 강한 재성을 충분히 감당할 수 있다고 하여 득비리재격(得比利財格)이라고도 부른다. 재성이 많아서 신약한 사주에 비겁으로 용신을 삼는 원리다.

POINT
재중용비겁격
사주에 재성이 많을 때 비겁을 용신으로 삼는 것을 말한다.

❷ 사주 예

예) 1992년 7월 5일(양) 오(午)시생

시	일	월	연
丙	壬	丙	壬
午	午	午	申

이 사주는 임수(壬水) 일간이 오(午)월 오(午)시에 태어나고 화(火)가 5개 있어서 신약한 사주가 되었다. 재성으로 뜨거운 사주에 연간 임수(壬水)가 연지 신금(申金)의 생조를 받아 어느 정도 힘을 갖추고 있으니 비견으로 용신을 삼는다.

재중용인격

POINT
재중용인격
사주에 재성이 많을 때 비겁이 없어서 대신 인성을 용신으로 삼는 것을 말한다.

❶ 분석

재중용인격(財重用印格)이란 재성이 많은 사주에는 비겁으로 용신을 사용하는데 비겁이 없어서 용신을 삼기 힘들 때 인성으로 용신을 삼는 것이다.

❷ 사주 예

예)

시	일	월	연
癸	乙	癸	庚
未	丑	未	戌

이 사주는 지지가 모두 재성으로만 이루어져 있으므로 신약한 사주가 되었다. 이것을

재다신약이라고 한다. 재다신약 사주는 비겁이 용신인데 일간을 제외하곤 사주에 비겁이 없다. 그래서 어쩔 수 없이 인성인 계수(癸水)를 용신으로 삼으니 재중용인격 사주가 되었다. 계수(癸水) 인성의 힘이 약해 보이지만, 축토(丑土) 속에 계수(癸水)가 있고 연간 경금(庚金)이 금생수(金生水)로 생조해주므로 용신 인성의 힘이 어느 정도 안정적으로 존재한다고 본다.

탐재괴인격

❶ 분석

탐재괴인격(貪財壞印格)이란 재성이 많아 신약한 사주에 일간의 힘이 약하면 인성으로 용신을 삼아야 하는데, 인성은 비겁을 생하려고 하지만 비겁은 인성의 생을 받으려 하지 않고 재성과 합을 하려는 상황을 말한다.

❷ 사주 예

예)

시	일	월	연
辛	丙	庚	癸
卯	申	申	卯

이 사주는 월주 경신(庚申), 일지 신금(申金), 시간 신금(辛金)으로 재성이 매우 강하여 신약한 사주이니 비겁으로 용신을 삼아야 한다. 그러나 비겁이 일간 병화(丙火)밖에 없으므로 묘목(卯木) 인성으로 용신을 삼는다. 용신 묘목(卯木)이 일간을 목생화(木生火)로 생조해주려고 하지만 일간 병화(丙火)는 인성을 쳐다보지도 않고 시간 신금(辛金)과 병신합수(丙辛合水)를 하는 형상이다. 일간 병화(丙火)가 용신 묘목(卯木)을 의지하지 않고 재성과 합을 하면서 정신을 못 차리고 있으므로 탐재괴인격이 되었다.

> **POINT**
> **탐재괴인격**
> 사주에 재성이 많을 때 인성이 용신인데, 비겁이 인성의 생을 받지 않고 재성과 합하는 것을 말한다.

이 격은 신약한 사주에 약한 인성으로 용신을 삼는데 비겁이 재성과 합을 하면 재성운에 이르러 인성을 크게 파괴시킨다고 한다. 그래서 이 시기에는 뇌물을 탐하다가 벼슬 또는 직장을 잃거나 형벌을 받고, 여자를 탐하다가 망신을 당하거나 형벌을 받고, 아내를 편애하다가 부모에게 불효를 저지르게 된다는 아주 불길한 의미가 있다.

잡기인성격(잡기인수격)

① 분석

잡기인성격(雜氣印星格)은 잡기인수격(雜氣印受格)으로도 부른다. 재중용인격의 일종으로, 재성이 강하여 신약한 사주에는 인성으로 용신을 삼는데 정인 용신이 월지에 암장되어 있을 때는 그것으로 용신을 삼는 것을 말한다. 투간된 편인보다 암장된 정인을 용신으로 삼겠다는 의지의 표현이라고 할 수 있다.

② 사주 예

POINT
잡기인성격
재중인용격의 일종으로, 사주에 재성이 강할 때 투간된 편인 대신 암장된 정인을 용신으로 삼는 것을 말한다.

예)

시	일	월	연
乙	甲	壬	辛
亥	戌	辰	丑

이 사주는 연월일의 지지가 토(土)인 재성으로서 실령하고 실지하고 실세한 사주로 신약한 사주이다. 이 때는 비겁으로 용신을 삼아야 하지만 비겁의 힘이 약하여 인성으로 용신을 삼는데, 정인과 편인이 함께 있을 때는 정인으로 용신을 삼으려고 하므로 정인을 우선한다. 이 사주에는 정인이 없고 편인만 있다. 그래서 월지와 연지의 지장간인 계수(癸水) 정인을 용신으로 삼는다. 그러나 이것은 편인을 흉신으로 보는 일반 이론이 만들어낸 격이라고 볼 수 있다. 수(水)가 강한 편인 용신을 버리고 지장간인 정인을 사용하는 논리는 타당하지 않다.

3) 관성 과다의 용신격

종관격(종살격)

❶ 분석
종관격(從官格)은 종살격(從殺格)이라고 부르며, 사주원국에 관성이 대다수를 차지하고 있어서 어쩔 수 없이 관성으로 용신을 삼는 것이다. 목(木)으로 종하는 곡직종관격, 화(火)로 종하는 염상종관격, 토(土)로 종하는 가색종관격, 금(金)으로 종하는 종혁종관격, 수(水)로 종하는 윤하종관격이 있다.

❷ 사주 예

예)

시	일	월	연
甲	辛	癸	丙
午	巳	巳	午

POINT

종관격
사주가 관성으로만 이루어져 있어서 종의 원리에 따라 관성을 용신으로 삼는 것을 말한다.

이 사주는 지지가 모두 화(火) 관성으로만 이루어져 있고, 연간 병화(丙火) 관성이 있고, 갑목(甲木) 재성 또한 목생화(木生火)로 모두 관성으로 빨려들어가는 상황이다. 관성을 종하는 사주이므로 종관격이 되었다.

살중용비겁격(살인상정격)

❶ 분석

살중용비겁격(殺重用比劫格)은 살인상정격(殺印相停格)이라고도 부른다. 이 격은 관성이 지나치게 많아 신약한 사주에 인성이 사주원국에 없거나 힘이 너무 약할 때 할 수 없이 비겁으로 용신을 삼는 것을 말한다. 당연히 인성을 용신으로 사용하는 살중용인성격보다 격이 떨어진다고 본다.

POINT
살중용비겁격
사주에 관성이 많을 때 인성이 없어서 대신 비겁을 용신으로 삼는 것을 말한다.

❷ 사주 예

예) 1967년 7월 5일(양) 진(辰)시생

시	일	월	연
乙	庚	丙	丁
酉	午	午	未

이 사주는 화(火) 관성이 4개로 강한데다 오미합화(午未合火)까지 되어서 관성이 더욱 강해져서 신약 사주가 되었다. 인성으로 용신을 삼아야 하지만 인성 미토(未土)는 오화(午火)와 합을 하여 관성으로 변했기 때문에 비겁으로 용신을 삼는다. 을경합금(乙庚合金)이 있고 시지 유금(酉金)이 있으므로 비겁을 용신으로 삼아 살중용비겁격이 되었다.

살중용인성격(관인상생격)

❶ 분석

살중용인성격(殺重用印星格)은 관인상생격(官印相生格)이라고 부르며, 사주에 관성이 많아 신약한 사주에 인성의 힘이 어느 정도 있을 때는 강한 관성의 힘을 인성으로 빼서 일간의 힘을 강하게 한다고 하여 인성을 용신으로 삼는다.

> **POINT**
> **살중용인성격**
> 사주에 관성이 많을 때 관성의 힘을 빼주는 인성을 용신으로 삼는 것을 말한다.

❷ 사주 예

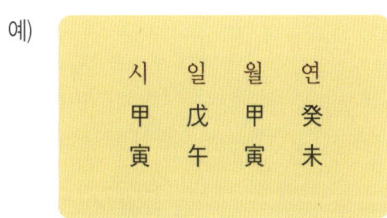

예)

시	일	월	연
甲	戊	甲	癸
寅	午	寅	未

이 사주는 월주와 시주가 갑인(甲寅)으로서 관성이 매우 강하다. 그러나 일지에 오화(午火)가 있어서 강한 관성을 인오합(寅午合)으로 합하고 목생화(木生火)로 생조를 받아서 화생토(火生土)까지 하니 살중용인격, 즉 관인상생격의 완벽한 사주를 이루었다.

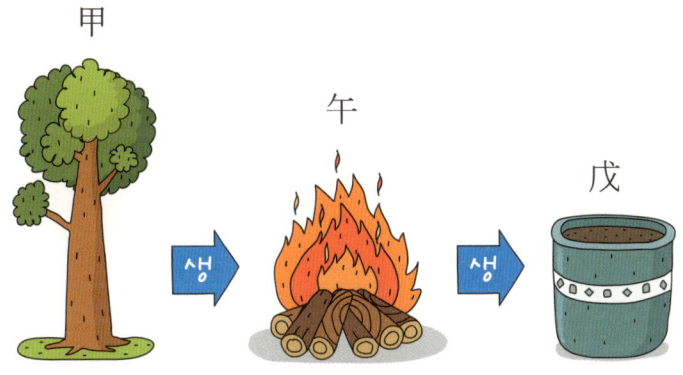

식상제살격

POINT
식상제살격
사주에 관성이 많고 비겁과 인성이 약할 때 식상을 용신으로 삼는 것을 말한다.

❶ 분석

식상제살격(食傷制殺格)은 식신제살격(食神制殺格)과 상관제살격(傷官制殺格)을 통칭한 말로, 관성이 강하여 신약한 사주에 비겁과 인성의 힘이 없거나 약할 때 식상으로 용신을 삼아 관성을 극하는 원리다.

❷ 사주 예

예)

시	일	월	연
丁	庚	乙	壬
亥	午	巳	申

이 사주는 관성인 화(火)가 강하여 신약한 사주인데, 인성이 전혀 없고 비겁 또한 연지 신금(申金)이 사신합(巳申合)을 하여 힘이 약하다. 그러므로 연간 임수(壬水)와 시지 해수(亥水)에 의지하여 식신으로 용신을 삼아 관성을 극하니 식상제살격이 되었다.

합관유살격(합살유관격)

❶ 분석

합관유살격(合官留殺格)은 합살유관격(合殺留官格)이라고도 한다. 사주원국에 정관과 편관이 투간되어 관살혼잡이 된 사주라도 다른 육친이 정관과 간합을 하면 정관이 작용을 못하게 되고 편관만 남는 것이 합관유살격이다. 마찬가지로 정관과 편관이 투간되어 관살혼잡이 된 사주에 편관이 간합을 하여 정관만 남는 것을 합살유관격이라고 한다.

❷ 사주 예

예)

시	일	월	연
癸	丁	壬	丁
卯	未	子	丑

합관유살격

관살혼잡 사주일 때 다른 육친이 편관이나 정관과 간합을 하여 둘 중 하나만 남는 것을 말한다.

정화(丁火) 일간에 월간에는 임수(壬水) 정관이 있고 시간에는 계수(癸水) 편관이 있는 관살혼잡 사주이다. 월간 임수(壬水)는 연간 정화(丁火)와 합하여 목(木)이 되어 관살혼잡의 작용을 잃어버리므로 합관유살격이다. 이 경우는 사주원국의 오행 분포에 따라서 용신이 정해지므로, 용신과 격국이 분리되어 용신격으로 분류하는 데 한계가 있다.

관살혼잡격

❶ 분석

사주원국에 정관과 편관이 투간되어 있는 경우를 단순히 관살혼잡격(官殺混雜格) 사주라고 한다.

관살혼잡격

단순히 사주에 정관과 편관이 모두 투간된 경우를 말한다.

❷ 사주 예

예)

시	일	월	연
癸	丁	壬	壬
卯	酉	子	子

이 사주는 천간에 임수(壬水) 정관과 계수(癸水) 편관이 투간된 관살혼잡격이다. 다

만, 이 경우는 사주원국의 오행 분포에 따라 용신이 정해지므로 용신과 격국이 분리되어 있다고 볼 수 있다. 그러므로 용신격으로 분류하는 데 한계가 있다.

4) 혼합 용신격

종세격

❶ 분석

종세격(從勢格)은 아주 신약한 사주이면서도 어떤 한 오행으로 편중되지 않고 식상과 재성과 관성이 비슷한 힘을 갖고 있고 인성과 비겁이 전혀 없거나 힘이 약할 때는 식상, 재성, 관성을 따라가는 것을 말한다. 이 때는 식상과 재성과 관성을 용신으로 삼는다.

❷ 사주 예

예) 1966년 9월 12일(양) 진(辰)시생

시	일	월	연
戊	甲	丁	丙
辰	戌	酉	午

이 사주는 갑(甲) 일간에 식상, 재성, 관성인 화토금(火土金)의 세력이 비슷하고 인성은 전혀 없다. 일간 혼자 매우 신약한 사주로 종세격이 되었다.

POINT

종세격

사주에 식재관(食財官)이 너무 많을 때 종의 원리를 따라서 식재관을 용신으로 삼는 것을 말한다.

신약용겁격

❶ 분석

식재관(食財官) 중에서 어떤 특정한 오행으로 편중되지 않으면서 이 셋이 고루 강하고 신약한 사주인 경우에는 인성으로 용신을 삼아야 하는데, 인성의 힘이 너무 약하거나 인성이 없다면 용신으로 삼을 수 없다. 이 때 인성 대신 비겁으로 용신을 삼아야 하는데 이것을 신약용겁격(身弱用劫格)이라고 한다.

POINT
신약용겁격
사주에 식재관(食財官)이 많고 신약할 때 약한 인성 대신 비겁을 용신으로 삼는 것을 말한다.

❷ 사주 예

예)

시	일	월	연
戊	乙	己	丁
寅	未	酉	巳

이 사주는 식상의 세력과 재성의 세력과 관성의 세력이 서로 엇비슷하게 강하면서 신약한 사주이다. 인성으로 용신으로 삼아야 하는데 인성이 전혀 없으므로 어쩔 수 없이 목(木) 비겁으로 용신을 삼으니 신약용겁격이 되었다.

신약용인격

❶ 분석

신약용인격(身弱用印格) 역시 식상, 재성, 관성 중에서 어떤 특정한 오행으로 편중되지 않고 고루 강하면서 신약한 사주인 경우에 인성의 힘이 어느 정도 된다면 인성을 용신으로 삼는 것이다. 이 경우 인성이 관성의 힘을 빼고(관성이 인성을 생조하므로) 식상마저 극하므로 한번에 2가지 문제가 해결된다.

POINT
신약용인격
사주에 식재관(食財官)이 많고 신약하며 인성이 어느 정도 힘이 있을 때 인성을 용신으로 삼는 것을 말한다.

❷ 사주 예

예) 1977년 9월 4일(양) 오(午)시생

시	일	월	연
庚	甲	戊	丁
午	子	申	巳

이 사주는 관성과 식상의 힘이 강하여 신약한 사주가 되었다. 인성인 자수(子水)가 금(金)의 강한 기운을 빼주고 다시 수극화(水剋火)로 강한 식상 화(火)를 극하므로 신약용인격이 되었다.

3 화기용신격

화기용신격(化氣用神格)은 합화용신격(合化用神格)이라고도 부른다. 사주팔자에 어떤 한 오행이 많을 때 일간이 합해서 그 오행으로 변화하면 화기용신격이 된다. 다시 말해 일간이 합하여 사주원국의 강한 오행으로 변화할 때 그 오행을 종한다는 논리다.

갑기합화토격

POINT

갑기합화토격

사주에 토(土)의 기운이 강하고 일간이 갑기합토(甲己合土)를 할 때 토(土)를 용신으로 삼는 것을 말한다.

❶ 분석

갑기합화토격(甲己合化土格)은 사주원국에 토(土)의 기운이 강한데 기토(己土) 일간이나 갑목(甲木) 일간이 갑기합토(甲己合土)를 하여 사주원국 전체에 토(土)의 기운이 강하므로 토(土)를 종하는 것이다. 그러므로 강한 세력인 토(土)가 용신이 된다.

❷ 사주 예

시	일	월	연
己	甲	己	戊
巳	辰	未	戌

예)

이 사주는 갑기합토(甲己合土)를 하므로 갑기합화토격이 되어 토(土)로 용신을 삼는다. 이 경우 종재격으로도 볼 수 있으므로 합화격을 별도로 정해야 할지 의구심이 생긴다.

을경합화금격

❶ 분석

을경합화금격(乙庚合化金格)은 사주원국에 금(金)의 기운이 강한데 경금(庚金) 일간이나 을목(乙木) 일간이 을경합금(乙庚合金)을 하여 사주원국 전체에 금(金)의 기운이 강하므로 금(金)을 좋하는 것이다. 그러므로 강한 세력인 금(金)이 용신이 된다.

❷ 사주 예

예)

시	일	월	연
乙	庚	乙	庚
酉	戌	酉	申

POINT

을경합화금격

사주에 금(金)의 기운이 강하고 일간이 을경합금(乙庚合金)을 할 때 금(金)을 용신으로 삼는 것을 말한다.

이 사주는 사주원국에 금(金)이 많은데 일간 경금(庚金)이 을경합금(乙庚合金)을 하여 을경합화금격이 되어 금(金)으로 용신을 삼는다.

병신합화수격

POINT
병신합화수격
사주에 수(水)의 기운이 강하고 일간이 병신합수(丙辛合水)를 할 때 수(水)를 용신으로 삼는 것을 말한다.

❶ 분석

병신합화수격(丙辛合化水格)은 사주원국에 수(水)의 기운이 강한데 신금(辛金) 일간이나 병화(丙火) 일간이 병신합수(丙辛合水)를 하여 사주원국 전체에 수(水)의 기운이 강하므로 수(水)를 좋하는 것이다. 그러므로 강한 세력인 수(水)가 용신이 된다.

❷ 사주 예

예)

시	일	월	연
丙	辛	癸	癸
申	亥	亥	亥

이 사주는 신금(辛金) 일간이 시간 병화(丙火)와 병신합수(丙辛合水)를 하여 병신합화수격이 되므로 강한 수(水)로 용신을 삼는다.

정임합화목격

POINT
정임합화목격
사주에 목(木)의 기운이 강하고 일간이 정임합목(丁壬合木)을 할 때 목(木)을 용신으로 삼는 것을 말한다.

❶ 분석

정임합화목격(丁壬合化木格)은 사주원국에 목(木)의 기운이 강한데 정화(丁火) 일간이나 임수(壬水) 일간이 정임합목(丁壬合木)을 하여 사주원국 전체에 목(木) 기운이 강하므로 목(木)을 좋하는 것이다. 그러므로 강한 세력인 목(木)이 용신이 된다.

❷ 사주 예

예)
```
시  일  월  연
壬  丁  乙  癸
寅  卯  卯  卯
```

이 사주는 일간 정화(丁火)가 시간 임수(壬水)와 정임합목(丁壬合木)을 하여 정임합화 목격이 되므로 강한 목(木)으로 용신으로 삼는다.

무계합화화격

❶ 분석
무계합화화격(戊癸合化火格)은 사주원국에 화(火)의 기운이 강한데 계수(癸水) 일간이나 무토(戊土) 일간이 무계합화(戊癸合火)를 하여 사주원국 전체에 화(火) 기운이 강하므로 화(火)를 좋아하는 것이다. 그러므로 강한 세력인 화(火)가 용신이 된다.

POINT
무계합화화격
사주에 화(火)의 기운이 강하고 일간이 무계합화(戊癸合火)를 할 때 화(火)를 용신으로 삼는 것을 말한다.

❷ 사주 예

예)
```
시  일  월  연
丁  戊  癸  丙
巳  寅  巳  午
```

이 사주는 일간 무토(戊土)가 월간 계수(癸水)와 무계합화(戊癸合火)를 하여 무계합화 화격이 되므로 강한 화(火)로 용신을 삼는다.

EXERCISE

KEY POINT

용신격은 고전격이 나온 후에 뒤늦게 나온 학설로 사주명리학사에서 나름대로 인정을 받아왔다.

용신격은 격 안에 용신이 반드시 포함되어 있어야 한다.

상관용비겁격은 식상 과다의 용신격이다.

식상제살격은 관성 과다의 용신격이다.

실전문제

1 용신격에 대한 설명 중 옳지 않은 것은?

① 누구나 하나의 사주에 하나의 용신격만 존재한다.
② 용신격에 따라 사주가 정해져 있고 주어진 인생을 살게 된다.
③ 용신격은 고전격이 나오기 전에 나온 학설로 사주명리학사에 권위가 있다.
④ 용신격은 격국이 아닌 용신에 초점이 맞추어져 있다.
⑤ 용신격을 통해 사람의 그릇을 분석하고 용신을 통해 대운과 세운을 읽는다.

2 다음 중 용신격의 분석으로 옳지 않은 것은?

① 용신격은 용신론과 격국론이 혼합된 이론이다.
② 용신격에서는 격의 이름만 보고도 무엇이 필요한지 무엇이 문제인지 바로 알아볼 수 있다.
③ 용신격은 먼저 용신을 정확하게 알아야 격을 정할 수 있다.
④ 용신격은 오행의 생극제화를 판단한 후 사주의 구조를 살펴서 격의 이름을 부여한다.
⑤ 용신격은 격 안에 용신이 반드시 포함되어 있지 않아도 격이 된다.

3 다음 용신격 중 비겁 과다에 해당하는 용신격이 아닌 것은?

① 상관용비겁격   ② 군겁쟁재격   ③ 군비쟁재격
④ 종왕격   ⑤ 비겁용식상격

4 다음 용신격 중 비겁 과다의 용신격이 아닌 것은?

① 비겁용식상격   ② 식신생재격   ③ 상관생재격
④ 비겁용재격   ⑤ 식상제살격

5 다음 용신격 중 인성 과다의 용신격에 해당하지 않는 것은?

① 종강격   ② 종아생재격   ③ 인중용재격
④ 인중용관격   ⑤ 식상용재격

6 다음 용신격 중 식상 과다의 용신격에 해당하지 않는 것은?

① 종아격   ② 종아생재격   ③ 합살유관격
④ 상관용인격   ⑤ 상관용비겁격

7 다음 용신격 중 재성 과다의 용신격에 해당하지 않는 것은?

① 종아생재격   ② 종재격   ③ 재중용비겁격
④ 탐재괴인격   ⑤ 재중용인격

8 다음 용신격 중 관성 과다의 용신격에 해당하지 않는 것은?

① 종관격   ② 인중용관격   ③ 살중용비겁격
④ 살중용인성격   ⑤ 식상제살격

9 다음 용신격 중 관다신약의 용신격에 해당하는 것은?

① 합살유관격   ② 합관유살격   ③ 관살혼잡격
④ 종관격   ⑤ 상관대살격

10 다음 중 용신격에 해당되는 격은?

① 세덕부재격   ② 상관대살격   ③ 세덕부잡격
④ 순중부잡격   ⑤ 탐재괴인격

KEY POINT

종아생재격은 식상 과다의 용신격에 해당한다.

합살유관격은 관성 과다의 용신격에 해당한다.

종아생재격은 식상 과다의 용신격에 해당한다.

인중용관격은 인성 과다의 용신격에 해당한다.

상관대살격은 갑목(甲木) 일간에 인오술(寅午戌) 화국(火局)이 있고 경금(庚金)이나 신금(辛金) 관성이 천간에 있으면 귀격이 된다는 논리로 버려야 할 격이다.

탐재괴인격이란 재성이 많아 신약한 사주는 인성으로 용신을 삼아야 하는데 비겁이 재성과 합하려는 상황을 말한다.

KEY POINT

재중용비겁격은 재성이 많을 때 비겁으로 용신을 삼는 것이다.

11 다음 용신격 중 재성이 많아서 신약한 사주에 비겁으로 용신을 삼는 격은?

① 재중용비겁격   ② 종재격   ③ 재중용인격
④ 탐재괴인격   ⑤ 식상제살격

식상제살격은 관성이 강하여 신약한 사주에 식상으로 용신을 삼을 수밖에 없는 경우를 말한다.

12 다음 용신격 중 관성이 강하여 신약한 사주에 비겁과 인성의 힘이 없거나 약하여 식상으로 용신을 삼아 관성을 극하는 원리의 격은?

① 상중용비겁격   ② 상관용비겁격   ③ 식상제살격
④ 상관용인격   ⑤ 종아생재격

비겁격은 용신격과 무관한 격이다.

13 다음 용신격 중 편중된 오행으로 용신을 삼지 않는 것은?

① 종왕격   ② 종강격   ③ 종아격   ④ 종재격   ⑤ 비겁격

식상으로만 이루어져 식상으로 용신을 정하는 격은 종아격이다.

14 다음 중 식상으로만 이루어져 식상으로 용신을 쓸 수밖에 없는 격은?

① 종왕격   ② 종강격   ③ 종아격   ④ 종재격   ⑤ 종살격

종살격은 종관격이라도 부르고 관성으로 편중된 사주에 관성으로 용신을 삼는 것을 말한다.

15 다음 중 관성으로만 이루어져 관성으로 용신을 쓸 수밖에 없는 격은?

① 종왕격   ② 종강격   ③ 종아격   ④ 종재격   ⑤ 종살격

종강격은 인성으로 편중된 사주에 인성으로 용신을 삼는 것을 말한다.

16 다음 중 인성으로만 이루어져 인성으로 용신을 쓸 수밖에 없는 격은?

① 종왕격   ② 종강격   ③ 종아격   ④ 종재격   ⑤ 종관격

17 비견과 겁재가 많고 식신과 관성이 없거나 적어 재성의 힘을 빌려 재성으로 용신을 삼는 격은?

① 비겁용재격　　② 비겁용관격　　③ 재자약살격
④ 비겁용식상격　⑤ 군비쟁재격

18 일행득기격이라고 부르는 용신격은?

① 종왕격　② 종강격　③ 종아격　④ 종재격　⑤ 종살격

19 다음 용신격 중 같은 용신격의 명칭이 아닌 것은?

① 인중용재격　② 인수용재격　③ 인성용재격
④ 기인취재격　⑤ 세덕부재격

20 다음 중 용신격에 해당하는 것은?

① 협구공재격　② 육을서귀격　③ 육음조양격
④ 재자약살격　⑤ 순중부잡격

KEY POINT

비겁용재격은 비겁이 많고 식상과 관성이 적어 재성으로 용신을 삼는 격이다.

종왕격은 하나의 오행으로만 이루어졌다고 해서 일행득기격이라고도 부른다.

세덕부재격은 연간에 재성이 있는 것을 말하는데 용신격과는 거리가 멀다.

재자약살격은 비겁이 많아 신강한 사주에 관성이 용신인데 관성이 약하여 재성이 생해주는 것을 말한다.

여기 정답!

1) 3　2) 5　3) 1　4) 5　5) 2
6) 3　7) 1　8) 2　9) 5　10) 5
11) 1　12) 3　13) 5　14) 3　15) 5
16) 2　17) 1　18) 1　19) 5　20) 4

대덕 한마디

입시 스트레스와 청소년의 부적 사용

정든 고향과 고국을 등지고 다른 나라로 해외 이민을 떠나는 사람들의 이민 사유 중에 가장 큰 이유가 아마 자녀들의 교육문제일 것이다. 한창 뛰어놀아야 할 나이에 여기 저기 학원을 몇 개씩 다니며 공부의 중압감에 시달려야 하는 자녀들을 보다 못해 더 나은 교육환경을 만들어주기 위해 어쩔 수 없이 해외 이민을 선택한다는 것이다. 그만큼 우리 나라의 교육문제는 전 국민적인 관심의 대상을 넘어서 사회문제가 되고 있다.

교육이 사람다운 사람을 키우는 전인교육의 의미를 잃어버리고 출세의 수단으로 변질됨에 따라서 우리 나라의 학교교육은 대학 등의 상급학교 진학을 위한 입시교육으로 전락해버렸다. 그 결과 학교에서는 인성을 키울 수 있는 다양한 학습이 이루어지지 않고 국영수 위주의 입시교육에 지중하게 되었다.

실제로 대부분의 중고등학교 학생들이 아침 7시 30분부터 밤 11시가 넘도록 학교에서 보충학습과 정규수업, 그리고 심야학습 등을 하고 있다. 하루 평균 14시간이 넘게 학교 울타리 안에서 생활하는 것이다. 이렇게 긴 시간이 학생의 인성 발달에 도움이 되면 좋겠지만 실상은 이 시간 동안 학과공부나 시험준비만 하기 때문에 문제가 심각하다. 육체적으로나 정신적으로 학생들이 힘들어하는 것은 너무도 당연하다.

청소년기는 흔히 심리적 격동기라고 한다. 인간의 성장 과정에서 영유아기를 제외하고 신체 발달이나 인지와 정서 발달 등 여러 영역에서 청소년기만큼 큰 변화가 일어나는 시기는 없다. 또한 이 시기는 부모에게 돌봄을 받는 어린 아이의 위치에서 가정이나 사회가 기대하는 역할을 수행할 수 있는 성인의 위치로 전환되는 시기다. 이와 같이 신체적, 심리적, 사회적인 변화가 큰 폭으로 한꺼번에 일어나므로 청소년기에는 변화에 적응하는 능력이 크게 요구되며, 정신적 스트레스 또한 높아진다. 게다가 우리 나라 청소년들은 입시전쟁이란 통과의례를 거쳐야 하므로 2배의 스트레스 요인을 안고 살아가고 있다. 따라서 청소년기에는 정서적 불안정이나 기타 적응문제가 나타날 가능성이 높다.

서울 시내 고등학생들을 대상으로 한 조사에 의하면, 상담교사의 도움이 필요하다고 생각되는 정도의 심리적 장애를 보인 학생이 전체 학생의 31%였고, 경계선 상태의 학생은 23%였으며, 정신건강상 문제가 없다고 판단되는 학생은 채 절반도 되지 않는다고 한다.

대부분의 경우 이러한 정서적 불안상태는 일종의 과도기적 현상으로서, 시간이 지나면서 적응이 되고 청소년기를 벗어나 성인으로 성장하면서 안정을 되찾게 된다.

그러나 일부 학생들에게는 이러한 적응의 어려움이 일시적 부적응 현상을 넘어선 심각한 적응문제로 발전하게 되는데, 이들 사이에 귀신, 점, 부적 등이 성행한다고 한다. 실제로 학교를 배경으로 한 공포영화 등에서 학생들 몇 명이 모여서 귀신을 불러내 미래를 점치는 장면들을 어렵지 않게 볼 수 있다. 또한 부적은 학부모가 점집이나 철학관 등에서 직접 구하여 자녀에게 지니고 다니게 하는 경우도 있다.

왜 학생들이 귀신이나 부적, 점 등에 관심을 갖고 의존하게 되는가? 이 모든 이유가 일상적인 스트레스와 입시 스트레스에 원인이 있다는 생각이다. 삶에 대한 가치관이나 철학이 뚜렷하게 형성되지 않은 시기에 입시라는 중압감에서 벗어나기 위해 현실도피 수단으로 부적과 귀신에 관심을 갖게 된다는 것이다.

한 심리학자에 따르면, 학생들이 부적을 몸에 지니거나 귀신 부르기나 귀신을 쫓는 행동을 하는 것은 미래에 대한 불안감의 표출이라고 한다. 성인에 비해 감수성이 예민한 청소년들은 환상을 사실로 믿고 싶어하며, 초월적인 존재에 훨씬 민감하게 반응한다는 것이다.

그러나 부적이나 점 등에 의존해서는 안 된다. 부적이나 점 등은 심리적인 효과일 뿐이지 실제적인 영향력이 있는 것은 아니기 때문이다.

고전격은 격국론에 초점을 두고 있으며 일반격이라고도 한다.

고전격은 사주원국에서 오행의 생극제화(生剋制化)를 판단하기 전에 형태를 먼저 판단하여 격을 정한다.

즉 계절의 상황을 나타내는 월지의 상황을 보고 격을 판단하는 것이다.

고전격이 하나의 사주에 하나의 격국이 있다고 주장하다 보니 외격이나 특수격국이 잡격으로 분류되었고,

결국 버려지거나 잘 사용하지 않게 되었다. 고전격의 한계를 극복하기 위해서는 하나의 사주에

하나의 격국만 있는 게 아니라 하나의 사주에는 여러 가지 다양한 격국이 존재할 수 있음을 이해해야 한다.

사람은 한 가지 특성만 갖고 있는 것이 아니라 여러 가지 다양한 특성을 동시에 가지고 있다.

격국도 마찬가지다. 여러 가지 격국들이 모여 그 사람의 특징을 만들어낸다.

김동완의 사주명리학 강의 Vol.3
사주명리학 격국특강

③ 고전격

1. 고전격의 의의
2. 고전격의 역사
3. 고전격의 분석
4. 고전격의 종류

chapter 03

고전격

고전격은 사주원국에서 월지의 상황을 보고 격국을 판단하며, 십격이 대표적이다. 그러나 고전격 중에서 사주원국에 없는 오행이나 육친을 불러들이는 외격과 특수격국 그리고 각종 신살에 의지한 격국들은 논리적인 타당성이 없으므로 버려야 한다.

사주명리학 초기에는 고전격이 성행했지만 시간이 지나면서 비판의 대상이 되었고, 진보적인 성향의 사주명리학자들이 용신격을 적용하기 시작하면서 점점 용신격에게 자리를 내주고 있는 느낌이다. 아직까지는 고전격을 사용하는 명리학자가 더 많다고 볼 수 있지만, 용신격보다 오랜 전통을 가진 고전격이 비판의 대상이 되는 것은 그만한 이유가 있다는 생각이다. 고전격에서는 이 점을 중심적으로 다루고자 한다.

1. 고전격의 의의

고전격은 격국론에 초점을 두고 있으며 일반격이라고도 한다. 고전격은 사주원국에서 오행의 생극제화(生剋制化)를 판단하기 전에 형태를 먼저 판단하여 격을 정한다. 즉 계절의 상황을 나타내는 월지의 상황을 보고 격을 판단하는 것이다.

처음에는 단순히 월지의 육친만으로 격을 정하였다. 이것이 십격(十格)이다. 그러나 점차 시간이 지나면서 사회가 복잡해지고 사람들의 삶이 다양해지다보니 단순히 월지의 육친만으로는 사람의 사주를 판단하기 어려워졌다. 그래서 단순 월지 분석법에서 벗어나 월지의 지장간을 대입하는 방법으로 격을 정하기 시작하였다. 즉 당령(當令)한 육친의 지장간이 천간에 투출되면 유력한 것(힘이 있는 격)으로 보고, 당령한 육친의 지장간이 천간에 투출되지 않으면 비록 당령해도 무력한 것(힘이 없는 격)으로 보는 것이다.

고전격에는 십격 이외에 사주원국에 없는 오행이나 육친을 불러오는 허무맹랑한 외격이나 특수격국이 존재하고, 12운성이나 각종 신살에 의지하는 격국 등도 있다. 이들 격국들은 반드시 폐기되어야 한다는 것이 필자의 생각이다.

용신격이 사주 전체를 보고 격국을 분석한다면, 외격이나 특수격국은 단순히 한 부분만 보고 그것을 바탕으로 격국을 분석한다. 고전격과 용신격을 포함하는 사주격국론이 하나의 사주에 하나의 격국이 있다고 주장하다 보니 외격이나 특수격국이 잡격으로 분류되었고, 결국 버려지거나 잘 사용하지 않게 되었다.

고전격의 한계를 극복하기 위해서는 하나의 사주에 하나의 격국만 있는 게 아니라 하나의 사주에는 여러 가지 다양한 격국이 존재할 수 있음을 이해해야 한다. 사람은 한 가지 특성만 갖고 있는 것이 아니라 여러 가지 다양한 특성을 동시에 가지고 있다. 격국도 마찬가지다. 여러 가지 격국들이 모여 그 사람의 특징을 만들어낸다. 사람마다 다양한 특성과 그릇의 크기를 판단하기 위해서는 하나의 사주에는 하나의 격국만 있다는 고전격의 선입관을 버려야 한다.

> **POINT**
>
> **고전격**
>
> 일반격이라고도 하며, 사주에서 오행의 생극제화를 판단하기 전에 월지의 상황을 보고 격을 판단하는 격국론에 초점을 두고 있다.

2. 고전격의 역사

고전격은 정통 사주명리학의 고전으로 알려진 송나라 때 서자평이 지은 『연해자평』에 바탕을 두고 있다. 『연해자평』은 격국론과 용신론의 판단 기준을 정하고 십신(十神)의 성질을 깊이 있고 체계적으로 서술하여 사주로 심리 분석이나 직업 분석을 하는 데 큰 영향을 주었고, 현대 사주명리학의 발전에 큰 공헌을 하였다. 또한 처음으로 종격(從格)을 주장하고 격국이 생사를 좌우한다고 할 만큼 격국에 큰 비중을 두었다. 한편 고전격은 12운성 이론, 공망 이론, 형충신살 이론의 영향을 받기도 하였다.

『연해자평』을 펴내기 이전에 서자평은 『낙록자삼명소식부주』, 『옥조신응진경주』, 『명통부』에서 격국론과 용신론을 설명하였다. 『낙록자삼명소부주』는 사주 전체의 기세를 살펴보고 격국을 정하는 용신격과 달리 단편적인 특징을 보고 사주를 해석하는 단식 판단법을 사용하였다. 『옥조신응진경주』에서는 천간과 지지에서 음양오행의 상생과 합화의 관계를 기준으로 사주의 등급과 길흉을 판단하였다. 『명통부』는 월령을 중시하여 사주의 격국을 정하면서 사주 내의 다른 요소들을 참고하였는데 정격과 잡격이라는 격국의 틀이 처음으로 완성되어 현재에까지 영향을 주고 있다.

『연해자평』 이후에 나온 『명리정종』은 대체적으로 『연해자평』의 격국론을 따랐고, 용신론에서는 동정설(動靜說), 개두설(蓋頭說), 병약설(病弱說) 등 새로운 학설을 주장하였다. 『삼명통회』는 『연해자평』과 『명리정종』의 격국에 여러 가지 이론들을 추가하였다. 『명리약언』은 격국론의 잡격을 완전히 제외하고 삭제시킨 점이 특징이다. 『자평진전』은 사길신(四吉神)과 사흉신(四凶神)의 격을 따로 구분하였다. 즉 육친 중 식신, 재성, 정관, 정인 등의 사길신은 순용(順用)하고 양인(겁재), 상관, 칠살(편관), 편인 등의 사흉신은 역용(逆用)하는 원리를 설명하고, 이 원칙에 따라 정해지는 용신을 순역용신 또는 격국용신이라고 부르며 격국에 의해서 용신이 정해지는 원리를 체계적으로 정리해놓았다. 『적천수』는 『명리약언』의 학설을 따라서 잡격들을 배제하고 억부용신을 중시하였으며 사주에서 왕한 오행을 용신으로 정하는 종왕격, 종강격, 종기격, 종세격 등 사종격을 격국론에 추가하였다.

3. 고전격의 분석

① 고전격은 일반격이라고도 한다. 사주원국에서 오행의 생극제화(生剋制化)를 판단하기 전에 형태를 먼저 판단하여 격을 정한다.

② 고전격은 계절의 상황을 나타내는 월지를 중시하여 월지의 상황과 형태를 가지고 격을 정한다.

③ 고전격에 대해 심효첨은 『자평진전(子平眞詮)』에서 사길신과 사흉신의 격을 구분하여 그에 따라 격국을 정하는 원리를 자세하게 설명하였다.

④ 고전격은 월지의 구조에 따라 십격(十格)으로 구분한다. 간혹 기본형에서 파생된 변형들이 존재하지만 대부분 십격을 기본 구조로 삼고 있다.

⑤ 고전격을 다룬 저서 중에서 『연해자평』에는 55개의 격국이, 『명리정종』에는 47개의 격국이, 『명리신론』에는 44개의 격국이 존재한다.

▼ **십격의 종류**

명칭	구조	명칭	구조
건록격	월지에 비견이 있는 경우	정재격	월지에 정재가 있는 경우
양인격	월지에 겁재가 있는 경우	편관격	월지에 편관이 있는 경우
식신격	월지에 식신이 있는 경우	정관격	월지에 정관이 있는 경우
상관격	월지에 상관이 있는 경우	편인격	월지에 편인이 있는 경우
편재격	월지에 편재가 있는 경우	정인격	월지에 정인이 있는 경우

4. 고전격의 종류

대부분의 고전격은 신살을 활용하거나 사주원국에 없는 오행이나 육친을 불러들이므로 오랫동안 비판을 받아왔다. 고전격 중에서 계승해야 할 격들은 대덕 이론에서 설명하고, 여기에서는 버려야 할 잡격에 초점을 두어 설명한다.

1 사주원국에 없는 오행이나 육친을 불러들이는 격국들

고전격에는 사주에 없는 오행이나 육친을 충하거나 합하여 불러들이는 격국이 상당히 많다. 문제는 논리적이고 타당한 근거 없이 특정한 오행만 합이나 충을 한다는 것이다.

왜 이런 학설들이 나오게 되었을까? 그 당시 왕권시대에는 사주에 따라 왕이 되거나 천민이 되거나 하지 않았다. 천민보다 못한 사주를 갖고도 양반인 경우가 많았다. 왕의 아들이나 정승의 아들은 사주가 좋지 않아도 왕이 되거나 높은 벼슬을 할 수 있었다. 그런데 엄격한 신분제 사회라는 근본적인 문제를 간과한 채 사주명리학자들은 실제 삶과 사주 사이의 괴리를 설명할 수 있는 새로운 학설, 새로운 격국을 만들어 내기에 이른다. 그러나 사주원국에서는 장점을 찾기 어렵고 새로운 격국을 만들기도 힘들다 보니 억지춘향으로 만들어놓은 것이 바로 사주에 없는 오행이나 육친을 충 또는 합으로 불러들인다는 엉뚱한 논리였다.

그 내용을 보면, 사주와 상관없이 최고의 양반계층이나 왕권계층의 자제들이기에 높은 벼슬을 할 수 있었다는 설명이다. 타고난 사주로 높은 벼슬을 할 수 있는지 사주 분석을 해보았지만 타당성 있는 근거를 찾을 수 없다 보니 그렇듯 엉뚱한 논리를 펴게 된 것이다. 그 결과 격국론 자체를 의심하는 격국 무용론까지 등장하게 되었고, 격국론은 끊임없이 비판의 대상이 되었다.

어떤 경우든 타고난 사주팔자 밖에서 어떤 오행이나 육친을 불러들이는 논리는 전혀 근거가 없고 타당성이 부족하다. 또한 사주원국에 없는 오행이나 육친을 불러들이는 격국들은 모두 폐기해야 한다. 지금부터 그러한 격국들을 하나씩 살펴보자.

합록격1

❶ 분석

합록격(合祿格)1은 간합과 지합을 해서 새롭게 불러들인 녹(祿)인 관성을 귀하게 사용한다는 것이다. 즉 사주에 관성이 없을 때 사주 내의 시간과 시지가 사주 내에 없는 정관성과 허공에서 허합(虛合)의 형태로 간합이나 육합을 이루어 사주에 없는 정관을 불러들여 이 정관성을 귀하게 사용하므로 귀격이 된다는 논리다. 합록격에서 녹(祿)은 관록(官祿)을 상징하고 관록은 관직 즉 정관을 의미한다.

사주명리학 용어 중에 녹마(祿馬)가 있다. 녹은 관록이고 관록은 관직을 의미하므로 녹마는 곧 정관을 말한다. 마(馬)는 돈을 벌려면 부지런히 움직여야 한다는 의미로, 여기서는 활동성을 의미하는 역마살이 아니라 육친의 하나인 재성을 상징한다. 결국 녹마는 재관(財官) 즉 재성과 관성을 함께 부를 때 사용하는 말이다.

> **POINT**
> **합록격1**
> 무토(戊土) 일간에 경신(庚申) 시주이고 사주에 관성이 없을 때, 경(庚)과 신(申)이 사주에 없는 정관 을(乙)과 묘(卯)를 합으로 불러들인다는 이론이다.

❷ 사주 예

예) 1943년 9월 4일(양) 신(申)시생

시	일	월	연
庚	戊	庚	癸
申	午	申	巳

이 사주는 무토(戊土) 일간에 경신(庚申) 시주를 만나고 사주원국에 정관이나 편관이 전혀 없다. 경신(庚申) 시주가 이 사주원국에 없는 정관 을(乙)과 묘(卯)를 허공에서 불러들여 을경합(乙庚合)과 묘신합(卯申合)을 하여 합록격이 되었다.

그러나 이 논리로 본다면 어떤 사주도 사주원국에 없는 오행이나 육친과 합하여 정관이나 편관을 불러들일 수 있다는 것인데, 그렇게 되면 사주의 운명은 타고난 것이 아닌 사주에 없는 오행과 육친의 합으로 인해 엄청난 변화와 무질서의 혼돈을 겪게 될 것이다. 그러므로 사주에 없는 오행과 육친을 허공에서 불러들여 용신으로 삼는다는 학설은 잘못된 학설로서 사용하지 말아야 한다.

합록격2

POINT
합록격2
계수(癸水) 일간에 경신(庚申) 시주이고 사주에 관성이 없을 때, 시지 신금(申金)이 사주에 없는 사화(巳火)를 합으로 불러들여 지장간 무토(戊土)를 정관으로 삼는다는 이론이다.

❶ 분석

합록격2는 계(癸)일생이 경신(庚申)시에 태어나고 사주원국에 계축(癸丑) 일주와 계미(癸未) 일주를 제외하고 관성이 없으면(사주명리학자에 따라서 사주원국에 관성이 있는 경우를 인정하기도 한다), 시지 신금(申金)이 사주원국에 없는 사화(巳火)와 암합하여 사화(巳火)를 불러들여서 사(巳)의 지장간 무토(戊土)를 관성 즉 정관으로 삼으니 귀격이 된다는 것이다.

❷ 사주 예

예)

시	일	월	연
庚	癸	庚	辛
申	酉	子	酉

이 사주는 사주원국에 관성이 없고 계(癸) 일간이 경신(庚申)시를 만나 합록격2가 되었다. 시지 신금(申金)이 사신합(巳申合)으로 사주원국에 없는 사화(巳火)를 불러들이고 사화(巳火)의 지장간 무토(戊土)를 정관으로 삼으니 귀격이 되었다고 본다.

형합격

❶ 분석

형합격(刑合格)은 사주 내에 관성이 전혀 없는데, 사주 내에 없는 관성을 시지가 형출(刑出)하여 지장간 속의 관성을 불러들이고, 지장간 속의 관성이 일간과 합하여 귀격이 된다는 것이다.

❷ 사주 예

예)

시	일	월	연
甲	癸	丁	癸
寅	亥	巳	亥

이 사주는 계해(癸亥) 일주에 사주에 관성이 전혀 없고 갑인(甲寅)시를 두어 형합격이 되었다. 시지 인(寅)이 사주 내에 없는 사(巳)를 허공에서 인사형(寅巳刑)으로 형하여 사(巳) 속에 있는 무토(戊土) 정관을 불러들이니 일간 계수(癸水)와 무계합화(戊癸合火)를 한다. 계(癸) 일간이 사주원국에 없는 정관을 만나고 동시에 정관과 합하니 일주와 정관이 유정(有情)하게 되어 귀격이라는 것이다.

이 또한 사주원국에 없는 오행(또는 육친)을 불러들인다는 점, 반드시 정관만 불러들인다는 점, 인사형(寅巳刑)뿐만 아니라 인신형(寅申刑)도 있는데 편리에 따라 어느 것은 형을 하고 어느 것은 형을 하지 않는다는 점에서 타당성이 없다.

> **POINT**
> **형합격**
> 형하고 다시 합하여 이루어지는 격. 사주에 없는 관성을 시지가 형하여 불러들이고, 지장간 속의 관성이 일간과 합한다는 이론이다.

자요사격

POINT
자요사격
갑자(甲子)일 갑자(甲子)시에 사주에 관성이 없을 때 자(子) 속의 계수(癸水)가 사(巳) 속의 무토(戊土)와 병화(丙火)를 불러들이고 병화(丙火)가 다시 정관 신금(辛金)을 불러들인다는 이론이다.

❶ 분석

자요사격(子遙巳格)이란 사주 속에 관성이 없는데 일지와 시지 자(子)의 지장간 계수(癸水)가 사주에 없는 사(巳)의 지장간 무토(戊土)를 불러들이면, 사(巳) 속에 암장된 병화(丙火)가 무토(戊土)를 따라와서 무토(戊土)가 계수(癸水)와 합을 하는 모습에 충동을 받고 사주 속에 없는 또 다른 신금(辛金)과 합하려고 허공 속에 있는 신금(辛金)을 불러들인다는 이론이다.

즉 자(子) 속의 계수(癸水)가 사(巳) 속의 무토(戊土)와 병화(丙火)를 불러들여 무계합화(戊癸合火)와 병신합수(丙辛合水)를 하면서 신금(辛金) 정관을 끌어들여 사주 내에 없는 정관을 만드니 귀격을 이룬다는 것이다.

❷ 사주 예

예)

시	일	월	연
甲	甲	乙	己
子	子	亥	亥

이 사주는 갑목(甲木) 일간에 사주 내에 정관이 없고 일주와 시주에 갑자(甲子)일과 갑자(甲子)시를 놓았으니 자요사격이 되었다. 일지와 시지 자(子)의 지장간 계수(癸水)가 사주에 없는 무토(戊土)와 짝을 이루기 위해 사화(巳火)를 불러들이고 사(巳)의 지장간 병화(丙火)는 덩달아 병신합(丙辛合)을 하려고 사주원국에 없는 신금(辛金)을 불러들인다는 것이다. 이렇게 일시의 자수(子水)가 사화(巳火) 속 무토(戊土)와 병화(丙火)를 불러들이고 병화(丙火)는 다시 신금(辛金) 정관을 불러와서 귀격을 이룬다고 한다.

그러나 무토(戊土)가 지장간으로 들어 있는 지지가 여러 개 있는데 하필이면 사화(巳火)에서만 불러들이는지 이해가 되지 않는다. 무엇보다 사주에 없는 오행을 불러들인다는 것이 타당성이 없다.

축요사격

❶ 분석

축요사격(丑遙巳格)은 계축(癸丑)일생이나 신축(辛丑)일생이 사주 내에서 축(丑)을 많이 만나고 관성이 전혀 없는 것이다. 신축(辛丑)일생 사주에 축(丑)이 많은 경우에 축(丑)의 지장간 신금(辛金)이 사주원국에 없는 병화(丙火)와 간합하기 위해 사화(巳火)를 멀리 허공에서 불러들이면 병화(丙火)는 정관이 되어 귀격이 된다는 것이다.

또한 계축(癸丑)일생 사주에 축(丑)이 많으면 축(丑)의 지장간 계수(癸水)가 사주원국에 없는 무토(戊土)와 간합하고자 사화(巳火)를 불러들여서 사(巳)의 지장간 무토(戊土)가 정관이 되어 귀격이 된다는 것이다.

POINT

축요사격

계축(癸丑) 또는 신축(辛丑) 일생이 사주에 관성이 없을 때 축(丑) 속의 신금(辛金)이 사화(巳火)를 불러오고, 사화(巳火)의 지장간 병화(丙火)와 무토(戊土) 관성을 정관으로 삼는 이론이다.

❷ 사주 예

예1)

시	일	월	연
癸	癸	乙	癸
丑	丑	丑	丑

이 사주는 계축(癸丑)일생이 지지에 축(丑)만 있고 사주에 축토(丑土)를 제외한 관성이 전혀 없다. 축토(丑土)의 지장간 계수(癸水)가 사주에 없는 사화(巳火)를 불러들여 무계합(戊癸合)을 하면서 사주에 없는 정관을 얻으니 귀격이 되었다고 본다.

예2)

시	일	월	연
己	辛	辛	辛
丑	丑	丑	丑

이 사주는 신축(辛丑)일생이 지지에 축(丑)만 있고 사주에 관성이 전혀 없다. 축토(丑土)의 지장간 신금(辛金)이 사주에 없는 병화(丙火)와 합하려고 사화(巳火)를 불러들여 사화(巳火)의 지장간 병화(丙火) 정관을 얻으니 귀격이 되었다고 본다.

이 논리 또한 병화(丙火)가 꼭 사화(巳火)에만 암장된 것이 아닌데 반드시 사화(巳火)를 불러들인다는 점에서 타당성이 없다.

도충격1

❶ 분석

도충격(倒沖格)1은 병화(丙火) 일간이 사주에 관성이 없고 인오술(寅午戌) 사오미(巳午未) 화국(火局)이 해자축(亥子丑) 수국(水局)을 충으로 불러와서 자수(子水) 관성을 취한다는 것이다. 또한 지지에 오화(午火)가 많으면 오화(午火)가 자수(子水)를 충해서 불러오고 자(子) 속의 계수(癸水)가 정관이므로 귀격이 된다는 것이다. 사주에 관성이 있는 경우도 도충격으로 볼 때가 있지만, 정관을 취하는 논리로 보면 없는 것이 타당하다.

❷ 사주 예

예)

시	일	월	연
戊	丙	庚	丙
戌	午	寅	午

POINT

도충격1

병화(丙火) 일간이 사주에 관성이 없으며 지지에 화국(火局)을 이루면 화국이 수국(水局)을 충해서 자수(子水) 정관을 불러온다는 이론이다.

이 사주는 사주원국에 관성이 없고 병화(丙火) 일간에 인오술(寅午戌) 화국(火局)을 이루었다. 인오술(寅午戌) 화국이 신자진(申子辰) 수국(水局)을 충해서 자수(子水) 정관을 불러오는 도충격이 되었다고 본다.

도충격2

❶ 분석

도충격2는 정화(丁火) 일간이 사주원국에 관성이 없고 지지에 화국(火局)을 이루거나 화(火)가 많아 신자진(申子辰) 수국(水局)을 충하여 불러와서 관성을 얻으니 귀격이 된다는 것이다. 사주원국에 관성이 있어도 도충격으로 보는 사주명리학자도 있다. 그러나 없는 정관을 얻어서 쓰면 좋다는 논리를 보면 관성이 사주원국에 없는 것이 타당하다.

POINT

도충격2

정화(丁火) 일간이 사주에 관성이 없으며 지지에 화국(火局)을 이루면 화국이 수국(水局)을 충해서 자수(子水) 정관을 불러온다는 이론이다.

❷ 사주 예

예)

시	일	월	연
丁	丁	戊	戊
未	巳	午	午

이 사주는 사주원국에 관성이 없고 정화(丁火) 일간에 사오미(巳午未) 화국(火局)을 이루었다. 사오미(巳午未) 화국이 해자축(亥子丑) 수국(水局)을 충해서 자수(子水) 정관을 불러들여 귀격이 되었다고 본다.

육갑추건격

POINT
육갑추건격
갑(甲)일생이 지지에 해(亥)가 있고 수(水)가 많으면서 사(巳)가 없는 경우로, 해(亥)가 인(寅)을 합하여 온다는 이론이다.

❶ 분석

육갑추건격(六甲趨乾格)에서 육갑은 갑자(甲子), 갑인(甲寅), 갑진(甲辰), 갑오(甲午), 갑신(甲申), 갑술(甲戌) 일진에 태어난 것을 말하고, 건(乾)은 방위로 건방(乾方) 즉 북서쪽에 해당하는 술(戌)과 해(亥)를 말한다. 다시 말해 육갑추건격이란 갑(甲)일생이 지지에 해(亥)가 있고 수(水)가 많으면서 사(巳)가 없는 것이다. 사(巳)가 없어야 해(亥)가 사주원국에 없는 인목(寅木)을 불러들여 인해합목(寅亥合木)을 하고, 해(亥)는 십이운성으로 보면 갑목(甲木)의 장생에 해당하고 또한 인(寅)의 건록을 불러들여 십이운성으로 장생과 건록이 함께 있으니 귀격이 된다는 것이다. 더불어 해(亥)는 천문(天門)이 되어 하늘의 문이 열려 있다고 보거나 황제 즉 천제가 지나는 문이 되어 장생과 건록과 천문이 함께 존재하는 사주가 된다는 이론이다.

❷ 사주 예

예)

시	일	월	연
乙	甲	癸	癸
亥	子	亥	亥

이 사주는 갑(甲) 일간에 태어났으니 육갑일 중 하나이고, 지지에 해(亥)가 있고 수(水) 또한 많으며 사(巳)가 없으니 해(亥)가 사주원국에 없는 인(寅)을 불러들여 인해합목(寅亥合木)으로 해(亥)의 장생과 인(寅)의 건록을 함께 사주에 만들어주어 귀격이 된 사주로 본다.

이 격은 신살의 12운성을 사용하고 있으며 사주원국에 없는 인(寅)을 불러들인다는 점에서 타당성이 없다고 본다.

육을서귀격

① 분석

육을서귀격(六乙鼠貴格)에서 육을은 을축(乙丑), 을묘(乙卯), 을사(乙巳), 을미(乙未), 을유(乙酉), 을해(乙亥)이다. 을(乙)일 병자(丙子)시 출생이면 자(子) 속의 계수(癸水)가 무토(戊土)와 합하려고 사주에 없는 사화(巳火)를 불러오고, 사화(巳火)는 사주에 없는 신금(申金)과 합하여 신(申) 속의 경금(庚金)을 꺼내어 을목(乙木) 일간의 정관으로 삼으니 귀격이 된다는 논리다.

이 격은 육을 중에서 을유(乙酉) 일주는 관성이 있으니 꺼리고, 을(乙)일 외에는 사주에 을사(乙巳)나 을축(乙丑)이나 을유(乙酉)가 있어 사유축(巳酉丑) 금국(金局)을 이루는 것도 꺼린다.

② 사주 예

예)

시	일	월	연
丙	乙	癸	癸
子	卯	亥	亥

이 사주는 을(乙)일이 자(子)시에 태어나고 사주원국에 관성이 없다. 시지 자수(子水)

> **POINT**
>
> **육을서귀격**
>
> 을(乙)일 자(子)시생이면 자수(子水) 속의 계수(癸水)가 무토(戊土)와 합하려고 사화(巳火)를 불러오고, 사화(巳火)가 다시 신(申)을 불러와 신금(申金) 속의 정관 경금(庚金)이 용신이 된다는 이론이다.

의 지장간 계수(癸水)가 사화(巳火) 속의 무토(戊土)와 암합하기 위해 불러들이고, 다시 사화(巳火)가 신금(申金)을 사신합(巳申合)으로 불러들이는데, 신금(申金)의 지장간 경(庚)이 천간 을목(乙木)에 정관이므로 귀격이 된다는 것이다. 이 또한 사주원국에 없는 것을 불러온다는 타당성 없는 이론이라고 볼 수 있다.

육음조양격

❶ 분석
육음조양격(六陰朝陽格)이란 신금(辛金) 일간이 무자(戊子)시를 만나면 시지 자수(子水)의 지장간 계수(癸水)가 사주원국에 없는 사(巳)를 불러들여 사(巳)의 지장간 중 무토(戊土)와 합하고, 사화(巳火)의 지장간 병(丙)이 일간과 합하려 하여 병화(丙火) 정관을 얻으니 귀격이 된다는 논리다.

이 때 시지 자(子)와 충하는 오(午)나 극하는 병정(丙丁)이 있으면 격이 떨어진다고 보고, 대운에 화(火)운이 오는 것도 꺼린다.

POINT
육음조양격
신(辛)일 자(子)시생이면 자(子) 속의 계수(癸水)가 사(巳)를 불러들여 사(巳) 속의 병화(丙火) 정관을 용신으로 사용한다는 이론이다.

❷ 사주 예

예)

시	일	월	연
戊	辛	辛	戊
子	酉	酉	子

이 사주는 신금(辛金) 일간에 무자(戊子)시를 놓고 사주에 병정오(丙丁午)의 화(火)가 없으니 육음조양격이 되었다. 자수(子水)가 사화(巳火)를 불러와서 사화(巳火)의 지장간 병화(丙火) 정관을 얻으니 귀격이 되었다고 본다. 이 격 또한 없는 것을 어디서 불러들인다고 하는 타당성 없는 학설이라고 할 수 있다.

육임추간격

❶ 분석

육임추간격(六壬趨艮格)에서 육임은 임자(壬子), 임인(壬人), 임진(壬辰), 임오(壬午), 임신(壬申), 임술(壬戌) 등을 말하고, 간(艮)은 동북 방향에 해당하므로 목(木)을 상징한다. 임(壬)일생이 사주에 인(寅)이 많고 해(亥)가 없으면 인(寅)이 사주에 없는 임(壬)의 건록인 해(亥)를 불러들여 인해합(寅亥合)을 하므로 귀격이라 본다.

> **POINT**
> **육임추간격**
> 임(壬)일생이 사주에 인(寅)이 많고 해(亥)가 없으면 인(寅)이 사주에 없는 임(壬)의 건록인 해(亥)를 불러들여 인해합(寅亥合)을 한다는 이론이다.

❷ 사주 예

예)

시	일	월	연
壬	壬	壬	壬
寅	寅	寅	寅

이 사주는 임수(壬水) 일간에 지지에 인목(寅木)이 많고 사주에 해수(亥水)가 없으므로 육임추간격이 된다. 인해합(寅亥合)을 하기 위해 사주에 없는 해(亥)를 불러들여 임(壬) 일간이 건록을 얻으니 귀격이 된다고 한다. 그러나 이 격 또한 타당성이 없는 신살인 12운성을 사용하고, 사주원국에 없는 해(亥)를 불러들이므로 타당성 없는 이론이라고 본다.

임기용배격

❶ 분석

임기용배격(壬騎龍背格)은 임진(壬辰)일에 사주에 진토(辰土)가 많으면 사주에 없는 술(戌)을 충으로 불러들여 술(戌)의 지장간 중에서 정무(丁戊)를 끌어온다는 논리다.

> **POINT**
> **임기용배격**
> 임진(壬辰)일생이 사주에 진토(辰土)가 많으면 사주에 없는 술(戌)을 충으로 불러들여 술(戌) 속의 정무(丁戊)를 끌어온다는 이론이다.

그러나 술(戌)에는 지장간 정신무(丁辛戊)가 있는데 그중에서 신(辛)을 제외하고 정무(丁戊)만을 끌어온다는 것은 논리적인 타당성이 없다. 어쨌든 화(火)와 토(土)를 불러들여 사주에 재성과 관성을 불러오니 귀격이 된다고 한다.

❷ 사주 예

예)

시	일	월	연
甲	壬	壬	辛
辰	辰	辰	丑

이 사주는 임진(壬辰)일에 진토(辰土)가 사주에 많으니 사주에 없는 술토(戌土)를 충으로 불러들여 술토(戌土) 속의 정(丁)과 무(戊)로 재성과 관성을 취하여 귀격이 되었다고 본다. 이 또한 사주원국에 없는 것을 불러들이므로 타당성이 없는 학설이라 하겠다.

비천록마격1

❶ 분석

비천록마격(飛天祿馬格)1은 경금(庚金) 일간이 사주원국에 관성이 없고(사주명리학자에 따라 관성이 있는 것을 전혀 문제 삼지 않는 경우도 많다) 지지에 자수(子水)가 많거나 신자진(申子辰) 수국(水局)이 있어 사주원국에 없는 오화(午火)를 충으로 불러들여 오화(午火)의 지장간 정화(丁火)를 정관으로 삼으면 귀격이 된다는 논리다.

또한 임수(壬水) 일간이 사주원국에 관성이 없고 지지에 자수(子水)가 많거나 신자진(申子辰) 수국(水局)이 있어 사주원국에 없는 오화(午火)를 충으로 불러들여 오화(午火)의 지장간 기토(己土)를 정관으로 삼으면 귀격이 된다는 것이다.

❷ 사주 예

예1)

시	일	월	연
甲	庚	戊	庚
申	辰	子	子

이 사주는 경금(庚金) 일간에 자수(子水)가 많고 신자진(申子辰) 삼합이 있다. 사주원국에 없는 오화(午火)를 충으로 불러들여 암장된 정화(丁火)로 정관을 삼아 귀격이 되었다고 본다.

예2)

시	일	월	연
庚	壬	辛	壬
子	子	亥	子

이 사주는 임자(壬子) 일주에 자수(子水)가 많다. 자수(子水)가 사주원국에 없는 오화(午火)를 충으로 불러와서 오화(午火) 속의 기토(己土)로 정관을 삼아 귀격이 되었다고 본다.

비천록마격2

❶ 분석

비천록마격2는 계해(癸亥) 일주에 사주원국에 관성이 없고 지지에 축토(丑土)가 있으면(축토 관성은 제외), 해수(亥水)와 축토(丑土)가 해자축(亥子丑) 방합을 이루어 사주원국에 없는 자수(子水)를 불러들여 수국(水局)을 이루고, 다시 해수(亥水)가 사주원

> **POINT**
>
> **비천록마격1**
>
> 경(庚)일생이나 임(壬)일생이 사주에 관성이 없고 지지에 자수(子水)가 많거나 신자진(申子辰) 수국(水局)이 있으면 사주에 없는 오화(午火)를 충하여 오화(午火) 속의 정화(丁火)와 기토(己土) 정관을 불러온다는 이론이다.

> **POINT**
> **비천록마격2**
>
> 계해(癸亥) 일주가 사주에 관성이 없고 지지에 축토(丑土)가 있으면 해수(亥水)가 사주에 없는 자수(子水)를 불러들여 수국(水局)을 이루고, 다시 사주에 없는 사화(巳火)를 충하여 사(巳) 속의 무토(戊土) 정관을 불러온다는 이론이다.

국에 없는 사화(巳火)를 충하여 이끌고 와서 사(巳)의 지장간 무토(戊土)를 정관으로 삼으니 귀격이 된다는 것이다. 다만, 사주원국에 관성이 없어야 하는데 축토(丑土)는 계(癸) 일간의 관성에 해당하므로 계축(癸丑)시는 예외로 한다.

❷ 사주 예

예)

시	일	월	연
癸	癸	辛	壬
丑	亥	亥	寅

이 사주는 계해(癸亥) 일주에 해자축(亥子丑) 방합 중 해축(亥丑) 방합을 이루어 수국(水局)을 불러들이고, 사해충(巳亥沖)으로 사화(巳火)를 불러들여 사화(巳火)의 지장간 무토(戊土)로 정관을 삼아 귀격이 된다고 본다.

2 신살을 이용한 격국들

신살 중에는 타당성이 부족하거나 통계적인 오류가 있어서 더 이상 사용하지 않고 폐기해야 하는 것들이 많다. 특히 12운성법이나 천을귀인 등은 처음부터 다시 검토하거나 모두 버려야 하는 신살들이다. 이렇게 신살로서도 가치가 없는 것들을 격국에 활용하는 것은 잘못이라는 생각이다.

필자는 『사주명리학 초보탈출』에서 각종 신살들의 오류를 지적한 바 있다. 타당성이 없는 신살론뿐만 아니라 그러한 신살을 활용한 격국 역시 모두 버려야 한다. 신살을 활용한 격국이 타당한 학설로 인정받기 위해서는 신살의 타당성부터 인정받아야 하는데, 연구를 통해 이 부분에 대한 논리적 근거와 임상결과를 제시하는 사주명리학자가 있다면 필자는 기꺼이 대덕 이론을 포기하고 수용하려고 한다.

일귀격

❶ 분석

일귀격(日貴格)이란 일간이 일지에 천을귀인(天乙貴人)을 놓은 것을 말한다. 사주명리학자에 따라 일지가 아닌 연월시에 천을귀인을 놓아도 일귀격으로 해석하는 경우가 있지만, 본래 의미는 일지에 천을귀인을 놓은 것을 말한다.

천을귀인은 갑무경(甲戊庚)은 축미(丑未), 을기(乙己)는 자신(子申), 병정(丙丁)은 해유(亥酉), 신(辛)은 인오(寅午), 임계(壬癸)는 사묘(巳卯)가 된다. 일지에 천을귀인을 놓는 경우는 정해(丁亥)일, 정유(丁酉)일, 계해(癸亥)일, 계유(癸酉)일 네 경우만 해당된다.

일귀격은 일반 이론에서 천을귀인을 매우 귀중하게 취급하고 있기에 가능한 이론으로, 현대에 와서 신살 무용론이 등장하고 있고 천을귀인 또한 타당성이 없는 이론이므로 이 일귀격 또한 격으로서 의미가 없다고 본다.

> **POINT**
> **일귀격**
> 일간이 일지에 천을귀인을 놓은 것을 말한다. 즉 정해(丁亥)일, 정유(丁酉)일, 계해(癸亥)일, 계유(癸酉)일의 4가지 경우를 말한다.

❷ 사주 예

예)

시	일	월	연
庚	丁	己	丁
子	酉	酉	酉

이 사주는 일간이 정화(丁火)이고 일지에 유(酉)가 있어서 천을귀인이 되었으므로 일귀격을 이루었다.

일덕격

POINT
일덕격
갑인(甲寅), 병진(丙辰), 무인(戊寅), 경진(庚辰), 임술(壬戌) 등 5가지 일주를 말한다.

❶ 분석

일덕격(日德格)은 『연해자평』에서 격으로 사용한 것인데 갑인(甲寅), 병진(丙辰), 무인(戊寅), 경진(庚辰), 임술(壬戌) 일주의 5가지가 해당된다. 이와 관련하여 『명리정종』에서 저자 장남은 "이 일덕격에 갑인(甲寅), 병진(丙辰), 무인(戊寅), 경진(庚辰), 임술(壬戌)의 5일이 있는데 어떻게 해서 일덕이 되는지 그 의미와 내력을 알 수가 없다. 이 5일에 일덕의 이름이 붙은 것은 자평서의 오류가 아닌가 생각한다"라고 하였다.

이 격은 형, 충, 파, 해와 관성 및 재성이 합하는 것과 공망과 괴강살을 만나는 것을 꺼리고, 대운이나 연운에서 인성과 비겁운이 와서 신강해지면 좋다고 본다.

그러나 이 5일이 일진에 있다고 하여 격으로 보고 한 사람의 특징을 판단하는 것은 타당성이 없다는 생각이다.

❷ 사주 예

예)

시	일	월	연
甲	甲	己	戊
子	寅	未	戌

이 사주는 갑인(甲寅) 일주이니 일덕격이 되어 귀격으로 취급한다.

일인격

❶ 분석

일인격(日刃格)의 일인은 양인(羊刃)과 같은 것으로, 일인격은 양인살 즉 무오(戊午), 병오(丙午), 임자(壬子) 일주를 말한다. 일반 이론의 격국처럼 형, 충, 파, 해를 꺼리지만 관성은 기뻐한다. 특히 삼형살이나 자형살, 괴강살이 있으면 입신출세를 한다고 본다. 그러나 일주 하나로 격을 정하는 것은 타당성이 부족하다는 것이 필자의 생각이다.

POINT

일인격

무오(戊午), 병오(丙午), 임자(壬子) 일주를 말한다.

❷ **사주 예**

예)

시	일	월	연
戊	戊	壬	壬
午	午	子	申

이 사주는 무오(戊午) 일주에 태어났으므로 일인격이 되어 귀격이 되었다고 본다.

양인격

❶ **분석**

양인격(羊刃格)은 양인격(陽刃格)이라고도 부른다. 갑(甲)일에 묘(卯)월, 병(丙)일에 오(午)월, 무(戊)일에 오(午)월, 경(庚)일에 유(酉)월, 임(壬)일에 자(子)월이 바로 양인으로서 귀격이라고 한다. 그러나 이 격 역시 신살을 활용한 것으로 타당성이 없다고 본다.

❷ 사주 예

POINT
양인격
갑(甲)일에 묘(卯)월, 병(丙)일에 오(午)월, 무(戊)일에 오(午)월, 경(庚)일에 유(酉)월, 임(壬)일에 자(子)월 출생을 말한다.

예)

시	일	월	연
甲	丙	甲	丙
午	午	午	午

이 사주는 병(丙) 일간에 오(午)월생이니 양인격이 되었다.

전록격

❶ 분석

전록격(專祿格)이란 일간 기준으로 일지가 녹(祿) 즉 12운성의 관(冠)에 해당하는 것을 말한다. 12운성이 타당성이 없는 신살로 비판받고 있기에 12운성을 활용한 이 전록격 또한 타당성이 없다고 본다.

전록격은 사주에서 관성을 보지 말아야 하고, 인성과 비겁과 식상, 재성운을 모두 좋아하고, 일반 이론의 다른 격과 마찬가지로 형, 충, 파, 해를 꺼린다.

❷ 사주 예

POINT
전록격
일지가 녹(祿) 즉 12운성의 관(冠)에 해당하는 것을 말한다.

예)

시	일	월	연
甲	甲	甲	戊
辰	寅	寅	午

이 사주는 갑(甲) 일간이 지지에 인(寅)을 깔고 있으므로 인(寅)이 녹(祿)으로 전록격

이 되어 귀격이라고 본다.

건록격

❶ 분석

건록격(建祿格)이란 일간 기준으로 월지가 녹(祿) 즉 12운성의 관(冠)에 해당하는 것을 말한다. 12운성이 타당성 없는 신살로 비판받고 있으므로 12운성을 활용한 이 건록격 또한 타당성이 없다고 본다.

건록격 또한 관성은 보지 않아야 하고, 인성과 비겁운을 좋아하고 식상과 재성운도 반복한다고 본다. 다만, 일반 이론의 다른 격들과 마찬가지로 형, 충, 파, 해를 꺼린다.

POINT

건록격

월지가 녹(祿) 즉 12운성의 관(冠)에 해당하는 것을 말한다.

❷ 사주 예

예)

시	일	월	연
戊	甲	甲	戊
辰	辰	寅	午

이 사주는 갑진(甲辰) 일주가 인(寅)월에 태어났다. 월지에 녹(祿)이 있으니 건록격이 되어 귀격이 되었다고 본다.

귀록격

❶ 분석

귀록격(歸祿格)은 시지가 녹(祿) 즉 12운성의 관(冠)에 해당하는 것을 말한다. 12운성도 타당성이 없는 신살로 비판받고 있기에 이 귀록격 또한 타당성이 없다고 본다.

POINT

귀록격

시지가 녹(祿) 즉 12운성의 관(冠)에 해당하는 것을 말한다.

귀록격 또한 사주에서 관성을 보지 않아야 하고, 인성과 비겁운을 좋아하고 식상과 재성운에도 반복한다고 본다. 다만, 일반 이론의 다른 격과 마찬가지로 형, 충, 파, 해를 꺼린다.

❷ 사주 예

예)

시	일	월	연
丙	甲	戊	己
寅	子	辰	亥

이 사주는 갑자(甲子)일 인(寅)시에 태어났다. 시지에 녹(祿)이 있으니 귀록격이 되어 귀격이 되었다고 본다.

공록격

POINT

공록격

일간과 시간이 같고 일간의 녹(祿)이 일지나 시지 사이에 끼어 있으면서 연지와 월지에 녹(祿)이 없는 경우를 말한다.

❶ 분석

공록격(控祿格)이란 일간과 시간이 같고 일간의 녹(祿)이 일지와 시지 사이에 끼어 있으면서 연지와 월지에 녹(祿)이 없으면 귀격으로 보는 것이다. 여기서 녹(祿)은 12운성의 관(冠)에 해당하는 건록(建祿)을 말한다. 정사(丁巳)일 정미(丁未)시에 오(午), 기미(己未)일 기사(己巳)일에 오(午), 무진(戊辰)일 무오(戊午)시에 사(巳), 계축(癸丑)일 계해(癸亥)시에 자(子), 계해(癸亥)일 계축(癸丑)시에 자(子)가 녹이 있어서 공록격이 된다.

그러나 12운성이 타당성이 없는 신살이므로 12운성을 활용한 격국 또한 타당성이 없다고 보아야 한다.

❷ 사주 예

예)
시	일	월	연
癸	癸	丙	戊
亥	丑	辰	午

이 사주는 계축(癸丑)일에 계해(癸亥)시를 놓으니 자(子)가 12운성의 관(冠)에 해당되어 녹(祿)이 일지와 시지 사이에 끼여 공협되었고 일과 시의 천간이 같으니 공록격을 이루어 귀격이 되었다고 본다.

교록격

❶ 분석

교록격(交祿格)은 일간의 12운성 중 관(冠)에 해당하는 녹(祿)과 연월시 천간의 어느 것이든 해당하는 관(冠)이 서로 바뀌어 있는 것을 말한다. 대개 일주와 시주로 보는데 일간의 녹(祿)이 시지에, 시간의 녹(祿)이 일지에 있는 것을 말한다. 다만 일과 시의 녹(祿)에 해당하는 것이 다른 지지에 없어야 한다. 이 격국 또한 타당성이 없는 12운성을 활용하고 있으니 타당성이 없다고 본다.

POINT

교록격

일주와 시주로 보는데 일간의 녹(祿)이 시지에, 시간의 녹(祿)이 일지에 있는 것을 말한다.

12운성 자체가 타당성이 없습니다

❷ 사주 예

예)
```
시   일   월   연
甲   庚   己   庚
申   寅   卯   戌
```

이 사주는 경(庚) 일간은 12운성에서 녹(祿)인 신(申)이 시지에 있고, 갑(甲) 시간은 12운성에서 녹(祿)인 인(寅)이 일지에 있으니 교록격이 되어 귀격으로 본다.

공귀격

❶ 분석

공귀격(控貴格)은 일과 시에 정관과 천을귀인을 끼고 있는 것을 의미하는데, 일지와 시지에 정관 또는 천을귀인을 끼고 있으면 귀격이 된다는 논리다. 일반 이론에서는 정관과 천을귀인을 매우 좋은 길신으로 보고 있고 사주 내에 있으면 매우 기뻐하는데, 사주 내에 없더라도 지지 사이에 공협하여 끼고 있으면 오히려 사주 내에 있는 것보다 더 특별하게 취급하여 매우 좋은 격으로 본다. 다만 이 때는 사주 내에 정관이나 천을귀인이 없어야 한다.

공귀격
일지와 시지에 정관 또는 천을귀인이 끼어 있는 것을 말한다.

❷ 사주 예

예)
```
시   일   월   연
壬   壬   庚   戊
寅   子   申   申
```

이 사주는 임자(壬子)일에 임인(壬寅)시로 자(子)와 인(寅) 사이에 정관인 축(丑)을 끼고 있으므로 공귀격이 되었다. 사주 내에 정관과 천을귀인이 없어서 더욱 빛을 발한다고 본다.

시묘격

❶ 분석

시묘격(時墓格)이란 재성, 관성, 인성이 시지의 묘(墓)에 들어 있는 것을 말한다. 즉 시지의 진술축미(辰戌丑未) 지장간 속에 재성이나 관성이나 인성이 있는 것을 말한다. 이 격 또한 시지의 진술축미(辰戌丑未) 지장간만 중요하게 보는 것과 시지의 묘(墓) 암장으로 격을 잡는 것이 올바르지 않다고 본다.

POINT

시묘격

재성, 관성, 인성이 시지에 진술축미(辰戌丑未) 사묘(四墓)를 만나는 것을 말한다.

❷ 사주 예

예)

시	일	월	연
壬	丙	丙	壬
辰	戌	午	寅

일간 병화(丙火)가 오(午)월에 태어났으므로 화(火) 기운이 왕성하고 인오술(寅午戌) 화국(火局)을 이루어 화(火) 기운이 더욱 강해진다. 시지 진토(辰土)의 지장간 을목(乙木)은 정인에 해당하고 계수(癸水)는 정관에 해당한다. 시간 임수(壬水)가 시지 진(辰)에 수고(水庫)를 놓아 뿌리를 내리고 있고, 시지가 일지와 진술충(辰戌沖)을 하여 진토(辰土)의 묘(墓)를 열어서 발복하게 된다는 것이다.

협구공재격

① 분석

협구공재격(挾丘控財格)은 공록격, 공귀격과 비슷한데 일지와 시지에 재성을 공협하여 격을 이룬 것을 말한다.

POINT
협구공재격
일지와 시 사이에 일간의 재성이 공협으로 끼여 있는 것을 말한다.

② 사주 예

예)

시	일	월	연
癸	癸	戊	庚
亥	酉	子	申

이 사주는 유금(酉金)과 해수(亥水) 사이에 술토(戌土)가 공협되어 있다. 술(戌)의 지장간 정화(丁火)를 재성으로 삼아 용신을 정하니 귀격이 된다는 것이다. 용신이 편관이나 상관이나 편인이나 겁재를 꺼리고, 정관이나 정재가 되면 좋다는 일반 이론에 따라 억지로 격을 잡은 느낌을 지울 수 없다.

금신격

① 분석

금신격(金神格)이란 갑(甲)일에 을축(乙丑)시, 기사(己巳)시, 계유(癸酉)시 또는 기(己)일에 을축(乙丑)시, 기사(己巳)시, 계유(癸酉)시인 경우를 말한다. 금신은 금(金) 기운이 강해진다고 하여 파괴신으로 보아 파패지신(破敗之神)이라 부른다. 그러므로 화(火)운이 와서 제어해주는 것을 좋아하고, 금신격과 관성과 양인살이 있으면 강한 살성을 긍정적으로 사용할 수 있으니 용맹성과 과감성, 리더십이 있어서 귀격이 된다고 본다. 그러나 갑(甲)이나 기(己) 일간에 축(丑), 사(巳), 유(酉)시만을 금신격으로 한정시키는 것은 타당성이 없어 보인다.

❷ 사주 예

예)

시	일	월	연
乙	甲	戊	乙
丑	午	寅	巳

이 사주는 갑(甲) 일간에 을축(乙丑)시로 금신격이 되어 귀격으로 본다.

오행구족격

❶ 분석

오행구족격(五行具足格)이란 납음오행을 활용한 격이다. 즉 연월일시와 태(胎)의 오주(五柱)에 납음오행으로 목화토금수(木火土金水) 오행이 모두 있는 것을 말한다. 그러나 현재는 납음오행 자체를 사용하지 않기 때문에 납음오행을 활용한 오행구족격 또한 무의미한 이론이라고 하겠다.

 납음은 종진첨이 『명리대감』에서 자세하게 설명한 바 있고 예전에는 많이 활용하였지만, 현대에 와서는 임상실험 결과 불합리한 이론으로 본다. 일반 이론에서는 사주원국에서 하나의 격을 찾아 사주 당사자의 삶을 유추하려다 보니, 살아온 삶을 돌아보았을 때 적합한 격국을 찾기 힘들었기 때문에 납음오행을 언급한 것은 아닌가 생각한다.

POINT

금신격

갑(甲)일에 을축(乙丑)시, 기사(己巳)시, 계유(癸酉)시 또는 기(己)일에 을축(乙丑)시, 기사(己巳)시, 계유(癸酉)시인 경우를 말한다.

POINT

오행구족격

연월일시와 태(胎)의 오주(五柱)가 납음오행으로 목화토금수(木火土金水) 오행이 모두 있는 것을 말한다.

납음오행 표

1순(旬)	2순(旬)	3순(旬)	4순(旬)	5순(旬)	6순(旬)
甲子 乙丑 해중금(海中金)	甲戌 乙亥 산두화(山頭火)	甲申 乙酉 천중수(泉中水)	甲午 乙未 사중금(沙中金)	甲辰 乙巳 복등화(覆燈火)	甲寅 乙卯 대계수(大溪水)
丙寅 丁卯 노중화(爐中火)	丙子 丁丑 간하수(澗下水)	丙戌 丁亥 옥상토(屋上土)	丙申 丁酉 산하화(山下火)	丙午 丁未 천하수(天河水)	丙辰 丁巳 사중토(沙中土)
戊辰 己巳 대림목(大林木)	戊寅 己卯 성두토(城頭土)	戊子 己丑 벽력화(霹靂火)	戊戌 己亥 평지목(平地木)	戊申 己酉 대역토(大驛土)	戊午 己未 천상화(天上火)
庚午 辛未 노방토(路傍土)	庚辰 辛巳 백랍금(白蠟金)	庚寅 辛卯 송백목(松柏木)	庚子 辛丑 벽상토(壁上土)	庚戌 辛亥 차천금(叉釧金)	庚申 辛酉 석류목(石榴木)
壬申 癸酉 검봉금(劍鋒金)	壬午 癸未 양류목(楊柳木)	壬辰 癸巳 장류수(長流水)	壬寅 癸卯 금박금(金箔金)	壬子 癸丑 상자목(桑自木)	壬戌 癸亥 대해수(大海水)
戌亥 水	申酉 無	午未 金	辰巳 水	寅卯 無	子丑 金

❷ 사주 예

예)

태	시	일	월	연
己	丁	丁	戊	甲
未	未	巳	辰	子

연주 갑자(甲子)는 납음오행으로 해중금(海中金)이요, 월주 무진(戊辰)은 납음오행으로 대림목(大林木)이요, 월주 정사(丁巳)는 납음오행으로 사중토(沙中土)요, 시주 정미(丁未)는 납음오행으로 천하수(天河水)요, 태주(胎柱) 기미(己未)는 납음오행으로 천상화(天上火)이다. 납음오행상 목화토금수(木火土金水)가 모두 갖추어진 오행구족격이 되어 귀격으로 본다.

일기위근격

❶ 분석
일기위근격(一氣爲根格)은 사주원국의 연월일시가 납음오행으로 볼 때 한 오행으로만 이루어진 것을 말한다. 현대에 와서는 납음오행을 사용하지 않으므로 납음오행을 활용한 일기위근격 또한 타당성이 없는 격국 이론으로 본다.

❷ 사주 예

예)

시	일	월	연
庚	庚	辛	乙
辰	辰	巳	未

이 사주는 연주, 월주, 일주, 시주 모두가 납음오행상 금(金)에 해당하는 일기위근격이므로 귀격이 되었다고 본다.

POINT

일기위근격

사주의 연월일시가 납음오행상 하나의 오행으로만 이루어진 것을 말한다.

순중부잡격

❶ 분석
순중부잡격(旬中不雜格)이란 사주가 공망과 관련된 갑자(甲子)순중, 갑술(甲戌)순중, 갑신(甲申)순중, 갑오(甲午)순중, 갑진(甲辰)순중, 갑인(甲寅)순중 등 6개 순 중에서 하나의 순중 안에 있는 육십갑자로만 구성된 것을 말한다.

　현재 공망 이론이나 순중이론은 임상결과를 통해 타당성이나 과학적인 근거를 입증하지 못하고 있다. 버려야 할 이론인 공망 이론과 순중 이론을 활용한 순중부잡격 역시 타당성이 부족한 격국 이론이라고 할 수 있다.

POINT
순중부잡격

사주가 갑자(甲子)순중, 갑술(甲戌)순중, 갑신(甲申)순중, 갑오(甲午)순중, 갑진(甲辰)순중, 갑인(甲寅)순중 등 6가지 순 중에서 하나의 순 중 안에 있는 육십갑자로만 이루어진 것을 말한다.

❷ 사주 예

예)

시	일	월	연
丙	乙	甲	甲
子	亥	戌	戌

이 사주는 갑술(甲戌)순중에 있는 갑술(甲戌), 을해(乙亥), 병자(丙子)로만 이루어져 있으므로 순중부잡격으로 본다.

3 기타 고전격

다음 설명하는 격국 역시 현대 사주명리학에서는 버려야 한다. 연주, 월주, 일주, 시주가 각각 조상, 부모형제, 배우자, 자식이 된다는 한운(限運)의 논리와 연주가 군주, 일주가 신하가 된다는 논리는 타당성이 없다. 따라서 이를 활용한 격 또한 의미가 없고, 시주 천간에 관성이 있으면 꺼린다는 논리 또한 정관을 최고의 가치로 인정한 과거에는 통했을지 모르나 현재에는 의미가 없다.

세덕부잡격

POINT
세덕부잡격

연간에 편관이 있는 것을 말하며 귀격으로 본다.

❶ 분석

세덕부잡격(歲德扶雜格)은 연간에 편관이 있는 것을 말한다. 연주는 군주가 되고 일주는 신하가 된다는 논리로, 신하인 일주가 군주인 연주의 권위와 명예를 얻으니 귀격으로 보고, 또한 연주는 조상이 되고 일주는 자신이 되니 연주에 편관(칠살)이 있어 적당히 제어해주므로 귀격으로 보고 조상이 귀하다고 보는 것이다.

❷ 사주 예

예)
```
시  일  월  연
辛  甲  丁  庚
未  子  亥  辰
```

이 사주는 연간에 편관이 있으니 세덕부잡격이 되어 귀격으로 본다. 다만 연월일시로 보는 한운은 검증되지 않은 좀더 연구해야 할 이론이기에 이 이론을 활용한 격국 또한 완벽한 임상결과가 나오기 전까지는 격국에서 제외되어야 한다고 본다.

세덕부재격

❶ 분석

세덕부재격(歲德扶財格)은 연간에 재성이 있는 것을 말한다. 연간은 조상에 해당하니 신왕하면 조상의 유산을 많이 받지만, 신약하면 조상복이 없다고 본다. 다만 한운 자체가 검증되지 않았으므로 격으로 보기 어렵다.

❷ 사주 예

예)
```
시  일  월  연
甲  戊  己  壬
寅  戌  酉  戌
```

POINT
세덕부재격
연간에 재성이 있는 것을 말한다. 연간은 조상에 해당하니 신왕하면 조상의 유산을 많이 받고, 신약하면 조상복이 없다고 판단한다.

이 사주는 연간에 편재가 있어 세덕부재격이 되었다. 세덕부재격 역시 연월일시를 조상, 부모형제, 배우자, 자식으로 구분하는 한운에 근거하므로 격으로 보기에는 문제가 있다고 생각한다.

상관대살격

❶ 분석

상관대살격은 갑목(甲木) 일간이 지지에 인오술(寅午戌) 화국(火局)이 있고 천간에 경신금(庚辛金)의 관성이 있을 때 갑목(甲木)이 천간의 관성에 의지해서 귀격이 된다는 원리다. 이 격은 지지의 화(火)를 제어함으로써 복록이 들어온다고 보고, 신왕한 운으로 행하면 길하고 재성운을 가장 꺼린다. 상관대살격은 식상과 관성이 시주에 함께 있을 때 관성으로 용신을 삼기도 하는데, 신약하기에 인성이나 비겁운도 좋아한다고 본다.

그러나 이 이론은 관성을 최고의 가치로 여기던 시대에 나온 것으로, 현대에는 생각의 전환이 필요하며 버려야 한다는 것이 필자의 생각이다.

POINT
상관대살격
갑(甲)일생이 지지에 인오술(寅午戌) 화국(火局)이 있고 천간에 경신금(庚辛金)의 관성이 있을 때 갑(甲)이 천간의 관성에 의지하여 귀격이 된다는 이론이다.

❷ 사주 예

예)

시	일	월	연
丙	甲	甲	辛
寅	戌	午	丑

이 사주는 갑목(甲木) 일간이 지지에 인오술(寅午戌) 화국(火局)이 있고, 천간에 신금(辛金) 관성이 있으니 갑목(甲木)이 관성 신금(辛金)에 의지하여 귀하게 된다는 논리다.

이순신 장군과 주역점

이순신 장군은 임진왜란 때 일본군을 물리치는 데 큰 공을 세운 우리 역사에 길이 남을 명장이다. 이순신 장군과 관련하여 많은 유적이 국보와 보물 등 사적으로 지정되어 있으며, 그의 삶은 후세의 귀감으로 남아 오늘날에도 문학이나 영화 등의 예술작품의 소재가 되고 있다.

이순신 장군과 관련하여 흥미로운 사실이 있다. 이순신 장군이 병법은 물론 주역에도 능하여 전쟁에 임하기 전에 반드시 점괘를 쳐서 하늘의 이치를 파악하고자 했다는 점이다. 이순신 장군이 임진왜란 당시 진중에서 쓴 『난중일기』를 보면 주역점을 치는 내용이 7번 나오며, 꿈을 꾸고 꿈을 해몽한 내용이 41번이나 나온다.

또한 서애 유성룡의 『징비록(懲毖錄)』에는 다음과 같은 기록이 있다. 이순신 장군이 견내량(거제도와 통영 사이의 수로로 임진왜란 당시 최대 격전지 중 한 곳)에 있을 때 해가 뉘엿뉘엿 지고 있었다. 마침 하늘에 기러기 떼가 높이 떠서 날고 있었다. 장군은 순간 이는 필시 무슨 징조를 보여주는 것이라고 생각하고 주역의 점괘를 뽑았다.

주역의 64괘 중 첫 번째 괘(卦)인 중천건괘(重天乾卦)의 초구가 나왔다. 중천건괘의 괘사(卦辭)는 "건(乾)은 원형이정(元亨利貞)이니라"였고, 초구의 효사(爻辭)는 "잠룡(潛龍)은 물룡(勿用)이니라"라는 점괘가 나왔다.

장군은 점괘의 내용에 대해 깊이 생각한 후 휘하의 모든 장군을 불러 다음과 같은 지시를 내렸다. "장수들은 오늘 밤에 자지 말고 소리를 내지 말며 뱃전을 칼로 치면서 순찰하도록 하여 경계 태세에 만전을 기하라."

이에 모든 군사들은 배의 돛을 내리고 조용한 가운데 뱃전을 칼로 치면서 경계를 게을리하지 않았다. 날이 샌 후 뱃전에 손가락들이 수북이 떨어져 있었다. 이순신 장군이 "잠룡(潛龍)은 물룡(勿龍)이니라" 즉 "잠겨진 용은 사용하지 말지니라"라는 괘를 해석하여 물 밑으로 적군이 쳐들어 올 것을 미리 알고 병법에 적용하여 적군을 섬멸할 수 있었던 것이다.

EXERCISE

KEY POINT

고전격을 일반격이라고도 한다. 반드시 용신과 밀접한 관계가 있지는 않다.

고전격은 하나의 사주에 하나의 격국이 존재한다고 보므로 다양한 삶을 분석하기에 어려움이 있다.

고전격에는 12운성과 신살을 활용한 격들이 많이 존재하는데, 그러한 격들로 인해 비판의 대상이 되기도 하였다.

고전격의 시작은 일주 위주의 사주명리학과 시기를 같이 한다.

실전문제

1 고전격에 대한 설명 중 옳지 않은 것은?

① 사주명리학 초기에는 고전격이 성행하였다.
② 사주명리학 초기에는 고전격과 용신격의 구분이 명확하지 않았다.
③ 고전격은 격국론에 초점을 맞춘다는 점에서 용신격과 구분된다.
④ 고전격은 일반격이라고도 한다.
⑤ 고전격은 반드시 용신과 밀접한 관계가 있다.

2 고전격에 대한 설명 중 옳지 않은 것은?

① 고전격 초기에는 일반격이 성행하다가 용신격과 함께 존재하였다.
② 고전격을 일반격이라고도 하는데, 대체적으로 하나의 사주에 하나의 격이 존재한다고 설명한다.
③ 고전격에는 신살을 활용한 격들이 많이 존재한다.
④ 고전격은 격국을 통하여 다양한 삶을 분석하는 데 사용된다.
⑤ 고전격은 사주가 일주를 위주로 정립될 때 탄생하였다.

3 고전격에 대한 설명 중 옳은 것은?

① 고전격은 사주원국에 없는 오행을 불러들인다는 논리를 내세워 사주명리학계의 찬사를 받았다.
② 고전격은 신살을 사용한 이론으로 매우 타당성이 높은 학설이다.
③ 고전격은 12운성 중 특히 건록(建祿)을 중요하게 여겼다.
④ 고전격은 용신격과 같은 의미로 사용된다.
⑤ 고전격은 현대에 들어서 용신격보다 중요한 이론으로 인정받고 있다.

4 고전격의 역사에 대한 설명 중 옳지 않은 것은?

① 고전격은 연주를 위주로 보는 당사주에서 시작되었다.
② 고전격은 서자평의 등장과 더불어 자리를 잡게 되었다.
③ 고전격은 서자평 시대 이전에 시작되었다.
④ 고전격은 정격과 잡격을 포함한 대부분의 격을 포함한다.
⑤ 고전격은 시대에 따라 그 수가 많아지기도 하고 줄어들기도 하였다.

5 서자평과 연관이 없는 사주명리학 저서는?

① 적천수천미 　② 연해자평 　③ 낙록자삼명소식부주
④ 옥조신응진경주 　⑤ 명통부

6 다음 중 사주원국에 없는 오행이나 육친을 불러들이는 격이 아닌 것은?

① 축요사격 　② 자요사격 　③ 형합격
④ 합록격 　⑤ 교록격

7 다음 고전격 중 신살을 활용한 격이 아닌 것은?

① 전록격 　② 건록격 　③ 귀록격
④ 도충격 　⑤ 공록격

8 다음 고전격 중 사주에 없는 오행과 육친을 불러들이는 격이 아닌 것은?

① 육임추간격 　② 오행구족격 　③ 임기용배격
④ 육음조양격 　⑤ 육을서귀격

9 다음 고전격 중 납음오행을 활용한 격은?

① 일기위근격 　② 순중부잡격 　③ 세덕부잡격
④ 세덕부재격 　⑤ 상관대살격

10 다음 고전격 중 공망과 연관된 순중이론을 활용한 격은?

① 일기위근격 　② 순중부잡격 　③ 세덕부잡격
④ 세덕부재격 　⑤ 상관대살격

KEY POINT

『적천수천미』는 서자평 시기보다 후대에 씌어진 책이다. 청나라 때 임철초가 증주(增註)한 것을 중화민국의 원수산이 교정과 편집을 거쳐 출판한 책이다.

교록격은 12운성의 건록이 일과 시에 있는 것을 말한다.

도충격은 사주에 없는 오행과 육친을 불러들이는 격이

오행구족격은 납음오행을 활용한 고전격이다.

일기위근격은 납음오행의 한 오행으로 연월일시가 구성된 것을 말한다.

순중부잡격은 갑자(甲子)순중, 갑인(甲寅)순중, 갑진(甲辰)순중, 갑오(甲午)순중, 갑신(甲申)순중, 갑술(甲戌)순중 중 하나의 순중 안에 있는 육십갑자로만 연월일시가 이루어진 것을 말한다.

KEY POINT

일귀격은 일간이 일지에 천을귀인을 놓아서 격을 이룬다. 천을귀인은 매우 좋은 신살의 하나로 이것이 일지에 있어서 귀격이 된다는 논리다.

일간이 일지에 천을귀인을 놓는 경우를 일귀격이라고 한다. 정해(丁亥), 정유(丁酉), 계해(癸亥), 계유(癸酉) 등 4일을 말한다.

금신격은 갑(甲)날이나 기(己)날에 을축(乙丑), 기사(己巳), 계유(癸酉) 시인 경우이다.

세덕부재격은 연간에 재성이 있는 경우이다. 연간은 조상에 해당하므로 신왕하면 조상의 유산을 많이 받는다고 해서 격으로 본다.

연주는 군주가 되고 일주는 신하가 되어 신하인 일주가 군주인 연주의 권위와 명예를 얻으니 귀격이 된다는 논리다.

『연해자평』이 현대 사주명리학에 미친 영향은 매우 크다.

11 다음 고전격 중 일간이 일지에 천을귀인을 놓는 격은?

① 일덕격 ② 일인격 ③ 협합격 ④ 양인격 ⑤ 일귀격

12 다음 고전격 중 일귀격에 해당되지 않는 것은?

① 정해(丁亥)일 ② 정유(丁酉)일 ③ 신해(辛亥)일
④ 계해(癸亥)일 ⑤ 계유(癸酉)일

13 다음 고전격 중 12운성의 관(冠)을 활용하지 않은 것은?

① 전록격 ② 건록격 ③ 귀록격 ④ 교록격 ⑤ 금신격

14 다음 고전격 중 연간에 재성이 있는 경우의 격은?

① 세덕부재격 ② 재관쌍미격 ③ 상관대살격
④ 세덕부잡격 ⑤ 비천록마격

15 다음 고전격 중 연간에 편관이 있는 경우의 격은?

① 세덕부재격 ② 재관쌍미격 ③ 상관대살격
④ 세덕부잡격 ⑤ 비천록마격

16 현대 사주명리학에 미친 영향이 매우 크고 격국론과 용신론의 판단 기준의 중심이 되는 사주명리학 책은?

① 연해자평 ② 명리정종 ③ 명리약언
④ 낙록자삼명소식부주 ⑤ 옥조신응진경주

17 『명리약언』의 주장을 수용하여 잡격을 배제하고 억부용신을 활용하고 풍부한 임상 실례와 통변을 설명한 책은?

① 연해자평　　② 명리정종　　③ 자평진전
④ 삼명통회　　⑤ 적천수

18 사종격을 창안하고 강한 세력으로 용신을 삼는다는 이론을 편 책은?

① 연해자평　　② 명리정종　　③ 삼명통회
④ 적천수　　　⑤ 자평진전

19 사종격에 해당되지 않는 것은?

① 종왕격　② 종강격　③ 종관격　④ 종세격　⑤ 종기격

20 고전격 중 현대 사주명리학에서 살려야 할 격은?

① 신살을 활용한 고전격
② 사주에 나타난 단순 특성을 강조한 고전격
③ 사주에 없는 오행을 불러들이는 고전격
④ 사주에 없는 육친을 불러들이는 고전격
⑤ 연월일시의 한운(限運)으로 보는 고전격

KEY POINT

『적천수』는 『명리약언』의 주장을 수용하여 잡격을 배제하였다. 또한 억부용신을 활용하고 임상사례와 통변을 설명하고 있다.

『적천수』에서 사종격과 강한 세력으로 용신을 삼는다는 종격 용신을 처음으로 주장하였다.

『적천수』의 사종격에는 종왕격, 종강격, 종기격, 종세격 등 4개의 격이 있다.

사주에 나타난 단순 특성을 강조한 격을 통해서 사주 당사자의 개성, 특성, 적성 등을 파악할 수 있다.

여기 정답!

1) 5　2) 4　3) 3　4) 1　5) 1
6) 5　7) 4　8) 2　9) 1　10) 2
11) 5　12) 3　13) 5　14) 1　15) 4
16) 1　17) 5　18) 4　19) 3　20) 2

대덕 한마디

사주팔자의 적성을 잘 찾아야 행복하다

자신의 사주팔자뿐만 아니라 자녀의 사주팔자를 알고 싶어서 상담을 요청하는 부모들이 많다. 그 중에서 진학과 관련된 문제는 사주팔자에 나타난 자녀의 적성을 살려 나가도록 상담해주는데, 부모가 자녀의 적성을 고려하지 않고 자신들의 희망 직업대로 진학하라고 고집하면 부모와 자녀 사이에 갈등이 커지고, 잘못된 진로 선택으로 자녀가 고통을 받는 상황까지 이를 수 있다.

지금으로부터 3년 전 일이다. 바쁜 시간을 쪼개 사주 상담을 하고 있는데, 옷차림과 관상만 보아도 인품 있고 부유한 중년 여성이 상담실로 들어왔다. 1975년생 토끼띠인 아들의 사주팔자를 보러 온 것이었다. 2003년 현재 나이 29세에 도화살이 4개가 있어 도화격을 이룬 사주였다. 또한 식신과 상관이 발달한 식상발달격이었다. 다만 귀문관살이 있고 음의 기운이 강하니 배짱이나 추진력은 부족하고, 소심하고 안정적이며, 예민한 성격의 소유자였다.

이러한 타입은 사업이나 강한 추진력이 필요한 일들은 불가능하고, 감각이나 감수성을 활용하고 끼를 가지고 가는 예술가나 문학가가 좋다. 사주를 종합해보니 회화, 조각 등의 미술 관련 교수나 교사가 가장 잘 어울렸다. 화가로 직업을 정한다면 당대 최고의 화가가 될 수 있는 훌륭한 사주였다.

그런데 이러한 내용을 듣고 있던 부인이 갑자기 눈물을 흘리기 시작하였다. '혹시 사주에 문제가 있는가? 아들이 큰 병에 걸렸는가?' 짧은 순간 당황하였지만, 그간의 상담 경험으로 사주 상담가는 사주에 의지하고 사주로만 사주 상담을 해야 한다는 것을 잘 아는 터라 마음을 가라앉히고 다시 한번 사주를 들여다보니 마찬가지 해석이 나왔다. 조심스레 손수건을 건네자 부인은 비로소 눈물을 닦고 이야기를 시작하였다.

"제 아들이 어려서부터 그림을 아주 잘 그렸어요. 전국의 미술대회에서 상이란 상은 모두 타 올 정도였으니까요. 공부도 아주 잘해 전교 1등을 놓친 적이 없었습니다. 아들은 중학교에 진학하면서 화가가 되겠다고 했지만 저와 아이 아버지는 절대 그림쟁이는 시킬 수 없다고 의대를 갈 것을 강권했습니다. 의대에 들어갈 실력은 충분했으니까요. 결국 갈등 끝에 아들은 의대에 수석으로 들어갔습니다."

그런데 그 다음이 문제였다고 한다. 얼마 전 부인의 남편이 우연찮게 아들의 학교에 찾아갔는데, 아들이 이미 7년 전에 학교를 그만두었다는 것이다. 대학 입학 후 의학 공부가 전혀 맞지 않았고, 성격이 소심하고 겁이 많아 주사를 놓거나 수술을 하는 것이 불가능했던 것이다. 고민 끝에 결국 부모 몰래 학교를 그만두고 계속 학비를 받아서 그 돈으로 도자기 공장에서 도자기 만드는 일을 배웠다고 한다. 그 동안 부모는 아들이 의사로서 성공의 길을 가고 있다고 굳게 믿고 있었다.

부인의 이야기를 듣고 난 후, 필자는 조심스럽게 아직은 29세 젊은 나이니 미대에 진학시켜서 본인이 좋아하는 미술 공부를 하도록 허락하면 어떻겠느냐고 물었다. 그러나 부인은 정색을 하고 반대하였다.

"아들은 절대 의대를 가기 싫고 무서워서 주사 놓는 것도 싫다지만 미대는 안 돼요. 절대 안 돼요. 다시 의대에 들어갈 수 있는 방법이 없을까요? 부적이나 굿도 좋아요. 이 아이가 의대를 다녀서 의사가 될 수만 있다면 돈은 얼마가 들어도 상관없어요. 부탁입니다."

안타깝게도 더 이상은 해줄 말이 없었다. 사주 상담을 하는 게 아니라 자신의 생각을 확인하려고 했기 때문이다. 미대를 진학시키라는 말에 실망했는지 곧 상담을 끝내고 나가버렸다.

참으로 가슴 아픈 상담의 하나였다. 아들을 자신의 소유물로 생각하고 부모가 생각을 강요하는 부모 때문에 그 동안 그 아들은 얼마나 힘들었을까. 사랑은 나의 생각을 받아들이도록 강요하는 게 아니라 애지욕기생(愛之欲其生)하는 것, 즉 사랑하는 사람의 삶을 다 살게 하는 것임을 부모들은 알아야 한다. 자녀들도 인격이 있음을 잊지 말고, 자녀가 자신의 삶을 다 살 수 있도록 사주팔자의 장점을 잘 찾아주었으면 하는 바람이다.

우리 모두는 단 한 가지 성격이나 적성만 가지고 있는 것이 아니라 여러 가지 성격이 복합적으로 나타나고 여러 가지 적성을 가지고 있다. 그 중에서 특정한 성격이나 적성이 다른 것보다 두드러지게 나타나는 것이다. 이렇게 사람의 성격이나 적성이 수없이 다양하기 때문에 사람의 인생도 복잡할 수밖에 없다.

대덕 이론의 격국을 잘 이해한다면 한 사람의 사주를 분석해내고 그 사람의 적성, 성격, 직업, 인품 등을 좀더 섬세하고 자세하게 읽어냄으로써 그 사람의 삶을 긍정적으로 안내해줄 수 있을 것이다.

"당신의 운명은 언제 좋아질 것입니다" 또는 "당신의 운명은 언제 나빠질 것입니다"라는 운명론적 관점이 아니라, "당신은 이쪽 방향으로 나아가면 성공할 수 있습니다" 또는 "당신은 저쪽 방향으로 가면 인생에 굴곡이 많을 것입니다" 등의 상담에 충실한 사주 분석이 가능해진다.

김동완의 사주명리학 강의 Vol.3
사주명리학 격국특강

대덕 이론

1. 대덕 이론을 시작하기 앞서
2. 내격
3. 외격

chapter 04
대덕 이론

대덕 이론은 격국과 용신을 구분하지만 일반 이론은 격국과 용신을 혼용하므로 사주 분석에서 여러 가지 오류가 발생한다. 격국은 사주 주인공의 성격, 적성, 특징 등을 판단하는 도구이므로 용신을 찾는 데 활용해서는 안 된다.

1. 대덕 이론을 시작하기 앞서

대덕 이론은 용신을 찾아내고자(정하고자) 하는 격인 용신격 중에서 종격 등 극히 일부를 격으로 사용한다. 종격 또한 용신을 찾고자 하는 것이 아닌 격으로서만 가치를 인정한다. 더불어 앞서 설명한 고전격 중에서 타당성이 없는 많은 고전격들을 버리고 사주원국의 의미를 충분히 분석해낼 수 있는 고전격들만 계승하였다. 여기에 충분한 임상실험을 거쳐서 대덕격 등 새로운 격을 만들어내고 현대 사주명리학에서 활용할 수 있는 타당성 높은 격국 이론을 정립하였다.

   용신격은 격국과 용신을 하나로 묶어서 해결하려다 보니 사주 분석에 많은 시간이 걸릴 뿐만 아니라, 사람들마다 격이나 용신을 찾으면서 이것이 용신이다 또는 저것이 용신이다 하는 식으로 서로 의견이 다르고, 이런 격이요 저런 격이요 하고 서로 다른 주장들을 내세우는 경우가 많기 때문이다. 용신과 격국에 대한 이론은 넘쳐나는데 정작 용신론과 격국론은 한몸인 듯하면서도 왜 따로 존재하는지 그것을 전혀 설명하지 못하는 상태이다. 바로 이것이 용신격의 큰 문제이다.

그러나 격국론과 용신론은 완전히 별개로 분리하여 보아야 한다는 것이 필자의 의견이다. 즉 용신론은 용신을 찾는 5가지 방법 즉 조후법, 억부법, 병약법, 통관법, 전왕법으로 해결하고, 격국론은 따로 정리해야 한다는 것이다.

또한 고전격(일반격)은 사주원국에 없는 오행 또는 육친을 합이나 충을 한다고 불러들이는 황당무계한 격들이 있고, 여기에 신살 이론을 활용한 격들까지 있어서 전적으로 수용하기 어렵다. 이러한 이론들은 사주명리학 이론에 맞지 않으므로 버려야 한다는 생각이다.

1 격국의 중요성

어느 누구든 타고난 사주팔자의 그릇이 우선이고, 그 다음이 흘러가는 운이다. 그런데도 이제까지는 사주원국을 분석하는 데 소홀했던 것이 사실이다. 음양오행의 구성 및 각각의 상극작용, 육친관계, 격국의 종류 등 사주원국을 분석하는 것에는 소홀하면서 사주의 일부분인 용신과 대운에 치중하여 사주 전체를 해석해온 것이다. 사주원국을 분석하기 위한 노력보다는 흘러가는 운에 초점을 맞추어 사주에서 힘이 부족한 오행(또는 육친) 즉 용신 하나만으로 부모복이 있는지, 자식복이 있는지, 배우자복이 있는지, 재물복이 있는지 등을 살펴보았으니 사주 분석이 어렵고 적중률이 떨어질 수밖에 없었다.

이러한 일반 이론에서 과감하게 벗어나야 한다. 태어나는 순간 결정된 사주팔자를 어떻게 읽어내는가가 운명의 70%를 차지한다고 해도 과언이 아니다.

예를 들어보자. 어떤 사람의 사주팔자를 보니 성격이 안정적이고 보수적이며 배짱이 부족하고, 가르치는 직업이나 말하는 직업 또는 평생 공부해야 하는 직업을 가져야 한다고 나왔다. 이런 사람은 직업으로 교사를 선택하면 타고난 적성을 잘 살릴 수 있다. 일단 교사가 되면 이 사람은 운이 나쁘든 좋든 큰 변화 없이 일생을 살아갈 것이다. 교사는 운이 좋다고 해서 즉 용신이 들어왔다고 해서 월급을 훨씬 더 많이 받는 것도 아니고, 운이 나쁘다고 해서 즉 기신이 들어왔다고 해서 월급이 반으로 줄어드는 것도 아니다.

그러나 안정적이고 보수적인 성격에 배짱이 부족한 이 사람이 교사 대신 사업가가 되었다고 생각해보자. 사업을 하려면 얼굴이 두꺼워야 한다. 성격이 유들유들하고 누가 돈을 빌려 달라거나 보증을 서 달라고 해도 웃으면서 거절할 수 있어야 하고, 싫어하는 사람이나 인간성이 나쁜 사람과도 사업상의 거래를 해야 한다. 소심한 사람이 과연 이런 일을 할 수 있겠는가. 절대로 불가능하다.

누구나 자신의 타고난 성격이나 적성에 따라 진로를 선택하면 인생에 큰 변화가 없이 순탄하게 살아갈 수 있다. 오히려 인생의 굴곡이 적은 만큼 성공 가능성도 높다. 그러나 자신의 적성과 다른 직업을 선택하면 비록 운이 좋아도 인생에 굴곡이 심하다. 앞서 예를 든 사람이 사업을 한다면 제 아무리 운이 좋아도 타고난 성격으로는 사업에 성공할 가능성이 매우 희박하다.

결론적으로 말해서 용신에 따른 대운의 흐름보다 사주원국에 나타난 그 사주 주인공의 성격, 적성, 직업이 더욱 중요하고, 이것이 그 사주 주인공의 운명을 70% 정도 좌우한다. 그러므로 사주원국에 나타난 삶 즉 오행의 발달이나 과다 또는 고립, 육친의 발달이나 과다 또는 고립, 합충과 격국 등을 잘 이해하고 읽어내는 것이 사주 분석의 기본이 된다.

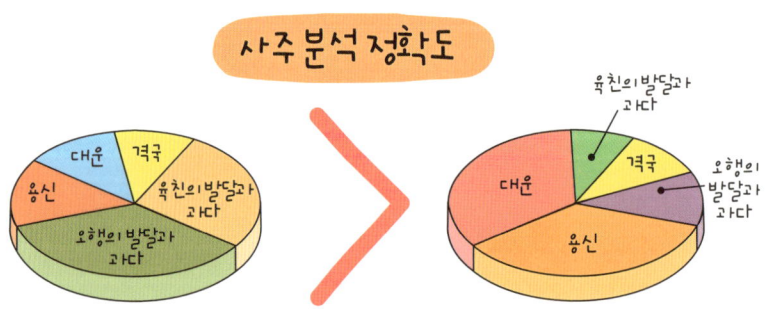

격국의 종류에 대해서는 다양한 학설이 있다. 송나라 시대 서자평은 사주명리학의 고전으로 불리는 『연해자평(淵海子平)』에서 무려 55개의 격국을 설명해놓았다. 이 책이 씌어진 시기가 송나라 때이므로 이미 오래 전에 격국을 분류해놓았음을 알 수 있다. 그 후 명나라 때에는 장남(張楠)이 『명리정종(命理正宗)』에서 47개의 격국을 설명해놓았고, 근대에 들어서는 오준민(吳俊民)이 『명리신론(命理新論)』에서 44개의 격을 설명하였다.

그러나 이들 책은 사주의 격 하나를 정하여 "이 사주는 무슨 격을 가지고 있으니 어떤 지위를 얻었다"라는 단순한 설명에 그치고 있다. 이러한 설명이 그 당시에는 통할 수 있었는지 몰라도 지금 현실에는 전혀 들어맞지 않는다. 일반 이론을 정립한 사주명리학자들은 보통 사람들의 사주는 분석 대상에 포함시키지 않고 오직 신분이 높은 고관대작들의 사주를 분석하였다. 그로 인해 임상 자료가 매우 부족해졌다.

뿐만 아니라 이와 같은 책들이 씌어진 시기는 왕권이 곧 국가의 운명을 좌우하고 개인의 운명을 좌우하는 시기였기 때문에 왕족은 사주팔자의 격이 낮아도 신분이 높을 수밖에 없고, 제 아무리 사주의 격이 높아도 상인이나 비천한 머슴이나 종의 신분이면 지위가 보잘 것 없이 낮고 가난할 수밖에 없었다. 사주의 격을 분석하기 위해 임상실험을 하려면 다양한 사주가 있어야 한다. 그러나 당시에는 사주의 격보다는 양반 계급인가, 평민인가, 천민인가에 따라 운명이 결정되었기 때문에 사주를 가지고 임상실험을 하는 것이 타당성이 부족하고 적중률이 떨어질 수밖에 없었다.

게다가 격국론과 용신론이 명확하게 구분되지 않기 때문에 격을 분석하는 데 소홀할 수밖에 없었다고 생각할 수 있다. 어떤 사주명리학자는 용신격이란 용어를 사용하면서 용신론과 격국론을 두루뭉술하게 혼합하여 혼동을 초래하기도 한다. 한 예로, 사주에서 오행의 생극제화(生剋制化)를 보고 사주의 구조를 판단하여 사주 내의 용신을 찾고, 그에 따라 격의 이름을 결정한다는 것이다. 이러한 용신격에서 격국은 용신을 정하기 위해 필요한 도구로서의 가치가 우선된다. 이러한 논리는 격국론을 완전히 무시하고 있지는 않지만, 격국론과 용신론이 섞여 있어서 명쾌하지 않다.

일반 이론의 또 한 가지 문제점은 격국의 종류가 사주명리학자마다 서로 다르다는 것이다. 앞서 소개한 책들만 보아도 격국의 종류가 각각 55개, 47개, 44개로 차이가 나며, 세월이 흘러갈수록 격의 수가 점점 줄어들었다. 이렇게 이론에 일관성이 부족하기 때문에 격의 가치가 없다고 주장하는 사주명리학자들까지 생겨난 것이다.

이러한 일반 이론의 문제점을 해결하기 위해 대덕 이론에서는 우선 격국론과 용신론을 완벽하게 분리하였다. 그리고 하나의 사주로 한 가지 격국만이 아니라 여러 가지 격국을 분석해낼 수 있도록 세밀하면서도 다양한 격국을 연구하였다. 이것은 사람에 따라서 여러 가지 다양한 격이 동시에 존재할 수 있기 때문이다. 우리 모두는 단 한 가지 성격이나 적성만 가지고 있는 것이 아니라 여러 가지 성격이 복합적으로 나타나고 여러 가지 적성을 가지고 있다. 그 중에서 특정한 성격이나 적성이 다른 것보다 두드러지게 나타나는 것이다. 이렇게 사람의 성격이나 적성이 수없이 다양하기 때문에 사람의 인생도 복잡할 수밖에 없다. 그런데도 사람의 인생을 격국 50여 개로 구분하거나 용신론만으로 설명하겠다는 것은 어불성설이라고 할 수밖에 없다.

　대덕 이론의 격국을 잘 이해한다면 한 사람의 사주를 분석해내고 그 사람의 적성, 성격, 직업, 인품 등을 좀더 섬세하고 자세하게 읽어냄으로써 그 사람의 삶을 긍정적으로 안내해줄 수 있을 것이다. "당신의 운명은 언제 좋아질 것입니다" 또는 "당신의 운명은 언제 나빠질 것입니다"라는 운명론적 관점이 아니라, "당신은 이쪽 방향으로 나아가면 성공할 수 있습니다" 또는 "당신은 저쪽 방향으로 가면 인생에 굴곡이 많을 것입니다" 등의 상담에 충실한 사주 분석이 가능해진다.

　좀더 나은 길을 걸어가기 위한 방법을 모색하지 않고 이것 아니면 저것이니 어쩔 수 없다는 식의 운명론적 관점은 사주를 상담하러 온 사람에게 전혀 도움이 되지 않는다. 오히려 자신의 사주가 나쁘다는 사실에 낙담하고 희망을 잃게 만들 수도 있다. 그러나 자신이 타고난 장점과 단점을 알려주고, 장점을 잘 살리는 길을 선택하여 성공할 수 있도록 돕는 사주 상담은 운명을 개척할 수 있도록 힘을 준다.

필자는 이제까지의 다양한 임상 경험과 여러 스승에게서 받은 금과옥조 같은 가르침을 통해서 격 하나하나마다 어떤 특징을 가지고 있으며, 수없이 많은 격국이 존재한다는 것을 밝혀냈다. 또한 격국론과 용신론은 전혀 별개로 분류해야 한다는 것을 밝혀냈다. 특히 용신의 활용 범위와 격국의 활용 범위는 전혀 다르다는 사실은 매우 중요한 내용이다.

대덕 이론의 용신론과 격국론이 기존의 일반 이론에 익숙한 사람들에게는 낯설고 이상하게 보일 수도 있다. 그러나 이 대덕 이론은 책상물림으로 공부한 내용이 아니라 필자가 대학시절과 그 이후의 20대에 구두닦이와 술집 웨이터, 신문팔이, 노동자, 넝마주이 등으로 일하면서 다양한 사람들을 만나고 그들의 사주팔자를 가지고 사주 분석을 하면서 얻어낸 새로운 이론이다.

사주명리학이 오랜 세월 학문적으로 완성되어오면서 『연해자평』과 『적천수』에서 새로운 발전을 이루었다면, 지금까지 기존의 일반 이론에 가려져 있던 격국론과 용신론이 대덕 이론을 통해 새롭게 재탄생하게 되리라고 자부한다. 필자의 작업이 사주명리학계의 발전에 보탬이 되고, 이 대덕 이론이 서양의 상담심리학을 뛰어넘는 의미 있는 이론으로 자리매김하기를 바란다.

2 격국 분석의 주의사항

격국은 크게 내격(內格)과 외격(外格)으로 구분된다. 내격과 외격 이외에 특수 격국(특수격)을 추가하는 경우도 있지만, 외격과 특수 격국은 차이점이 거의 없기 때문에 특수 격국을 외격에 포함시켜도 전혀 문제가 없다. 내격을 정격(定格) 또는 정격(正格)이라고 부르기도 하고, 외격은 별격(別格) 또는 특수격(特殊格)이라고 부르기도 한다. 용어가 다양하고 복잡한 것 같지만, 크게 내격과 외격으로 구분된다는 점을 유의하면 격국을 구분하는 데 도움이 될 것이다.

그렇다면 내격과 외격은 격의 크기나 격의 강약이 다른가? 그렇지 않다. 내격이나 외격의 차이는 전혀 없다. 내격은 좋고 외격은 나쁘다는 식의 선입관은 버려야 한다. 이제까지 필자와 함께 사주명리학 공부를 해온 독자 여러분은 이미 필자의 의도를 간파하였을 것이다. 사주명리학을 구성하는 모든 이론들은 장점과 단점을 함께 가지고 있다. 단순히 무엇은 좋고 무엇은 나쁘다고 판단해서는 안 된다.

필자가 가장 좋아하는 동화책 중에 권정생의 『강아지똥』이란 책이 있다. 강아지가 울타리에다 똥을 누었는데 어느 누구도 그 똥을 거들떠보지 않았다. 지나가던 농부도 밭에 퇴비로 쓰겠다고 소똥은 가져갔지만, 강아지똥은 거들떠보지 않았다. 그로 인해 강아지똥은 모두에게 버림받은 슬픔과 그 누구도 자신에게 애정을 주지 않는 데 따른 아픔 그리고 어느 누구도 자신에게 관심을 기울이지 않는 데 따른 고통을 느낀다. 그러던 어느 날 민들레 꽃씨가 날아와 강아지똥 위에 떨어진다. 강아지똥을 거름으로 민들레 꽃씨는 싹이 나고 자라나서 아름다운 민들레꽃을 피운다.

하찮게만 보이는 강아지똥마저도 아름다운 민들레꽃을 피우듯이, 사주팔자에도 일방적으로 나쁜 것은 전혀 없다. 나쁘게 보이는 사주팔자에도 장점이 있고, 그 사주의 주인공은 강아지똥이 민들레꽃을 피우듯이 삶의 꽃을 피울 수 있다는 것이다. 강아지똥으로는 넓은 논밭의 곡식을 키울 수 없다. 그러나 민들레처럼 작은 꽃은 예쁘게 피울 수 있다. 논에 벼를 기를 것인가, 밭에 콩을 기를 것인가, 길가의 민들레를 꽃피울 것인가의 차이가 있을 뿐, 사주팔자는 좋고 나쁜 것으로 구분할 수 없다.

쉽게 말해 사주명리학의 역할은 민들레꽃을 피울 사람이 논에 가 있지 않게 하고, 밭에서 콩을 기를 사람이 논에 가 있지 않게 하는 것이다. 한 사람 한 사람의 그릇을 파악하여 그에게 가장 적합한 적성을 찾아주는 것이 사주명리학의 근본이다. 그 적성을 찾아주는 도구 중의 하나가 바로 격국이다.

사주명리학에서 격국론은 다양한 형태의 격들이 사라지기도 하고 새롭게 생겨나기도 하면서 변화해왔다. 과거의 격들은 용신론과 혼합되거나 사주 주인공의 장점을 읽는 대신 장단점을 분석하는 데 사용되었기 때문에 격국을 몰라도 사주를 해석하는 데 어려움이 없었다. 그 대신 사주 분석의 적중률이 떨어졌고 이론적인 타당성을 잃게 되었다. 결과적으로 사주명리학자들 사이에 격국 무용론이 생겨나기까지 했다. 격국을 신살이나 12운성처럼 쓸모 없는 이론으로 여기게 된 것이다. 그러나 격국을 버려야 할 신살과 똑같이 취급하는 것은 옳지 않다. 그것은 사주명리학 지식이 부족하여 격국을 잘못 판단한 결과이다. 대덕 이론을 통해 격국을 하나 하나 배워 가면서 사주 분석에서 격국이 얼마나 중요한지를 알게 될 것이다.

일반 이론에 의하면, 격국에는 성격(成格) 즉 긍정적이며 희망적인 격이 있고, 파격(破格) 즉 부정적이며 혼탁한 격이 있다. 그러나 대덕 이론에서 격국이란 한 사람의 성격, 개성, 적성 그리고 됨됨이, 인품 등을 상징하기 때문에 단점보다는 장점을 분석하는 데 초점을 둔다. 대덕 이론에서 격국을 분석할 때 주의할 점은 다음과 같다.

첫째, 격국으로 용신을 유추해서는 안 된다. 다시 말해 격국론과 용신론을 혼동하지 말고 두 가지를 혼합해서 사용하지 말라는 것이다. 격국은 단순히 격국으로만 바라보아야 한다. 격국 속에 용신을 포함시키거나 반대로 용신 속에 격국을 포함시키면 이것 같기도 하고 저것 같기도 하고, 이것도 아니고 저것도 아닌 것이 되어버린다. 격국은 한 사람의 됨됨이와 성격을 판단하고 적성을 분석하는 데 활용하기 바란다. 격국으로는 사주 주인공의 됨됨이(그릇), 성격, 적성을 판단하는 데 그쳐야 사주가 원래의 자리를 잡을 수 있고, 용신론과의 구분이 명확해질 것이다.

둘째, 격국의 크기를 따져서는 안 된다. 일반 이론에서는 이 격은 상격이고 저 격은 하격이다, 이 격은 귀격이고 저 격은 천격이다, 이 격은 부격이고 저 격은 빈격이다 식으로 격국을 구분한다. 태어나는 순간 사주의 격이 높은 격과 낮은 격, 귀한 격과 천한 격, 부유한 격과 가난한 격으로 결정된다는 것이다. 그러나 격은 그 사람의 특성을 나타내는 것이지 부귀와 빈천을 나타내는 것이 아니다. 사람에 따라 한 가지 특성이 나타나는가 하면 여러 가지 특성이 동시에 나타나기도 한다. 바로 이러한 특성을 분석하고 종합하면 그 사람의 성격과 적성, 개성과 직업을 유추하여 판단할 수 있다. 그런데 일반 이론에서처럼 사람마다 태어나는 순간 부귀와 빈천이 나누어진다면 얼마나 불공평한가? 빈천한 하격을 타고난 사람은 평생을 가난하고 힘들게 살아가야 하는데 이 얼마나 슬픈 일인가? 그렇기 때문에 격을 그 사람의 지위나 부귀와 빈천을 구분하는 데 사용해서는 안 되고, 그 사람의 됨됨이나 특성을 판단하는 데만 사용해야 한다.

각각의 격에는 한 가지씩 특징이 있다. 그 특징들이 모여서 사주 주인공의 성격 특성과 적성을 만들어내고, 결국에는 그 사람의 운명을 만들어낸다. 격을 알면 그 사람의 운명을 알 수 있다. 자신의 사주가 가지고 있는 격들의 장점을 모아서 자신에게 가장 잘 어울리는 적성을 찾아내고 자신이 가장 잘 할 수 있는 직업을 선택한다면 자신의 능력을 최대한 발휘하면서 행복한 삶을 살 수 있을 것이다. 사주 상담가는 격국을 잘 활용하여 많은 사람들에게 각각 잘 맞는 적성과 직업을 찾아줄 수 있고 희망을 줄 수 있을 것이다.

사주 분석은 첫째, 희망을 찾아주는 일이다. 둘째, 한 사람의 삶을 다 살게 해주는 것이다. 이 두 가지 명제를 잊지 않고 대덕 이론을 공부해 나간다면 사주명리학 공부가 재미있어질 것이요, 실력 또한 쑥쑥 발전해 나가리라고 생각한다.

2. 내격

1 내격의 정의

내격(內格)은 월지의 형태를 바탕으로 하여 일정한 원칙으로 이루어진 격국을 말한다. 보통 격국 또는 정격(正格)이라고 하며, 사주명리학자에 따라서 팔격(八格)이나 십격(十格)을 사용한다.

팔격이란 말 그대로 8가지 격을 뜻하는데, 10가지 육친 중에서 식신, 상관, 편재, 정재, 편관, 정관, 편인, 정인 등 8개에 각각 격을 붙인 것이다. 단, 육친 중에서 비견과 겁재는 제외시키고 각각 건록격과 양인격이라고 하여 외격으로 분류한다. 한편 십격은 10가지 육친 모두에 각각 격을 붙인 것이다.

대덕 이론은 팔격과 십격 중에서 십격을 사용한다. 즉 건록격은 육친 중에서 비견에 해당하고 양인격은 겁재에 해당하므로 팔격 대신 10가지 육친 모두를 내격으로 분류하여 십격 즉 십정격(十正格)으로 보는 것이다.

내격과 외격은 큰 차이점이 없으므로 내격과 외격을 구분하는 것은 의미가 없다.

내격은 고전격과 용신격 중에서 고전격에 해당하며, 월지의 형태에 따라서 정해진다. 월지는 계절의 상황을 나타내는데, 본래 사주명리학이 계절학에 가깝기 때문에 월지를 중시하여 이것을 격으로 나타낸 것이다.

사주명리학의 3대 보서 중의 하나인 『자평진전(子平眞詮)』에서도 월지의 상황에 따라서 격을 정하는 방법에 대하여 자세하게 다루고 있다. 청나라의 사주명리학자인 심효첨(沈孝瞻)이 저술한 이 『자평진전』에서는 기존의 복잡하고 다양한 격국들을 정리하고 월지로 판단하는 십격만을 격으로 요약하였다. 그 이유는 아마도 기존의 외격 중에서 이론적인 타당성이 부족한 내용이 있었기 때문일 것이다. 게다가 격국론과 용신론이 서로 뚜렷하게 구분되지 않고 이것도 저것도 아닌 형태로 혼합되어 내려오면서 혼란을 초래한 것도 한 가지 이유일 것이다. 그래서 대덕 이론은 격국론은 격국론으로서 매우 유용하다고 보고, 용신론은 용신론으로서 매우 중요하다고 보고 이 두 가지를 완벽하게 분리해야 한다고 주장한다.

> **POINT**
>
> **내격**
>
> 월지의 형태를 바탕으로 하여 일정한 원칙으로 이루어진다. 사주명리학자에 따라 팔격 또는 십격을 사용한다.

Close UP 좀더 자세히

월지와 지장간

내격을 정할 때 월지를 기준으로 할 만큼 사주명리학에서는 월지를 매우 중요하게 생각한다. 그 이유는 무엇일까? 바로 사주명리학이 절기학(節氣學)이기 때문이다. 대덕 이론에서는 사주를 구성하는 천간과 지지 중에서 월지에 무려 30점을 배정한다. 그만큼 사주에서 월지가 차지하는 비중이 매우 크다고 보는 것이다. 내격에서 월지를 중시하는 것은 계절의 강한 힘을 읽어내기 위한 방법이다.

내격을 분석하기 위해서는 지장간을 알아야 한다. 일반 이론에서는 지장간을 초기, 중기, 정기로 구분하는데, 대덕 이론에서는 1순위와 2순위로 구분한다. 1순위는 일반 이론의 정기와 같은 것으로서, 해당 지지와 음양오행이 같은 천간을 말한다. 2순위는 일반 이론의 초기와 중기에 해당한다.

대덕 이론에서 지장간을 1순위와 2순위로 구분하는 것은 1순위인 경우에는 지장간의 힘이 조금 더 강하고, 2순위인 경우는 힘이 조금 더 약한 것을 나타내기 위해서이다. 그러나 그 차이는 아주 미세하기 때문에 구분에 크게 신경 쓰지 않아도 된다.

▼ 일반 이론의 지장간 조견표

지지\기간	子	丑	寅	卯	辰	巳	午	未	申	酉	戌	亥
초기	壬	癸	戊	甲	乙	戊	丙	丁	戊	庚	辛	戊
중기		辛	丙		癸	庚	己	乙	壬		丁	甲
정기	癸	己	甲	乙	戊	丙	丁	己	庚	辛	戊	壬

▼ 대덕 이론의 지장간 조견표

지지\순위	子	丑	寅	卯	辰	巳	午	未	申	酉	戌	亥
1순위	癸	己	甲	乙	戊	丙	丁	己	庚	辛	戊	壬
2순위	없음	癸辛	戊丙	없음	乙癸	戊庚	丙己	丁乙	戊壬	없음	辛丁	戊甲

2 내격을 잡는 방법

내격은 월지의 지장간을 연일시 천간과 대조하여 해당 육친의 명칭을 붙인다. 지지 중에서 월지의 지장간으로 판단하는 이유는 사주명리학이 절기와 계절을 중시하고, 월지가 계절의 상황을 가장 잘 나타내기 때문이다.

오준민의 『명리신론(命理新論)』에서는 월지의 본기(本氣)가 천간에 투간되어 있으면 그것으로 격을 정한다고 하였다. 투간(透干)은 천간에 나타난다는 뜻으로서 투출(透出)이라고도 한다. 만약 월지의 본기가 연월시의 천간에 투간되어 있지 않으면 본기를 제외한 지장간 오행 중에서 천간에 투간된 것으로 격국을 잡는다. 이 때 일간과 월지 지장간의 관계를 따져서 격을 정하므로 일간에 투간된 경우는 제외한다. 정리하면 다음과 같다.

POINT
내격의 명칭

월지의 지장간이 연일시 천간에 투간되었을 때 일간과 육친관계를 따져서 해당하는 육친을 붙여서 격을 정한다.

① 월지의 지장간 중에서 1순위인 정기, 즉 본래 오행의 기인 본기가 연월시 천간에 투간되어 있는 경우에는 그 오행과 일간의 육친 관계를 따져서 해당하는 육친으로 격을 정한다.

② 월지의 지장간 중에서 1순위인 정기가 연월시 천간에 투간되어 있지 않으면, 2순위에 해당하는 중기와 초기 중에서 연월시 천간에 투간된 것과 일간의 육친 관계를 따져서 그 육친으로 격을 정한다.

③ 월지의 지장간 중에서 1순위인 정기가 연월시 천간에 투간되어 있지 않고, 2순위인 중기와 초기가 모두 투간되어 있는 경우에는 그 중에서 세력이 큰 것과 일간의 육친 관계를 따져서 그 육친으로 격을 정한다.

④ 월지의 지장간인 정기, 중기, 초기가 일간을 제외한 천간에 하나도 없는 경우에는 월지 자체가 격이 된다.

⑤ 비견격이나 겁재격이 팔격과 함께 있는 경우에는 팔격을 우선한다.

첫째, 월지의 지장간이 연월시 천간에 투간되었을 때는 본래의 오행과 같은 1순위 정기를 우선으로 격을 정한다.

예)

시	일	월	연
甲	戊	丙	己
寅	子	寅	亥

이 사주에서 월지 인(寅)은 목(木) 기운이 매우 강하므로 암장된 갑병무(甲丙戊) 중에서 정기인 갑목(甲木)이 1순위가 된다. 따라서 시간에 투간된 갑목을 우선으로 하여 격을 정한다. 일간 무토(戊土)에게 갑목은 편관에 해당하므로 편관격이 된다.

둘째, 월지의 지장간 중에서 1순위인 정기는 연월시 천간에 투간되지 않고 2순위인 중기와 초기가 모두 투간되어 있으면 2순위 중에서 일간의 육친 관계를 따져서 그 육친으로 격을 정한다.

예)

시	일	월	연
癸	戊	丙	己
丑	子	寅	亥

이 사주에서 월지 인(寅)의 지장간 중 1순위인 갑목(甲木)은 천간에 투간되어 있지 않고, 2순위인 병화(丙火)와 무토(戊土)가 천간에 모두 투간되어 있다. 여기서 일간 무토는 나에 해당하므로 제외하고, 월간 병화를 우선하여 격을 잡는다. 무토에게 병화는 편인에 해당하므로 편인격이 된다.

셋째, 월지의 1순위 지장간과 2순위 지장간이 모두 연월시 천간에 투간되어 있을 때 1순위 지장간이 비견이나 겁재에 해당하면 2순위 지장간으로 격을 정한다.

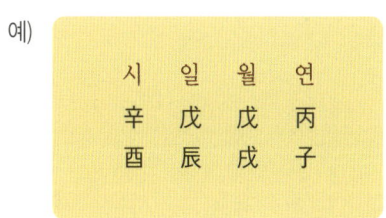
예)

이 사주는 월지 술(戌)의 지장간 무신정(戊辛丁) 중에서 1순위 무토(戊土)가 월간에 투간되어 있지만 비견에 해당하므로 제외시키고, 2순위로 격을 정한다. 따라서 시간 신금(辛金)이 정기인 무토보다 앞선다. 신금이 상관에 해당하므로 상관격이 된다.

넷째, 월지의 지장간 중에서 1순위가 일간에 투간되어 있는 경우에는 이 1순위를 제외하고 2순위에 해당하는 중기나 초기로 격을 정한다. 단, 비견격이나 겁재격이 있고 다른 팔격이 또 있는 경우에는 비견격이나 겁재격이 1순위일지라도 다른 팔격을 우선한다.

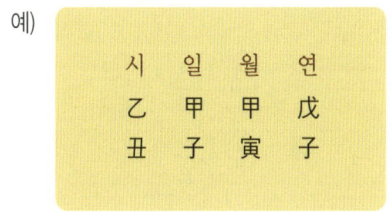
예)

이 사주는 월지 인(寅)의 지장간 중 1순위인 갑(甲)과 2순위인 무(戊)가 천간에 투간되어 있다. 1순위인 월간 갑목(甲木)은 비견격이므로 제외하고, 2순위인 무토(戊土) 편재격을 우선한다.

다섯째, 월지의 지장간이 연월시 천간에 투간되었을 때 식신격, 상관격, 편재격, 정재격, 편관격, 정관격, 편인격, 정인격 등 팔격이 없는 경우에는 비견격과 겁재격으로 격을 정한다.

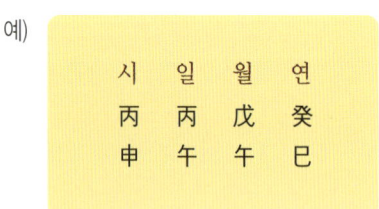

예)

이 사주에서 월지 오(午)는 지장간이 1순위가 정(丁)이고 2순위가 병(丙)과 기(己)이다. 2순위인 병화(丙火)가 시간에 투간되어 있다. 팔격이 없기 때문에 이 비견격으로 격을 정한다.

여섯째, 월지의 지장간 중에서 1순위인 정기는 연월시 천간에 투간되어 있지 않고 2순위인 소기와 중기가 두간되어 있을 때는 2순위 중에서 세력이 큰 것으로 격을 정한다.

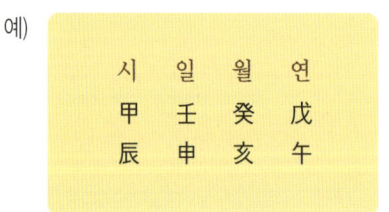

예)

이 사주는 월지 해수(亥水)의 지장간 중 1순위인 임(壬)과 2순위인 갑무(甲戊)가 모두 천간에 투출되어 있다. 그러나 1순위인 임(壬)은 일간에 있으므로 제외하고, 무토(戊土)와 갑목(甲木) 중에서 힘이 센 것을 격으로 정한다. 이 사주는 시지가 진토(辰土)이고, 일지 신(申)과 월지 해(亥)의 지장간에 무토(戊土)가 있고, 연지 오(午)에도 지장간 기토(己土)가 있어서 토(土)의 힘이 목(木)의 힘보다 강하다. 따라서 무토(戊土)를 우선하므로 편관격이다.

일곱째, 월지의 지장간이 천간에 투간되어 있지 않을 때는 단순하게 월지 자체를 격으로 정한다.

예)
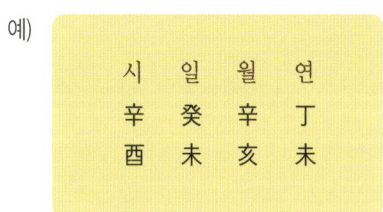

이 사주에서 월지 해수(亥水)의 지장간 임갑무(壬甲戊)는 천간에 전혀 투간되어 있지 않다. 그러므로 월지 해수로 격을 정한다. 해수는 비겁이므로 비겁격이 된다.

3 내격의 종류

일반 이론에서 내격은 8가지 격인 팔격으로 구성된다. 그러나 대덕 이론은 팔격에 비견격과 겁재격을 포함시켜서 십격으로 이루어진다. 십격에서 각각의 격은 사주 주인공의 성격과 적성 그리고 직업 등을 나타낸다.

비견격

❶ 분석

월지의 지장간이 육친 중 비견에 해당하는 경우이다. 비견격은 대인관계가 원만하므로 사람을 상대하는 직업이 좋다. 자존심이 강하고, 리더십도 어느 정도 있다. 또한 자립심이 강하고, 새로운 일에 대한 의욕이 강하다.

POINT

비견격

월지의 지장간이 비견에 해당하는 경우로, 리더십이 있고 의욕적이다. 대인관계가 원만하므로 사람을 상대로 하는 직업이 좋다.

❷ 사주 예

예1)

시	일	월	연
庚	戊	戊	丙
申	辰	戌	戌

이 사주는 월지 술(戌)의 지장간 무신정(戊辛丁) 중에서 1순위 무토(戊土)가 월간에 투간되어 있으므로 비견격이다.

예2)

시	일	월	연
戊	丙	丙	壬 (乾)
子	戌	午	寅

이 사주는 월지 오(午)의 지장간 정병기(丁丙己) 중에서 1순위 병화(丙火)가 월간에 투간되어 있으므로 비견격이다. 개업한 치과의사의 사주이다.

겁재격

❶ 분석
월지의 지장간이 육친 중 겁재에 해당하는 경우이다. 겁재격은 비견격과 같은 특징을 갖고 있다. 대인관계가 원만하므로 사람을 상대로 하는 직업을 선택하면 좋다. 자립심이 강하고, 리더십도 어느 정도 있다. 자존심이 강하고, 새로운 일에 대한 의욕이 넘친다.

POINT

겁재격

월지의 지장간이 겁재에 해당하는 경우로, 비견격과 같은 성격 특성과 직업 적성을 갖고 있다.

❷ 사주 예

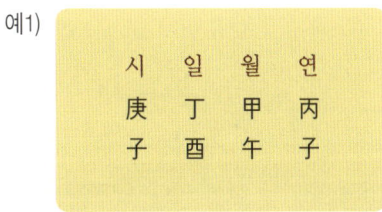

예1)

시	일	월	연
庚	丁	甲	丙
子	酉	午	子

이 사주는 월지 오(午)의 지장간 정병기(丁丙己)중에서 병화(丙火)가 연간에 투간되어 있으므로 겁재격이다.

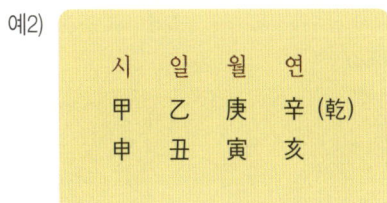

예2)

시	일	월	연
甲	乙	庚	辛 (乾)
申	丑	寅	亥

이 사주는 월지 인(寅)의 지장간 갑병무(甲丙戊) 중 갑목(甲木)이 시간에 투간되어 있으므로 비겁격이다. 사주의 주인공은 사법고시에 합격하고 검사로 재직 중이다.

식신격

POINT

식신격

월지의 지장간이 식신에 해당하는 경우로, 안정적이면서 상대방을 배려한다. 언어능력이 있으므로 말하는 직업이 어울린다.

❶ 분석

월지의 지장간이 육친 중에서 식신에 해당하는 경우이다. 식신은 언어능력, 말과 관련된다. 따라서 식신격은 말하는 직업이 적성에 맞고, 이 분야로 진출하면 성공 가능성이 높다. 특히 TV 등의 언론매체가 발달한 현대사회에서는 식신이 가장 유망하다. 어떤 직업이든 TV에 소개되어 사람들 사이에 알려지면 성공할 가능성이 커진다. 그런데 TV에 출연하려면 말을 잘 해야 하므로 식신과 관련이 깊은 것이다.

또한 식신은 의식주를 주관하기 때문에 식신이 발달한 사람은 의식주가 풍족하다. 어디를 가든 먹을 복이 있고, 평생 동안 의식주로 인한 어려움이 없다.

때때로 어린이나 중고생의 사주를 상담하면서 이 사주는 식신이 발달했으므로 말하는 직업을 선택하는 것이 좋다고 말해주면, 바로 퉁명스럽게 대꾸하는 학부모가 있다. "우리 아이는 숫기가 없어서 학교에서 발표도 제대로 못 하는데 어떻게 말하는 직업을 합니까?" 여기서 한 가지 주의할 점이 있다. 교사나 대학교수가 실생활에서도 말을 잘 할까? 아니다. 언어능력이 탁월해서 그런 직업을 갖는다고 생각하면 오산이다. 조금 어눌해도 말하는 직업이 잘 맞는 사람이 있고, 말을 잘 해도 말하는 직업을 싫어하는 사람이 있다. 식신이란 말하는 적성, 언어 적성이 있다는 뜻이지 언어능력

이 탁월하다는 뜻이 아님을 명심해야 한다.

식신격은 성격이 안정적이고 자신을 낮추면서 상대방을 배려하기 때문에 타인들로부터 호감을 얻는 타입이다. 따라서 자신을 크게 드러내지 않으면서도 꾸준하게 발전해 나가는 직업이 잘 어울린다. 여기에 말하는 직업이라면 더욱 적성에 잘 맞는다.

❷ 사주 예

예)
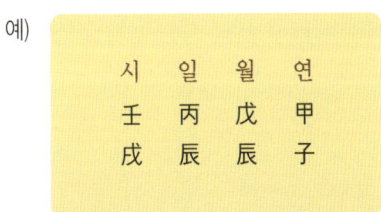

이 사주는 월지 진(辰)의 지장간 무을계(戊乙癸) 중에서 무토(戊土)가 월간에 투간되어 있으므로 식신격이다.

상관격

❶ 분석

월지의 지장간이 육친 중 상관에 해당하는 경우이다. 상관은 계획성이 있고 반짝이는 아이디어가 풍부하며 기획력이 탁월하다. 활동적이고 언어능력이 있으며 의식주가 풍족하다. 식신에 비해서 활동적이고 적극적이지만, 배짱이나 돌파력은 약하다. 총명하고 재주가 있으며, 사무국장이나 기획실장 또는 학자나 선비의 기질이 있다.

자극받거나 억압을 받아도 미래를 위해 참는다. 명예를 중시하고, 자신을 낮추며 전체를 이끌어간다. 계획적인 면과 자유로운 면을 모두 가지고 있는 타입이다.

> **POINT**
>
> **상관격**
>
> 월지의 지장간이 상관에 해당하는 경우로, 식신에 비해 활동적이지만 돌파력은 약하다. 계획적인 면과 자유로운 면이 공존하는 타입이다.

❷ 사주 예

예)
시	일	월	연
甲	癸	乙	己
寅	未	亥	卯

이 사주는 월지 해(亥)의 지장간 임갑무(壬甲戊) 중에서 갑목(甲木)이 시간에 투간되어 있으므로 상관격이다.

편재격

POINT

편재격

월지의 지장간이 편재에 해당하는 경우로, 대인관계가 좋고 노력하는 타입이다. 재물이 꾸준히 들어오므로 생활에 어려움이 없다.

❶ 분석

일간을 기준으로 월지의 지장간이 육친 중 편재에 해당하는 경우이다. 편재격은 타인과의 관계를 편안하게 주도해 나가는 타입으로 누구하고는 쉽게 사귄다. 평소에는 부드럽고 안정적인 타입이지만, 자리가 주어지면 신바람이 넘치는 끼 있는 사람이다. 상대를 배려하고 앞장서서 솔선수범하며 봉사정신이 투철하다. 이렇게 따뜻하고 부드러운 마음이 동성에게나 이성에게나 인기를 불러모은다고 할 수 있다. 재물도 꾸준하게 들어오므로 경제적으로 큰 어려움 없이 살아간다고 볼 수 있다.

순박하면서도 은근한 고집이 있고, 노력하는 타입이다. 나이가 들어가면서 성격이 유들유들해지는 편이다. 장소에 상관 없이 적응을 잘 하며 대인관계가 좋다. 연예인의 기질이 있고 유머감각이 매우 탁월하여 대중을 사로잡는 타입이다.

이들은 억압받고 힘든 상황에서도 쉽게 화를 내지 않지만, 한번 화가 나면 오래 가는 편이다. 자신의 감정을 쉽게 드러내지 않는 편이며, 자유로운 행동과 부드러운 표현력을 가지고 있다.

❷ 사주 예

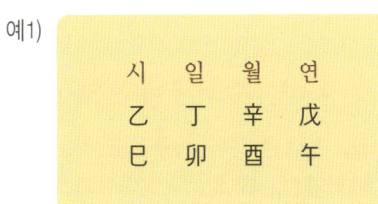

예1)

시	일	월	연
乙	丁	辛	戊
巳	卯	酉	午

이 사주는 월지 유(酉)의 1순위 지장간인 신금(辛金)이 월간에 투간되어 있으므로 편재격이다.

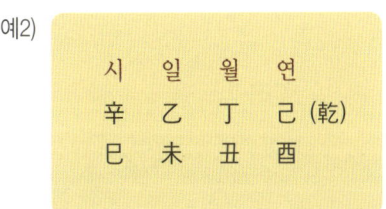

예2)

시	일	월	연
辛	乙	丁	己 (乾)
巳	未	丑	酉

이 사주는 월지 축(丑)의 지장간 기신계(己辛癸) 중에서 1순위인 기토(己土)가 연간에 투간되어 있으므로 편재격이다. 정치학 교수의 사주이다.

정재격

POINT

정재격

월지의 지장간이 정재에 해당하는 경우로, 충동적이지 않고 합리적인 타입이며 자신의 인생을 단계별로 구축해 나간다. 기획력은 뛰어나지만 배짱이 부족한 것이 단점이다.

❶ 분석

월지의 지장간이 육친 중 정재에 해당하는 경우이다. 정재격은 은근한 고집이 있고, 안정적이고 객관적인 판단으로 자신의 생각과 행동을 하나씩 꾸준히 실천해가는 타입이다. 현실적이고, 모험을 시도하지 않으며, 자신의 생각이나 행동을 주변과 조화시켜 나가면서 원만한 대인관계를 유지한다.

선비의 기질과 학자적인 인품을 가지고 있으며, 섬세하고 세밀하게 생각하고, 감성보다 이성이 발달하였고 합리적인 면이 강하다. 계획적으로 생각하고 보수적이며 가정적인 성격이다. 명예를 중요하게 생각하고 통찰력이 뛰어나며, 타인의 평가나 관심에 좌우되기도 하지만 크게 흔들리지 않고, 자신의 인생을 단계별로 구축해 나간다. 감정적으로 자극받는 일이 생겨도 자제하는 편이고, 자신의 감정을 소중하게 생각하고, 충동적으로 행동하지 않는다. 이성적인 판단력이 뛰어나고 지구력과 인내력이 강하다.

새로운 것을 기획하거나 계획하는 능력은 있지만, 자신이 독립하여 처음부터 끝까지 완성해내고 그것을 수익으로 창출하는 데는 배짱이 부족하다. 만약 사주에서 내 편과 다른 편의 균형이 잘 잡혀 있고 정재가 발달하였다면 시작부터 마무리까지 충분히 해낼 능력이 있고 성과도 클 것이다.

한번 정을 주면 쉽게 배신하지 않지만, 한번 싫어하면 얼굴빛이 쉽게 변한다. 새로운 사람에게 적응하기 쉽지 않고, 인간성이 나쁘다고 생각하면(객관적인 사고는 아님) 절대로 그 사람과 친해지지 못한다.

❷ 사주 예

예)
시	일	월	연
己	庚	乙	癸
卯	申	卯	亥

이 사주는 월지 묘(卯)의 1순위 지장간인 을목(乙木)이 월간에 투간되어 있으므로 정재격이다.

편관격

❶ 분석

월지의 지장간이 육친 중 편관에 해당하는 경우이다. 편관격은 대인관계가 매우 원만하고, 명예욕이 있어서 자신에게 일을 맡겨주고 믿어주면 2배의 능력을 발휘한다. 자신이 정해놓은 목표가 있을 때 주위 사람들과 원만한 관계를 유지하면서 그들의 힘을 빌려서 목표를 성취해 나간다. 큰 것을 얻기 위해서는 사소한 자존심이나 명예 손상을 감수하고 끝까지 밀고 나간다. 목표를 설정하고 성과를 거두기 위해서 꾸준히 노력한다.

순간적인 판단력과 대처능력 그리고 재치가 매우 뛰어나다. 자신이 필요로 하는 일이나 자신이 정한 목표를 과감하게 밀고 나가고, 도전할 대상이 생기면 힘이 솟아나는 타입이다. 고집이 매우 세고, 타인과 비교당하는 것을 싫어하며, 누군가에게 명령을 받으면 다른 사람보다 스트레스가 심하다.

미래에 대한 열정과 목표의식이 뚜렷하여 성취도가 높다. 일과 조직에서 뛰어난 행정능력을 발휘하는 타입이므로 책임자의 자리에 오르는 경우가 많다.

이들의 특징은 융통성, 적극성, 추진력, 원만한 대인관계, 배짱, 자유주의자로 종합

> **POINT**
> **편관격**
> 월지의 지장간이 편관에 해당하는 경우로, 대인관계가 매우 원만하고 명예욕이 있어서 맡겨주고 믿어주면 2배의 능력을 발휘한다.

할 수 있다. 단, 전체적인 사주 구성이나 격의 종류에 따라 성격이 혼합되어 나타날 수 있다.

❷ 사주 예

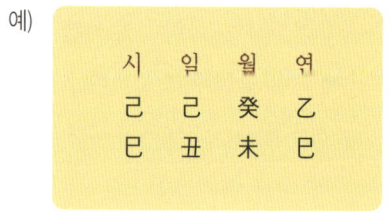

이 사주는 월지 미(未)의 지장간 기정을(己丁乙) 중에서 기토(己土)와 을목(乙木)이 천간에 투간되어 있다. 그 중에서 1순위인 기토는 비견이므로 2순위 을목을 우선하여 격을 잡는다. 을목이 편관이므로 편관격이다.

정관격

❶ 분석

월지의 지장간이 육친 중 정관에 해당하는 경우이다. 정관격은 감정이 섬세하고, 명예를 소중하게 생각하며, 진리와 정의 그리고 인간적인 면에 관심이 많다. 불가능한 이상향에 대한 꿈들을 가슴 속에 담아두기도 하는 순수한 마음의 소유자이다. 새로운 공간에 적응하기 어렵고, 새로운 사람을 만날 때도 처음에는 매우 어색해한다. 그러나 한번 정을 주면 쉽게 배신하지 않는 의리파이다. 불쌍하다고 생각하거나 마음이 착하다고 느끼는 사람에게는 인정을 베풀고 너그럽게 대하고 봉사정신이 투철하다.

선비적인 성품과 학자적인 성품을 지니고 있어서 은근한 끈기가 있고, 삶의 희망을 버리지 않고 지켜 나간다. 다양한 인물을 한꺼번에 만나는 것보다 일대일 만남을 즐기고, 주위 사람들에게 조언을 잘 해주므로 상담을 요청하는 사람들이 많다. 일보다는 사람이 우선인 타입으로서 상대와 서로 감정을 공유할 때 더욱 신바람이 나고 자신감이 생긴다.

스스로 가치를 느끼고 시작한 일에는 목숨을 바칠 만큼 각오가 대단한 타입이다. 이해심이 많고 관대하며 개방적이다. 순박한 성격의 소유자이며, 다양한 이론을 섭렵하고 있지만 쓸데없는 걱정이 많은 것이 단점이다. 사업을 하면 인간관계에 얽매여 보증이나 돈거래로 인하여 어려움을 겪기도 한다. 사려 깊고 온화하며 점잖은 성격이므로 착한 사람이란 평판을 듣지만, 남의 지시를 따르기보다는 자신의 의지대로 자유롭게 행동하거나 자유로운 직업을 가지는 것이 좋다.

> **POINT**
> **정관격**
> 월지의 지장간이 정관에 해당하는 경우로, 사려 깊고 온화하며 일보다 사람이 우선인 타입이다. 자신의 의지대로 자유롭게 행동하고자 한다.

❷ 사주 예

예)

시	일	월	연
丁	庚	壬	乙
亥	子	午	卯

이 사주는 월지 오(午)의 지장간 정병기(丁丙己) 중에서 1순위 정화(丁火)가 시간에 투간되어 있으므로 정관격이다.

편인격

POINT

편인격

월지의 지장간이 편인에 해당하는 경우로, 특정 분야에 끼가 있다. 학자적이고 선비적인 성품이며, 주어진 상황에서 대처능력이 탁월하다.

❶ 분석

월지의 지장간이 육친 중 편인에 해당하는 경우이다. 편인격은 어떤 한 분야(여러 분야일 때도 있음)에 독특한 재능을 가지고 있는 경우가 많다. 한마디로 기(氣) 즉 끼가 있는 사람이다. 인간은 누구나 끼를 가지고 있지만 그 종류는 각기 다르고, 사람마다 자신의 끼를 발휘하는 정도는 서로 다르다. 직업 중에서 예술가, 연예인, 의료인, 엔지니어, 체육인, 종교인 등은 끼가 있을 때 자신의 능력을 발휘할 수 있다. 이러한 끼는 단순한 공부 즉 누구나 해야 하는 수학, 국어, 역사, 경제 등을 공부하여 가질 수 있는 것이 아닌 그 사람만의 독특한 재능이다.

편인격은 자비롭고 덕망이 있으며 포용력이 있다. 학자 타입으로서 감정을 능수능란하게 표현하지는 못하지만, 주어진 상황에는 대처능력이 탁월하다.

❷ 사주 예

예)

시	일	월	연
壬	甲	癸	戊
申	午	亥	午

이 사주는 월지 해(亥)의 지장간 임갑무(壬甲戊) 중에서 1순위 임수(壬水)가 시간에 투간되어 있으므로 편인격이다.

정인격

❶ 정의

월지의 지장간이 육친 중 정인에 해당하는 경우이다. 정인격은 따뜻한 마음의 소유자로 덕망이 있고 자비로우며 생각의 폭이 넓은 타입이다. 모성본능이 강하고 여린 성격이며 다른 사람의 칭찬에 민감하다. 누군가가 인정해주고 칭찬해주면 2배의 능력을 발휘한다. 총명하고 감각이 빠르다. 소심하고 내성적이며 타인에 대한 배려가 깊고 동정심이 많다. 가까운 사람들을 즐겁고 기쁘게 해주기 위해 노력한다.

즉흥적이고 계획성이 부족하며 배짱이 부족한 것 같지만, 배움에 대한 열정은 매우 강하고 상상력이 뛰어나다. 단, 어려운 상황에 처하면 잘 대처하지 못하고, 극한 상황에서는 스트레스를 많이 받으며, 주위 사람들의 비판에 쉽게 상처받는다.

품위 있고 인격이 고상한 선비 같은 타입이다. 다양한 인맥을 쌓기보다는 혼자 있거나 사람들이 적은 공간을 선호하고 고독을 즐기는 편이다. 타인의 마음을 간파하는 능력이 탁월하여 상담가의 기질이 있다. 순간적인 판단력은 늦지만, 한번 시작하면 일을 꾸준히 밀고 나가 완성해낸다. 항상 예의 바르고 품위를 유지하려고 노력한다.

> **POINT**
> **정인격**
> 월지의 지장간이 정인에 해당하는 경우로, 따뜻한 마음의 소유자로서 배움에 대한 열정이 매우 강하고 상상력이 뛰어나다. 스트레스를 많이 받고 순간 판단력이 늦다.

❷ 사주 예

예)

시	일	월	연
癸	甲	庚	乙
酉	申	辰	丑

이 사주는 월지 진(辰)의 지장간 무을계(戊乙癸) 중에서 2순위인 을목(乙木)이 연간에 투간되어 있고, 계수(癸水) 또한 시간에 투간되어 있다. 을목은 비견이므로 제외하고, 계수로 격을 정하니 정인격이다.

쌍둥이의 사주

한날 한시에 태어난 쌍둥이는 사주가 서로 같을까? 만약 사주가 같다면 똑같은 인생을 살까? 우리 주위를 보면 쌍둥이들 중에 비슷한 삶을 살아가는 경우도 있고, 전혀 다른 삶을 살아가는 경우도 있다. 사람들로부터 많은 사랑을 받은 가수 중에 〈토끼소녀〉와 〈수와 진〉이란 쌍둥이 가수가 있다. 이들은 똑같이 노래를 부르며 비슷한 삶을 살아간 예이다. 그러나 이와 전혀 상반되는 예도 있다. 쌍둥이 중 1명은 부모 슬하에서 어려움 없이 잘 살았지만, 다른 1명은 길을 잃어버리고 미아가 되어 고아원에서 자랐고 30년이 지나서야 부모를 만났다. 부모를 잃은 다음의 고생이야 이루 말할 수 없을 것이다. 이렇게 어떤 쌍둥이들은 똑같은 사주대로 똑같은 인생을 살고, 어떤 쌍둥이들은 똑같은 사주가 무색하게 전혀 다른 인생을 산다.

왜 이런 결과가 나오는가? 이러한 의문을 해결하기 위해 나온 것이 쌍둥이 사주를 뽑는 방법이다. 이때 일란성 쌍둥이의 사주와 이란성 쌍둥이의 사주를 구분하여 보아야 한다. 그리고 일란성 쌍둥이는 성격 유형이 매우 비슷한 경우 성격 유형에 차이가 있는 경우를 구분하여 사주를 보아야 한다. 단, 이 방법은 실제로 검증할 수 있는 정확한 방법이 아니므로 참고하는 수준으로 그쳐야 한다.

❶ 이란성 쌍둥이

먼저 이란성 쌍둥이의 사주를 볼 때는 먼저 태어난 아이는 사주원국을 그대로 사용하고, 두 번째 태어나는 아이는 천간충과 지지충으로 사주를 바꾸어서 본다.

예를 들어, 1966년 2월 19일(음) 오전 6시 50분에 태어난 이란성 쌍둥이의 경우이다. 먼저 태어난 형의 사주는 병오(丙午)년 신묘(辛卯)월 무진(戊辰)일 을묘(乙卯)시다. 그러나 나중에 태어난 동생의 사주는 형의 사주를 그대로 쓰지 않고 각각 형의 사주팔자와 천간충과 지지충을 하는 간지로 바꾼다. 연주는 병경충

(丙庚冲)과 오자충(午子冲)을 하고, 월주는 신을충(辛乙冲)과 묘유충(卯酉冲)을 하고, 일주는 무임충(戊壬冲)과 진술충(辰戌冲)을 하고, 시주는 을기충(乙己冲)과 묘유충(卯酉冲)을 하므로, 동생의 사주는 경자(庚子)년 을유(乙酉)월 임술(壬戌)일 기유(己酉)시로 바뀐다.

형의 사주

시	일	월	연
乙	戊	辛	丙
卯	辰	卯	午

동생의 사주

시	일	월	연
己	壬	乙	庚
酉	戌	酉	子

❷ **성격 유형이 다른 일란성 쌍둥이**
다음으로는 일란성 쌍둥이면서 서로 성격 유형이 다른 쌍둥이의 경우이다. 먼저 태어난 형의 사주는 원래 자신이 타고난 사주팔자를 그대로 쓰고, 나중에 태어난 동생은 형의 사주팔자와 합을 이루는 사주팔자로 바꾸어 쓴다.

사주원국　　사주원국과 합

예를 들어, 쌍둥이가 1966년 2월 19일(음) 오전 6시 50분에 태어난 경우에 먼저 태어난 형은 병오(丙午)년 신묘(辛卯)월 무진(戊辰)일 을묘(乙卯)시를 그대로 사용한다. 그러나 나중에 태어난 동생은 형의 사주팔자와 각각 천간합과 지지합을 이루는 간지로 바꾸어 쓴다.
　즉 형의 사주에서 연주는 병신합(丙辛合)과 오미합(午未合)을 하고, 월주는 병신합(丙辛合)과 묘술합(卯戌合)을 하고, 일주는 무계합(戊癸合)과 진유합(辰酉合)을 하고, 시주는 을경합(乙庚合)과 묘술합(卯戌合)을 하므로 동생의 사주는 신미(辛未)년 병술(丙戌)월 계유(癸酉)일 경술(庚戌)시로 바뀐다.

형의 사주

시	일	월	연
乙	戊	辛	丙
卯	辰	卯	午

동생의 사주

시	일	월	연
庚	癸	丙	辛
戌	酉	戌	未

❸ **성격 유형이 비슷한 일란성 쌍둥이**
마지막으로 성격 유형이 매우 비슷한 쌍둥이들은 형과 동생 모두 태어난 생년월일시의 간지를 그대로 사용한다. 이들은 사주팔자가 같은 만큼 서로 비슷한 삶을 산다고 할 수 있다.
　예를 들어, 1966년 2월 19일(음) 오전 6시 50분에 태어난 쌍둥이는 형과 동생의 사주가 같다.

형의 사주

시	일	월	연
乙	戊	辛	丙
卯	辰	卯	午

동생의 사주

시	일	월	연
乙	戊	辛	丙
卯	辰	卯	午

3. 외격

외격(外格)은 바깥의 격이란 뜻으로, 내격을 제외한 모든 격들을 말한다. 고전격에서는 외격을 많이 사용해왔다. 심효첨이 『자평진전(子平眞詮)』에서 내격을 중요하게 다루었다면, 임철초는 『적천수징의(適天髓徵義)』에서 외격에 속하는 많은 사주들을 소개하였다. 특히 외격 사주들을 귀격 사주로 다루면서 사주 주인공들이 귀한 삶을 살았다고 결론지었다. 외격은 특수 격국, 특별 격국, 편격(偏格) 등으로도 불린다.

외격과 내격은 구분하는 방법이 다를 뿐 어느 것이 더 중요하다는 가치의 차이가 전혀 없다. 일반 이론에서는 신왕한 사주를 우선으로 취급하고, 형충파해와 공망을 꺼리고 합을 좋아하며, 용신에 따라 운명이 달라진다고 보고 대부분의 외격 사주들을 용신을 찾아내는 데 치중하여 설명한다. 그러나 대덕 이론에서는 내격과 외격을 구분하지 않고 사주 주인공의 특성을 파악하기 위한 도구로 같이 사용한다. 즉 사주팔자에 나타나는 여러 가지 격들을 종합하여 그 사람의 성격 유형과 개성과 적성을 살펴보고 전체적인 삶을 읽어내는 것이다. 격국으로만 인생의 내용을 읽어내는 것은 아니다. 오행을 통해 바라본 특성과 육친을 통해 바라본 특성 그리고 의미 있는 여러 가지 신살들과 격국을 종합적으로 적용하여 그 사람의 인생을 파악해낸다. 그 중에서도 격국은 한 사람의 성격, 적성, 개성, 직업, 특성 등을 읽어내는 데 가장 훌륭한 도구가 된다.

외격에는 다양한 종류가 있다. 크게는 종격, 왕왕격, 일위귀격, 발달격, 삼합격, 그밖의 특별 외격으로 나누고, 이러한 격들을 다시 세분하여 사주 분석에 활용한다. 다양한 격들을 제대로 읽어내는 것이 쉽지 않겠지만, 반복하다 보면 어느 새 그 격들을 사주 분석에 능숙하게 활용할 수 있을 것이다. 격국의 내용도 이미 공부한 오행, 육친, 신살, 건강, 심리 등과 관련된 반복적인 내용이거나 종합적인 내용들로 이루어져 있으므로 앞서 공부한 내용을 정확하게 알고 있다면 격국 역시 쉽게 공부할 수 있을 것이다.

> **POINT**
>
> **외격**
>
> 내격을 제외한 모든 격들을 말하며, 일반 이론에서는 용신을 찾아내는 도구로 활용하지만 대덕 이론에서는 내격과 마찬가지로 사주 주인공의 특성을 파악하는 데 활용한다.

POINT

종격

사주에서 강한 세력을 따르는 격을 말한다. 한 오행이 80점 이상인 경우는 오행종, 한 육친이 80점 이상인 경우는 육친종이다.

1 종격

종격(從格)은 종하는 격이란 뜻으로, 종(從)은 사주 내에서 특정한 세력을 따른다는 의미다. 대덕 이론에서 종격은 오행에 따라 종하는 오행종과 육친에 따라 종하는 육친종의 2가지가 있다. 종격은 오행과 육친의 성격에 따라 매우 중요한 특징을 보여주는데, 오행과 육친의 특징은 이미 공부한 내용이므로 크게 어렵지 않을 것이다. 오행과 육친의 점수 배분은 『사주명리학 완전정복』을 참고하기 바란다.

일반 이론에서는 종격을 외격에 배속시키고 용신을 찾아내는 격 중에서 대표적인 격으로 다룬다. 종격은 용신론에도 등장하며, 전왕용신(專旺用神)으로 분류할 만큼 용신격 중에서도 대표적인 격으로 취급하고 있다.

그러나 대덕 이론에서는 격국을 통해 사주에 나타나는 사주 주인공의 됨됨이(그릇) 즉 성격과 개성 그리고 적성과 직업 등을 알아본다. 격국을 보고 용신을 찾거나 용신을 보고 격국을 정하지 않고, 용신과 격국을 분리하여 판단한다. 격국은 격국이고 용신은 용신이다.

종격이야말로 사주에 나타난 사주 주인공의 특징을 뚜렷하게 보여준다. 누구든 사주에 한 가지 오행이나 한 가지 육친이 지나치게 많으면 그 오행이나 육친이 가진 특징이 뚜렷하게 나타나고, 이것이 사주 주인공의 성격과 적성을 형성하고 운명에도 영향을 미친다. 종격을 읽어냄으로써 사주 주인공의 운명을 쉽게 찾아낼 수 있으므로 종격의 특징을 꼭 기억해두기 바란다.

1) 오행종

오행종(五行從)이란 사주 내에서 한 가지 오행이 차지하는 비율이 대다수인 것을 말한다. 사주 내에 한 오행이 차지하는 비율이 크면 그 오행의 특징이 과도하게 나타난다. 오행종은 사주 여덟 글자 중에서 한 가지 오행이 개수로는 6개 이상이고 점수로는 80점 이상인 경우(반드시 80점 이상이라기보다 80점 내외이면 해당한다)로서, 오행은 목화토금수(木火土金水) 5가지이므로 오행종은 각각의 오행을 따라 5가지로 나누어진다.

그러나 사주 내에서 한 가지 오행이 60~70점이라도 그 오행을 생해주는 오행이 20점 이상인 경우에는 힘을 그 오행에게 몰아주므로 오행의 점수가 80점 이상이 되어 오행종으로 본다.

목종격

❶ 분석

사주에 목(木)이 편중되어 목(木)을 종하는 격으로서, 곡직격(曲直格)이라고도 한다. 사주에 목(木)이 80점 이상인 경우이며, 목(木)이 80점 이하일지라도 수(水)가 목(木)을 생하여 목(木) 기운이 80점 이상이 되면 목종격으로 본다.

❷ 사주 예

예)

시	일	월	연
丁	甲	丙	甲
卯	寅	寅	午

이 사주는 목(木)이 80점이기 때문에 목(木)을 종하는 목종격이다.

목종격

사주에 목(木)이 80점 이상으로 편중된 경우를 말하며, 곡직격이라고도 한다.

화종격

❶ 분석

사주에 화(火)가 편중되어 화(火)를 종하는 격으로서, 염상격(炎上格)이라고도 한다. 사주에 화(火)가 80점 이상인 경우이며, 화(火)가 80점 이하일지라도 목(木)이 화(火)를 생하여 화(火) 기운이 80점 이상이 되면 화종격으로 본다.

❷ 사주 예

예1)

시	일	월	연
甲	丙	丙	丁 (乾)
午	午	午	未

이 사주는 화(火)가 90점인데다가 갑목(甲木)이 화(火)를 생하고, 미토(未土)가 오미합(午未合)으로 화(火)가 되어 화종격이다.

예2)

시	일	월	연
丙	丁	丙	丁 (乾)
午	未	午	未

이 사주는 화(火)가 85점인 화종격이다. 사주의 주인공은 박사학위를 받고 대학에서 강의 중이다.

토종격

❶ 분석

사주에 토(土)가 편중되어 토(土)를 종하는 격으로서, 가색격(稼穡格)이라고도 한다. 사주에 토(土)가 80점 이상인 경우이며, 토(土)가 80점 이하일지라도 화(火)가 토(土)를 생하여 토(火) 기운이 80점 이상이 되면 토종격으로 본다.

❷ 사주 예

예)

시	일	월	연
丙	戊	戊	丙 (坤)
辰	辰	戌	申

이 사주는 토(土)가 80점이고 토(土)를 생하는 화(火)가 20점인 토종격이다. 사주 주인공은 약사이다.

> **POINT**
> **토종격**
> 사주에 토(土)가 80점 이상으로 편중된 경우를 말하며, 가색격이라고도 한다.

금종격

❶ 분석

사주에 금(金)이 편중되어 금(金)을 종하는 격으로서, 종혁격(從革格)이라고도 한다. 사주에 금(金)이 80점 이상인 경우이며, 금(金)이 80점 이하일지라도 토(土)가 금(金)을 생하여 금(金) 기운이 80점 이상이 되면 금종격으로 본다.

> **POINT**
> **금종격**
> 사주에 금(金)이 80점 이상으로 편중된 경우를 말하며, 종혁격이라고도 한다.

❷ 사주 예

예)
시	일	월	연
乙	庚	辛	癸 (乾)
酉	申	酉	丑

이 사주는 유(酉)월 유(酉)시에 태어나고 금(金)이 80점인 금종격이다. 연지 축토(丑土)가 금(金)을 생하고, 시간 을목(乙木)은 을경합금(乙庚合金)을 하여 금(金)이 매우 강하다.

수종격

POINT
수종격
사주에 수(水)가 80점 이상으로 편중된 경우를 말하며, 윤하격이라고도 한다.

❶ 분석

사주에 수(水)가 편중되어 수(水)를 따라 종하는 격으로서, 윤하격(潤下格)이라고도 한다. 사주에 수(水)가 80점 이상인 경우이며, 수(水)가 80점 이하일지라도 금(金)이 수(水)를 생하여 금(金) 기운이 80점 이상이 되면 수종격으로 본다.

❷ 사주 예

예)
시	일	월	연
辛	丁	壬	壬 (乾)
亥	亥	子	寅

이 사주의 주인공은 정신과 의사이다. 수(水)가 80점이고 금(金)이 10점인데, 금(金)이 수(水)를 생하므로 수(水)가 90점이 되어 수종격이다.

> **돌발퀴즈**
>
> ❓ 오행 과다와 오행종은 다른 것인가?
>
> 🅰 답은 '그렇다'이다. 오행종은 오행 과다보다 오행의 점수와 개수가 더 많은 것이다. 따라서 오행 과다보다 오행의 기운이 더 강하다. 오행 과다는 오행이 50점 이상이고, 오행종은 80점 이상이다.

2) 육친종

육친종이란 한 육친이 사주 내에서 차지하는 비율이 대다수인 것을 말한다. 사주 내에 한 육친이 차지하는 비율이 크면 그 육친의 특징이 과도하게 나타난다. 오행종이 사주에서 세력이 강한 오행을 따라가는 격이라면, 육친종은 사주에서 세력이 강한 육친을 따라가는 격이다. 사주 여덟 글자 중에서 한 가지 육친이 개수로는 6개 이상이고 점수로는 80점 이상이면 육친종으로 본다.

그러나 어느 한 육친이 60~70점인 경우라도 그 육친을 생하는 육친이 20점 이상인 경우에는 생을 받는 육친이 80점 이상이 되므로 역시 육친종으로 판단한다.

육친종은 비견과 겁재, 식신과 상관, 편재와 정재, 편관과 정관, 편인과 정인을 같은 육친으로 분류한다.

종왕격

❶ 분석

종왕격(從旺格)은 나(일간)와 오행이 같은 비겁이 80점 이상일 때를 말한다. 비겁이 60~70점이라도 비겁을 생하는 인성이 있어서 비겁의 기운이 80점 이상으로 작용할 때 역시 종왕격으로 본다. 종왕격은 군겁쟁재(群劫爭財)의 하나로서, 군겁쟁재의 작용을 한다.

POINT

종왕격

나(일간)과 오행이 같은 비겁이 80점 이상인 경우를 말한다. 종왕격은 비겁이 과다하고 재성이 약한 군겁쟁재의 작용을 한다.

❷ 사주 예

예1)

시	일	월	연
壬	丁	丙	丁 (乾)
寅	巳	午	未

이 사주는 비겁인 화(火)가 75점이고, 시지 인목(寅木)이 화(火)를 생하므로 종왕격이다. 또한 화(火)가 80점 이상이므로 염상격도 된다. 사주의 주인공은 서울대 정치학과를 졸업하고 유학 중이다.

예2)

시	일	월	연
戊	乙	己	庚 (乾)
寅	卯	卯	寅

이 사주의 주인공은 국민가수 조용필이다. 비겁인 목(木)이 80점이므로 종왕격이다.

예3)

시	일	월	연
乙	甲	癸	丁 (乾)
亥	寅	卯	巳

이 사주는 법무부 장관과 내무부 장관을 거쳐 중앙일보 사장을 지낸 홍진기의 사주이다. 비겁인 목(木)이 65점이지만, 인성인 수(水)가 25점으로 수생목(水生木)을 하기 때문에 비겁이 80점을 넘어서 종왕격이 된다.

종아격

❶ 분석

종아격(從兒格)은 내가(일간이) 생하는 식상이 80점 이상일 때를 말한다. 식상이 60~70점이라도 비겁이 식상을 생하여 식상의 기운이 80점 이상이면 역시 종아격으로 본다. 종아격은 식신과 상관이 과다하고 비겁이 약한 식상다신약(食傷多身弱)의 일종으로 식상다신약의 작용을 한다.

POINT
종아격
내가(일간이) 생하는 식상이 80점 이상인 경우를 말한다. 종아격은 식상이 과다하고 비겁이 약한 식상다신약의 작용을 한다.

❷ 사주 예

예)

시	일	월	연
甲	丁	壬	辛 (坤)
辰	丑	辰	丑

이 사주는 식상인 토(土)가 70점이고 식상을 생하는 화(火)가 10점이다. 화(火)가 토를 생하여 토(土)가 80점 이상의 작용을 하므로 종아격이 되었다. 사주의 주인공은 건강식품을 판매하고 있다.

종재격

❶ 분석

종재격(從財格)은 내가(일간이) 극하는 재성이 80점 이상일 때를 말한다. 재성이 60~70점이라도 식상이 재성을 생하여 80점 이상으로 작용하면 역시 종재격으로 본다. 종재격은 재다신약(財多身弱)의 일종으로 재다신약의 작용을 한다.

> **POINT**
>
> **종재격**
>
> 내가(일간이) 극하는 재성이 80점 이상인 경우를 말한다. 종재격은 재성이 과다하고 인성과 비겁이 약한 재다신약의 작용을 한다.

❷ 사주 예

예1)

시	일	월	연
丁	癸	乙	丙 (坤)
巳	巳	未	午

이 사주는 재성인 화(火)가 90점으로, 사오미(巳午未) 합화(合火)에 미(未)월은 화(火)의 고장이므로 종재격이 된다. 사주의 주인공은 건축사로서 건축사무소를 운영하고 있다.

예2)

시	일	월	연
丁	癸	乙	丙 (乾)
巳	巳	未	申

이 사주는 재성인 화(火)가 80점이고 재성을 생하는 식상 목(木)이 10점으로서 종재격이 되었다. 사주의 주인공은 방송국의 국장으로 재직 중이다.

종관격

❶ 분석

종관격(從官格)은 나(일간)를 극하는 관성이 80점 이상일 때를 말한다. 나를 극하는 오행으로만 이루어졌다고 해서 종살격(從殺格)이라고도 한다. 관성이 60~70점이라도 관성을 생하는 재성이 있어서 관성의 기운이 80점 이상으로 작용할 때 역시 종관격으로 본다. 종관격은 관다신약(官多身弱)의 일종으로, 관다신약의 작용을 한다.

❷ 사주 예

예1)

시	일	월	연
甲	戊	壬	壬 (乾)
寅	寅	寅	寅

종관격

나(일간)를 극하는 관성이 80점 이상인 경우를 말한다. 종관격은 간성이 과다하고 비겁이 약한 관다신약의 작용을 한다.

이 사주는 목(木)이 80점이고, 목(木)을 생하는 수(水)가 20점이니 목(木) 기운이 100점에 가깝다. 목(木)은 관성에 해당하므로 종관격이 되었다. 사주의 주인공은 중국으로 핸드폰을 수출하는 무역회사의 사장이다.

예2)

시	일	월	연
己	壬	戊	辛 (乾)
酉	戌	戌	未

이 사주의 주인공은 천하장사 장지영의 아들로서 학교에서 학생회 부회장을 맡고 있다. 관성이 75점으로 강하기 때문에 종관격으로 본다.

종강격

❶ 분석

종강격(從强格)은 나(일간)를 생하는 인성이 80점 이상일 때를 말한다. 인성이 60~70점이라도 인성을 생하는 관성이 있어서 인성의 기운이 80점 이상으로 작용할 때 역시 종강격으로 본다. 종강격은 일간이 심각하게 고립되어 신약해지는 인다신약(印多身弱)의 일종으로서 인다신약의 작용을 한다.

POINT

종강격

나(일간)를 생하는 인성이 80점 이상인 경우를 말한다. 종강격은 인성이 과다하고 비겁이 약한 인다신약의 작용을 한다.

❷ 사주 예

예1)

시	일	월	연
丁	庚	丙	戊 (乾)
丑	戌	辰	申

이 사주의 주인공은 프로야구 장종훈 선수이다. 토(土)와 금(金)의 점수가 90점이므로 종왕격이다.

예2)

시	일	월	연
庚	丁	乙	癸 (乾)
子	卯	卯	卯

이 사주는 인성 목(木)이 65점이고, 목(木)을 생하는 관성 수(水)가 25점이므로 종강격이다. 사주의 주인공은 경찰대학을 졸업하고 젊은 나이에 총경이 되었다.

예3) 1972년 2월 24일(양) 자(子)시생

시	일	월	연
丙	乙	壬	壬 (乾)
子	亥	寅	子

이 사주는 월지가 인(寅)이고 양력으로는 2월 24일 출생이다. 월지 분석에 따라서 인목(寅木)에 목(木) 15점과 수(水) 15점을 배정하면 사주 전체에서 인성인 수(水)의 점

수가 75점으로 높아지므로 인다신약(印多身弱) 사주이다. 부모가 자녀가 원하는 대로 다 들어주거나 도와주다 보면 오히려 자녀가 무능력해지거나 폭력적으로 변할 수 있다.

예4)

시	일	월	연
庚	庚	壬	戊 (坤)
辰	辰	戌	申

이 사주는 통일의 꽃으로 불리는 임수경의 사주이다. 인성이 70점이고, 비겁이 30점이므로 종강격이다.

종식재격(종식재왕격)

❶ 분석

종식재격(從食財格)은 식상이 40점 이상이고 재성이 40점 이상으로 둘을 합하여 80점 이상일 때를 말한다. 단, 식상과 재성의 세력이 균형을 이루어야 한다. 종식재격을 종식재왕격(從食財旺格)이라고도 한다.

POINT

종식재격

식상이 40점 이상이고 재성이 40점 이상인 경우로 종식재왕격이라고도 한다. 일간이 심각하게 고립되어 신약해지는 식재다신약의 작용을 한다.

종식재격은 일간이 심각하게 고립되어 신약해지는 식재다신약(食財多身弱)의 작용을 한다. 식상이 언어능력과 의식주를 상징하고 재성은 돈을 상징하므로, 종식재격은 말재주로 돈을 벌거나 음식 장사로 돈을 버는 것이 좋다. 또한 다른 종격과 마찬가지로 독립적이고 자유로운 직업이 어울리며, 명예를 소중히 여긴다.

❷ **사주 예**

예)

시	일	월	연
庚	丁	庚	庚 (乾)
戌	酉	辰	寅

이 사주는 전 국회의원 이석현의 사주이다. 식상과 재성을 합친 점수가 90점이므로 종식재격이다.

종재관격(종재관왕격)

POINT

종재관격

재성이 40점 이상이고 관성이 40점 이상인 경우로 종재관왕격이라고도 한다. 재성과 관성이 강해서 일간이 신약해지는 재관다신약의 작용을 한다.

❶ **분석**

종재관격(從財官格)은 재성이 40점 이상이고 관성이 40점 이상으로 둘을 합하여 80점 이상일 때를 말한다. 단, 재성과 관성의 세력이 균형을 이루어야 한다. 종재관격을 종재관왕격(從財官旺格)이라고도 한다.

종재관격은 재성과 관성이 강해서 일간이 신약해지는 재관다신약(財官多身弱)의 작용을 한다. 독립적이고 자유스러우며 명예지향적이다.

❷ 사주 예

예1)

시	일	월	연
庚	丁	戊	庚 (乾)
子	酉	子	子

이 사주는 재성인 금(金)이 35점이고 관성인 수(水)가 55점이다. 재성과 관성이 균형을 이루고 둘을 합하면 90점이므로 종재관격이다. 사주의 주인공은 이름 있는 변호사로 TV에 출연하면서 유명세를 누리다가 강남에서 국회의원에 당선되었고, 잘 나가던 시기에 국회의원에서 물러나 화제를 불러일으켰다.

예2)

시	일	월	연
癸	辛	辛	丙 (坤)
巳	卯	卯	午

이 사주는 재성인 목(木)이 45점이고 관성인 화(火)가 35점이다. 둘을 합치면 80점이므로 종재관격이다. 사주의 주인공은 대형 중국음식점의 사장이다.

예3)

시	일	월	연
癸	戊	庚	辛 (坤)
亥	寅	寅	亥

이 사주는 재성인 수(水)가 50점이고 관성인 목(木)이 30점이다. 둘을 합하면 80점이

므로 종재관격이다. 사주의 주인공은 현재 지방의 라이브 카페에서 가수로 활동하면서 인기를 얻고 있다.

예4)

시	일	월	연
丙	壬	壬	庚 (乾)
午	戌	午	戌

이 사주는 재성이 55점이고 관성이 30점으로서 둘을 합하면 85점이므로 종재관격이다. 사주의 주인공은 필자의 제자로서 서울대에서 종교학 박사학위를 받고 중국에서 유학 중이다.

예5) 1955년 5월 22일(음) 오(午)시생

시	일	월	연
戊	癸	癸	乙
午	酉	未	未

이 사주는 천문성 1순위인 미(未)가 2개, 천문성 2순위인 유(酉)가 1개 있고, 현침살 오(午)와 미(未)가 연지와 월지와 시지에 3개 있다. 계계(癸癸) 병존이 있고, 일지와 시지에 도화살이 있으며, 재관다신약(財官多身弱)에 가깝기 때문에 일확천금을 꿈꾼다. 사주의 주인공은 수의사인데 개업한 동물병원이 잘 되었지만, 병원 운영은 뒷전이고 주식에 손을 대다가 큰돈을 잃었다. 그 때마다 착한 부인이 돈을 대주었지만 소용이 없었고, 2004년 현재 가출한 상태이다.

종강왕격(종인비왕격)

❶ 분석

종강왕격(從强旺格)은 인성이 40점 이상이고 비겁이 40점 이상으로 둘을 합하여 80점 이상일 때를 말한다. 단, 인성과 비겁의 세력이 균형을 이루어야 한다. 종강왕격은 종강격이나 종왕격에 편입시킬 수 있으며, 종인비왕격(從印比旺格)이라고도 한다. 독립적이고 자유로운 것을 좋아하며 명예지향적이다.

> **POINT**
> **종강왕격(종인비왕격)**
> 인성이 40점 이상이고 비겁이 40점 이상인 경우로 종인비왕격이라고도 한다. 종강격이나 종왕격에 편입시킬 수 있다.

❷ 사주 예

예1)

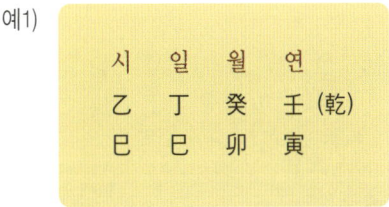

이 사주는 인성인 목(木)이 50점이고 비겁인 화(火)가 40점인 종강왕격이다. 사주의 주인공은 서울대 법대를 졸업하고 사법시험에 합격해서 변호사로 활동하고 있다.

예2)

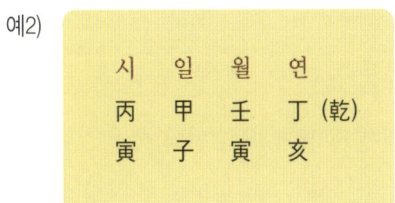

이 사주에서 월지 인(寅)은 수(水)와 목(木)의 기운이 각각 15점으로 같다. 인성인 수(水)가 50점이고 비겁인 목(木)이 40점인 종강왕격이다. 사주의 주인공은 열린우리당 최고위원인 김근태이다.

POINT
종세격

식상이 30점, 재성이 30점, 관성이 30점 정도로 서로 힘의 균형을 이룬 사주를 말한다.

종세격

❶ 분석

종세격(從勢格)은 식상이 30점 정도, 재성이 30점 정도, 관성이 30점 정도로 각각 힘의 균형을 이룬 사주를 말한다. 그러나 이 3가지가 약간씩 세력 차이가 있어도 종세격으로 본다. 예를 들어 식상 40점, 재성 30점, 관성 30점 정도인 경우도 종세격으로 볼 수 있다. 종세격은 독립적이고 자유와 명예를 지향하며 리더십이 있다.

❷ 사주 예

예)

시	일	월	연
甲	癸	戊	丁 (乾)
寅	丑	申	未

이 사주는 식상인 목(木)이 25점, 재성인 화(火)가 30점, 관성인 토(土)가 35점인 종세격이다. 사주의 주인공은 서울대 총학생회장 출신으로 휴대폰 제조와 무역으로 성공한 벤처사업가이다.

2 왕왕격

왕왕격(旺旺格)이란 사주에서 내 편과 다른 편의 세력이 비슷하여 균형을 이룬 것을 말한다. 이렇게 균형을 이루는 것을 중화(中和)라고 한다. 사주명리학에서는 한 가지 오행이나 육친이 편중된 사주보다는 서로가 적당히 균형을 이룬 사주를 더 좋은 사주로 본다. 따라서 격 중에서는 중화를 이룬 왕왕격을 더 좋은 격으로 본다.

왕왕격은 오행 왕왕격과 육친 왕왕격으로 나눌 수 있는데, 반드시 먼저 육친으로 격을 판단한 후에 오행으로 격을 보아야 한다. 오행으로 먼저 왕왕격을 판단하면 신

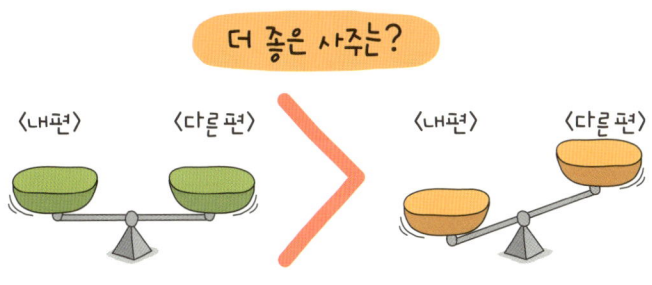

왕왕격

사주에서 중화 즉 내 편과 다른 편의 세력이 균형을 이룬 경우를 말한다.

약한 사주를 균형을 이룬 사주로 잘못 판단할 수 있기 때문이다.

왕왕격에는 신왕식상왕격(身旺食傷旺格), 신왕재왕격(身旺財旺格), 신왕관왕격(身旺官旺格), 신왕식재왕격(身旺食財旺格), 신왕재관왕격(身旺財官旺格), 신왕식재관왕격(身旺食財官旺格) 등 모두 6가지 격이 있다.

왕(旺)이란 사주에서 한 가지 오행 또는 육친이 40~60점인 경우를 말한다. 신왕(身旺)은 인성과 비겁이 40~60점인 경우를 말하고, 식상왕(食傷旺)은 식신과 상관이 40~60점인 경우를 말하며, 재왕(財旺)은 편재와 정재가 40~60점인 경우를 말한다. 관왕(官旺)은 편관과 정관이 40~60점인 경우를 말하고, 식재왕(食財旺)은 식상과 재성이 40~60점인 경우를 말한다. 재관왕(財官旺)은 재성과 관성이 40~60점인 경우를 말하고, 식재관왕(食財官旺)은 식상과 재성 그리고 관성이 40~60점인 것을 말한다.

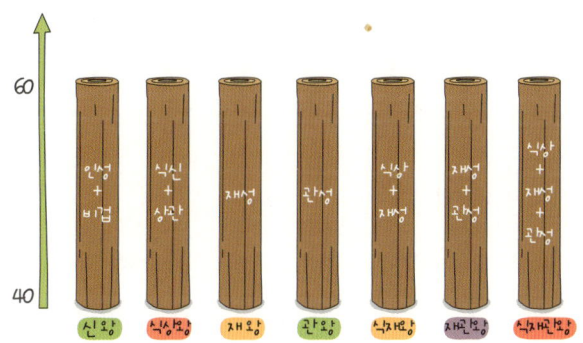

왕왕격인 사람들의 특징은 독립적이고 자유로운 직업을 좋아하고, 자신에게 주어진 책임을 다하려고 노력하며, 주색과 노름 그리고 주식투자 등 일확천금을 꿈꾸지 않으

며, 순간적인 판단을 하지 않고 꾸준하게 자신을 성장시켜 나간다는 점이다. 언제나 자신감이 넘치고 계획적이며, 야망이 크다. 또한 큰 야망을 성취하기 위해 부단히 노력하고 능력도 갖추고 있다. 세월이 흘러갈수록 능력을 더욱 발휘하는 타입이다.

신왕식상왕격

POINT
신왕식상왕격
인성과 비겁이 40~60점이고 식상이 40~60점인 경우로, 독립적이고 자유로운 성격이며 말하는 직업을 선택하면 능력을 발휘한다.

❶ 분석

신왕식상왕격은 사주에서 내 편인 인성과 비겁이 40~60점이고, 다른 편인 식상이 40~60점으로 서로 세력이 비슷한 것을 말한다.

신왕식상왕격은 입을 사용하는 직업 즉 말하는 직업에서 자신의 능력을 발휘하면 좋다. 또한 의식주를 걱정할 일이 없다는 것이 특징이다.

신왕식상왕격은 성격이 독립적이고 자유로우며, 꾸준하게 자신의 일을 끌고 나간다. 술과 여자와 노름 등 쉽게 주색잡기에 빠지지 않는다.

❷ 사주 예

예1)

시	일	월	연
壬	癸	乙	癸 (乾)
子	亥	卯	卯

이 사주는 비겁이 60점이고 식신이 50점이므로 신왕식상왕격이 되었다. 사법고시에 합격하고 변호사로 활동하다가 국회의원에 당선된 송영길의 사주이다.

예2)

시	일	월	연
丁	甲	丙	甲 (乾)
卯	午	寅	辰

이 사주는 비겁이 65점이고 식상이 35점이다. 비겁의 세력이 강하고 식상의 세력이 약한 것처럼 보이지만, 목(木)이 화(火)를 생하기 때문에 식상이 40점 이상의 기운을 가지고 있으므로 신왕식상왕격이 되었다. 서울대 수석 합격, 수석 졸업, 사법시험 수석 합격 등 평생 수석을 놓친 적이 없는 국회의원 원희룡의 사주이다.

예3)

시	일	월	연
甲	丙	戊	己 (乾)
午	戌	辰	卯

이 사주는 정치인 박찬종의 사주이다. 인성과 비겁이 45점이고 식상이 65점인 신왕식상왕격이다.

신왕재왕격

❶ 분석

신왕재왕격은 사주에서 내 편인 인성과 비겁이 40~60점이고, 다른 편인 재성이 40~60점으로 서로 세력이 균형을 이룬 것을 말한다.

　신왕재왕격 사주의 특징은 사업을 하거나 여성을 상대로 하는 일이나 돈을 만지는 일 또는 직장 내에서도 자유롭고 책임이 주어지는 분야에서 능력을 발휘한다는 것이다.

POINT

신왕재왕격

인성과 비겁이 40~60점이고 재성이 40~60점인 경우로, 자유롭고 독립적이며 목표의식이 강하다. 사업이나 여성을 상대로 하는 일, 돈을 만지는 일 등이 잘 맞는다.

신왕재왕격인 사람들의 성격은 다른 왕왕격 사주를 가진 사람들처럼 독립적이고 자유로운 것을 좋아하고, 자신이 맡은 일에 대한 목표의식이 강하다. 부드럽고 온화하고 상대에 대한 배려가 깊으면서도, 일에 대한 고집과 추진력이 강하다.

❷ **사주 예**

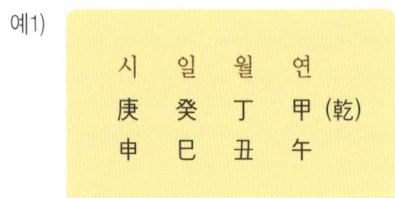

예1)
시	일	월	연
庚	癸	丁	甲 (乾)
申	巳	丑	午

이 사주는 산부인과 의사의 사주이다. 인성과 비겁이 65점이고, 재성이 갑목(甲木)의 생을 받아서 45점이 되어 신왕재왕격이 되었다.

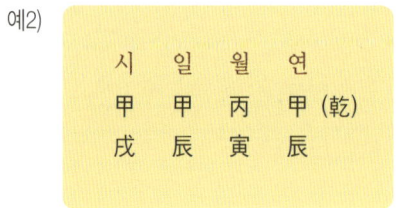

예2)
시	일	월	연
甲	甲	丙	甲 (乾)
戌	辰	寅	辰

이 사주는 비겁 목(木)이 60점이고 편재 토(土)가 40점인 신왕재왕격이다. 사주의 주인공은 전 한나라당 총재 이회창의 보좌관을 역임하였다.

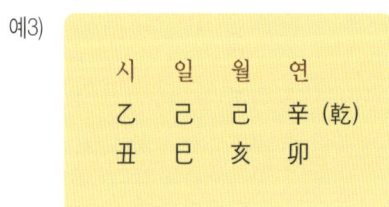

예3)
시	일	월	연
乙	己	己	辛 (乾)
丑	巳	亥	卯

이 사주는 대한축구협회 회장이자 국회의원인 정몽준의 사주이다. 인성과 비겁이 35점인데 토(土)는 지장간에 있으므로 10점을 더해 45점이 된다. 한편 해(亥)월 축(丑)시는 축토(丑土)를 수(水)로 보기 때문에 재성은 45점으로 신왕재왕격이 된다. 사업가로서 능력을 발휘하는 사주이다.

(예4)

시	일	월	연
壬	戊	己	庚 (坤)
戌	午	丑	戌

이 사주는 어느 유명 아나운서의 사주이다. 금(金)이 10점, 재성인 수(水)가 40점으로 왕하고, 화(火)가 15점, 비겁인 토(土)가 45점으로 왕하다. 비겁이 45점이고 재성이 40점인 신왕재왕격이다.

신왕관왕격

① 분석

신왕관왕격은 사주에서 내 편인 인성과 비겁이 40~60점이고 다른 편인 관성이 40~60점으로 두 세력이 균형을 이룬 것을 말한다.

신왕관왕격 사주는 성격이 독립적이고 자유로우며 명예지향적이다. 명예를 소중히 여기므로 관직에 진출하거나 책임자로 일하거나 사업을 하는 경우가 많고, 다른 사람들에게 인기를 얻는 직업을 좋아한다.

고집이 세고 일에 대한 책임감과 추진력 또한 강하다. 상황에 대처하는 능력 또한 탁월하다. 순간적인 재치와 자신감 있는 행동은 자신의 삶을 끌고 나가는 원동력이 된다.

> **POINT**
> **신왕관왕격**
> 인성과 비겁이 40~60점이고 관성이 40~60점인 경우로, 독립적이고 자유로우며 명예지향적이다. 사업이나 관직 그리고 책임자로 일하는 것이 잘 맞는다.

❷ 사주 예

예1)

시	일	월	연
丙	丁	辛	壬 (坤)
午	卯	亥	寅

이 사주는 인성인 목(木)과 비겁인 화(火)가 60점이고, 관성인 수(水)가 원래 40점인데 재성인 신금(辛金)이 수(水)를 생하므로 관성이 50점이 되어 신왕관왕격이다. 사주의 주인공은 민주당 부대변인과 청와대 비서관을 거쳐 현재 열린우리당 국회의원으로 있는 김현미다.

예2)

시	일	월	연
甲	辛	辛	庚 (乾)
午	未	巳	辰

이 사주는 인성과 비겁이 55점이고, 재성과 관성이 55점으로 서로 균형을 이룬 신왕관왕격 사주이다. 사주의 주인공은 동국대 교육대학원장과 평생교육원장을 역임한 필자의 스승이다.

신왕식재왕격

❶ 분석

신왕식재왕격이란 사주에서 내 편인 인성과 비겁이 40~60점이고 다른 편인 식상과 재성이 40~60점으로 서로 균형을 이룬 것을 말한다. 단, 식상과 재성의 점수가 어느 한쪽으로 편중되지 않고 균형을 이루어야 식재왕(食財旺)이 된다.

신왕식재왕격의 성격은 독립적이고 자유롭다. 맡겨주고 인정해주면 2배의 능력을 발휘한다. 말로 하는 직업이나 먹는 것과 관련된 직업, 자유롭고 독립적인 직업, 여성을 상대로 하는 직업 등이 어울리고, 말로 하는 직업이나 음식과 관련된 직업을 선택하면 재물을 얻을 수 있다. 한마디로 의식주와 재물이 풍족한 사주라고 할 수 있다.

> **POINT**
> **신왕식재왕격**
>
> 인성과 비겁이 40~60점이고 식상과 재성이 40~60점으로, 식상과 재성이 균형을 이룬 경우이다. 맡겨주고 인정해주면 2배의 능력을 발휘한다.

❷ 사주 예

예1)

시	일	월	연
丁	庚	丁	乙 (乾)
丑	申	亥	卯

이 사주는 인성과 비겁이 40점이고 식상과 재성이 50점인 신왕식재왕격이다. 사주의 주인공은 현대그룹 창업주인 고 정주영 명예회장이다.

예2)

시	일	월	연
壬	戊	己	丁 (坤)
戌	子	酉	巳

이 사주는 프로골퍼 박세리의 사주이다. 인성과 비겁이 55점이고, 식상이 30점에 재성이 25점으로 식재(食財)가 55점인 신왕식재왕격 사주이다.

신왕재관왕격

POINT
신왕재관왕격
인성과 비겁이 40~60점이고 재성과 관성이 40~60점이며, 재성과 관성이 균형을 이룬 경우이다. 독립적이고 진취적이며 매사에 열정적이다.

❶ 분석

신왕재관왕격이란 사주에서 내 편인 인성과 비겁이 40~60점이고 다른 편인 재성과 관성이 40~60점으로 균형을 이룬 것을 말한다. 단, 재성과 관성의 점수가 비슷해야 한다. 재성과 관성의 세력이 균형을 이루어야만 재관왕(財官旺)이 된다.

신왕재관왕격의 성격은 자유로우며 독립적, 명예지향적이다. 매사에 진취적, 적극적이며, 일에 대한 열정과 욕망이 강하다. 금전적으로 어려움이 없으며, 자신감이 넘치고, 꾸준히 자신의 능력을 발휘하며, 재물이 풍족해지면 반드시 명예를 얻으려 한다.

❷ 사주 예

예1)

시	일	월	연
壬	丙	壬	甲 (乾)
辰	申	申	寅

이 사주는 인성인 목(木)과 비겁인 화(火)가 45점이고, 재성인 금(金)이 30점에 관성인 수(水)가 20점으로 재관(財官)이 50점인 신왕재관왕격이다. 사주의 주인공은 2004년 현재 서울대 대학원에서 경제학 박사과정을 밟고 있다.

예2)

시	일	월	연
丙	壬	戊	庚 (乾)
午	申	子	戌

이 사주의 주인공은 하버드대학을 수석으로 졸업하고 현재 헤럴드미디어 대표이사로 있는 홍정욱이다. 인성과 비겁이 65점이고 재성과 관성이 45점으로 신왕재관왕격이 되었다.

예3)

시	일	월	연
庚	辛	丙	辛 (乾)
寅	卯	申	丑

이 사주는 인성과 비겁이 55점이고, 재성(30점)과 관성(25점)이 55점으로 신왕재관왕격(身旺財官旺格)이다. 사주의 주인공은 2004년 현재 스포츠 신문의 체육부장으로 재직하고 있다.

신왕식재관왕격

❶ 분석

신왕식재관왕격이란 사주에서 내 편인 인성과 비겁이 40~60점이고, 다른 편인 식상과 재성과 관성이 40~60점으로 비슷한 것을 말한다. 이 격 역시 식상과 재성과 관성의 세력이 서로 비슷해야 한다.

    신왕식재관왕격 역시 다른 왕왕격처럼 독립적이고 자유로운 성격을 가지고 있다. 자신의 명예를 소중히 여기고, 일을 할 때는 추진력이 있다. 다만, 이것 저것 일을 벌이는 경우가 있으므로 어떤 일을 하든 하나를 꾸준하게 밀고 나가는 자세가 필요하다.

POINT
신왕식재관왕격

인성과 비겁이 40~60점이고 식상과 재성과 관성이 40~60점이며, 식상과 재성과 관성이 서로 균형을 이룬 경우이다. 다른 왕왕격처럼 독립적이고 자유로운 성격이다.

❷ 사주 예

예)
시	일	월	연
丁	己	辛	庚 (乾)
卯	亥	巳	戌

이 사주는 인성과 비겁이 60점이고, 식상 20점, 재성 15점, 관성 15점으로 식재관(食財官)이 50점인 신왕식재관왕격이다. 사주의 주인공은 사법고시에 합격하고 검사와 변호사로 활동하다가 청와대에서 근무한 후, 현재 변호사로 일하고 있다.

③ 일위귀격

일위귀격(一位貴格)이란 사주원국에서 월간이나 시간이나 시지에 해당하는 오행과 다른 오행의 관계를 보고 격을 정하는 것이다. 월간은 월상(月上), 시간은 시상(時上), 시지는 시하(時下)를 의미하며, 각각 월상일위 귀격, 시상일위 귀격, 시하일위 귀격으로 구분한다.

1) 시상일위 귀격

시상(時上)은 사주의 시간(時干)을 의미한다. 시상일위 귀격(時上一位 貴格)이란 사주에서 시상을 상징하는 시간에 한 오행이 있고, 일간을 제외한 다른 곳에 시간과 같은 오행이 없는 경우를 말하며, 시간의 오행에 해당하는 육친이 곧 격이 된다.

시상일위 귀격은 시간의 오행이 어떤 육친인지에 따라서 시상일위 비견격, 시상일위 겁재격, 시상일위 식신격, 시상일위 상관격, 시상일위 편재격, 시상일위 정재격, 시상일위 편관격, 시상일위 정관격, 시상일위 편인격, 시상일위 정인격 등 모두 10가지 격으로 나눌 수 있다.

예를 들어, 사주의 시간에 식신이 있고 일간을 제외한 다른 곳에 식신이나 상관이 없으면 시상일위 식신격이 된다. 이러한 격을 가진 사람들은 시간의 육친에 해당하는 성격 유형이 나타난다.

시상일위 비견격

❶ 분석

시상일위 비견격이란 시상에 해당하는 시간에 비견이 있고, 일간을 제외한 다른 곳에 비견과 같은 오행이 없는 경우를 말한다. 즉 시간이 비견이고 사주 내에 비견과 겁재가 없는 것이다.

시상일위 비견격인 사람은 대인관계가 원만하므로 사람을 상대로 하는 직업이 좋다. 이들은 자립심이 강하고 리더십이 있다. 자존심이 강하고, 새로운 일에 대한 의욕도 강하다.

> **POINT**
> **시상일위 비견격**
> 시간이 비견이고 사주 내에 비견이나 겁재가 없는 경우이다. 대인관계가 원만하고 자립심과 리더십이 있으며 의욕적이다.

❷ 사주 예

예)
```
시  일  월  연
庚  庚  甲  甲
辰  辰  戌  午
```

이 사주는 시간 경금(庚金)이 비견이고, 일간을 제외한 다른 곳에 비견과 비겁에 해당하는 금(金)이 없으므로 시상일위 비견격이다.

시상일위 겁재격

❶ 분석

시상일위 겁재격이란 시상에 해당하는 시간에 겁재가 있고, 일간을 제외한 다른 곳에 겁재와 같은 오행이 없는 경우를 말한다. 즉 시간이 겁재이고 사주 내에 비견과 겁재가 없는 것이다.

　시상일위 겁재격은 다른 사람들과 관계가 원만하고 대인관계가 좋기 때문에 사람을 상대로 하는 직업이 잘 맞는다. 이들은 자립심이 강하고 리더십이 있다. 또한 자존심이 강하고 새로운 일에 대한 의욕이 강한 타입이다.

POINT
시상일위 겁재격
시간이 겁재이고 사주 내에 비견과 겁재가 없는 경우이다. 성격 유형은 시상일위 비견격과 비슷하다.

❷ 사주 예

예)
```
시  일  월  연
癸  壬  庚  乙
丑  辰  辰  卯
```

이 사주는 시간 계수(癸水)가 겁재이고, 일간을 제외한 다른 곳에 비견이나 겁재에 해당하는 수(水) 오행이 없으므로 시상일위 겁재격이다.

시상일위 식신격

① 분석

시상일위 식신격이란 시상에 해당하는 시간에 식신이 있고, 일간을 제외한 다른 곳에 식신과 같은 오행이 없는 경우를 말한다. 즉 시간이 식신이고 사주 내에 식신과 상관이 없는 것이다.

식신은 언어능력과 관련된다. 따라서 시상일위 식신격은 말하는 직업이 적성에 맞고, 이 분야로 진출하면 성공 가능성이 높다. 특히 현대사회처럼 TV 등의 언론매체가 발달한 경우에는 식신 분야의 직업이 가장 유망하다. 어떤 직업이든지 TV 등을 통해 자신을 얼마나 잘 알리느냐에 성장 가능성이 달라진다. TV 출연은 TV에 나와서 말을 해야 하므로 식신과 관련이 깊다.

또한 식신은 의식주와도 관련되어 있으므로 식신이 발달한 사람은 의식주가 풍족하다. 어디를 가든지 먹을 복이 있고 일평생 의식주로 인한 큰 어려움이 없다고 볼 수 있다.

시상일위 식신격 사주인 사람은 안정적인 성격이고, 자신을 낮추면서 상대방을 배려하기 때문에 다른 사람들의 호감을 얻는 타입이다. 자신을 크게 나타내지 않으면서도 꾸준하게 발전해 나가고, 특히 말하는 직업이 더욱 적성에 잘 맞는다.

> **POINT**
> **시상일위 식신격**
> 시간이 식신이고 사주 내에 식신과 상관이 없는 경우이다. 언어능력을 살릴 수 있는 직업이 어울리며, 안정적으로 꾸준히 발전하는 타입이다.

❷ 사주 예

예)
시	일	월	연
壬	庚	丙	甲
申	午	寅	申

이 사주는 시간 임수(壬水)가 식신에 해당하면서, 일간을 제외한 다른 곳에 식신이나 상관과 같은 수(水) 오행이 없으므로 시상일위 식신격이다.

시상일위 상관격

❶ 분석

시상일위 상관격이란 시상에 해당하는 시간에 상관이 있고, 일간을 제외한 다른 곳에 상관과 같은 오행이 없는 경우를 말한다. 즉 시간이 상관이고 사주 내에 식신과 상관이 없는 것이다.

시상일위 상관격인 사람들은 기획력이나 계획성이 탁월하고, 활동적이며 말하는 능력이 있다. 의식주가 풍족하고, 시상일위 식신격에 비해 활동적이고 적극적이지만 배짱이나 돌파력은 약한 편이다.

머리가 총명하고 재주가 있으며, 사무국장이나 기획실장의 기질이 있다. 아이디어가 반짝이며, 학자적이고 선비적인 기질을 가지고 있다. 자극을 받거나 억압을 받아도 순간 화를 내기보다는 미래를 위해 참고 인내하는 타입이다. 명예를 소중하게 여기고, 자신을 낮추고 전체를 이끌어가는 능력이 있다. 계획적인 면과 자유로운 면을 함께 가지고 있는 타입이다.

> **POINT**
> **시상일위 상관격**
> 시간이 상관이고 사주 내에 식신과 상관이 없는 경우이다. 계획적이면서도 자유로운 성격이며 학자나 선비의 기질을 갖고 있다.

❷ 사주 예

예)
시	일	월	연
癸	庚	丙	甲
未	午	寅	申

이 사주는 시간에 계수(癸水) 상관이 있고 일간을 제외한 다른 곳에 상관이나 식신에 해당하는 수(水) 오행이 없으므로 시상일위 상관격이다.

시상일위 편재격

❶ 분석

시상일위 편재격이란 시상에 해당하는 시간에 편재가 있고, 일간을 제외한 다른 곳에 편재와 같은 오행이 없는 경우를 말한다. 즉 시간이 편재이고 사주 내에 편재와 정재가 없는 것이다.

시상일위 편재격인 사람은 타인과의 관계를 편안하게 이끌어가는 타입으로서 어느 누구와도 쉽게 사귄다. 평소에는 부드럽고 안정적인 성격이지만, 자리가 주어지면 신바람이 넘쳐나는 끼 있는 사람이다. 상대를 배려하는 마음을 가지고 있고, 앞장서서 솔선수범하는 봉사정신이 투철하다. 이들의 따뜻하고 부드러운 마음이 동성이든 이성이든 남녀를 불문하고 인기를 불러들인다고 보면 된다.

이들은 재물이 꾸준히 들어오기 때문에 생활에 큰 부담 없이 살아간다. 순박하면서도 은근한 고집이 있고 노력하는 타입이다. 나이가 들어가면서 성격이 유들유들해지고 얼굴이 두꺼워진다. 적응을 잘 하고 대인관계도 좋다. 더불어 연예인이나 오락부장 기질이 있고 유머감각이 매우 탁월하여 대중을 사로잡는 타입이다.

이들은 웬만한 억압이나 힘든 상황에서도 쉽게 화를 내지 않지만, 한번 화가 나면

POINT

시상일위 편재격

시간이 편재이고 사주 내에 편재와 정재가 없는 경우이다. 부드럽고 안정적이며 대인관계가 좋고 상대를 배려한다.

꽤 오래 가는 편이다. 자신의 감정을 쉽게 드러내지 않으면서도 자유롭게 행동하고 부드럽게 표현한다.

❷ 사주 예

예1)

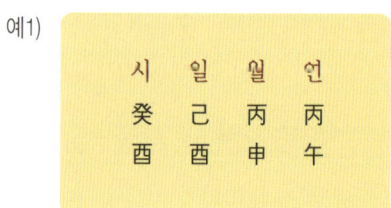

이 사주는 시간에 계수(癸水) 편재가 있고, 일간을 제외한 다른 곳에 편재나 정재에 해당하는 수(水) 오행이 없으므로 시상일위 편재격이다.

예2)

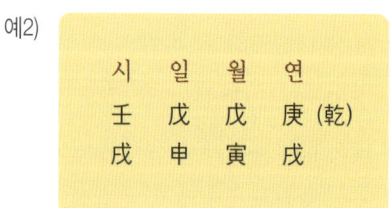

이 사주는 시간에 임수(壬水) 편재가 있고, 일간을 제외한 다른 곳에 편재나 정재에 해당하는 수(水) 오행이 없으므로 시상일위 편재격이다. 사주의 주인공은 삼성그룹 창업주인 고 이병철 회장이다.

예3) 1966년 4월 27일(음) 묘(卯)시생

시	일	월	연
己	乙	甲	丙 (坤)
卯	巳	午	午

이 사주는 시간에 기토(己土) 편재가 있고, 일간을 제외한 다른 곳에 편재와 정재에 해당하는 토(土) 오행이 없으므로 시상일위 편재격이다. 사주의 주인공은 스튜어디스로 일하였다.

시상일위 정재격

❶ 분석

시상일위 정재격이란 시상에 해당하는 시간에 정재가 있고, 일간을 제외한 다른 곳에 정재와 같은 오행이 없는 경우를 말한다. 즉 시간이 정재이고 사주 내에 정재와 편재가 없는 것이다.

　시상일위 정재격인 사람은 은근한 고집이 있고, 안정적이고 객관적으로 판단하고 자신의 생각을 체계적으로 하나씩 꾸준히 행동으로 실천해가는 타입이다. 큰 모험을 하지 않으면서 자신의 생각과 행동을 주변과 조화시키고, 원만한 대인관계를 유지하며 삶을 영위해 나간다.

　선비의 기질과 학자적인 인품을 가지고 있고, 섬세하고 감성보다 이성이 발달한 타입이다. 합리적인 면이 강하고, 충동적이지 않고 계획적으로 생각하고, 보수적이며

> **POINT**
> **시상일위 정재격**
> 시간이 정재이고 사주 내에 정재와 편재가 없는 경우이다. 감성보다 이성이 발달하고, 모험을 하지 않고 꾸준히 목표를 이루어 나간다.

가정적인 사람이다. 명예를 중시하고, 통찰력이 뛰어나며, 다른 사람의 평가나 관심에 좌우되기도 하지만 크게 흔들리지 않고, 자신의 인생을 스스로 단계별로 구축해 나간다. 감정적으로 자극받는 일이 있더라도 자제하고, 자신의 감정을 소중하게 생각한다.

새로운 것을 기획하거나 계획하는 능력은 있지만, 본인이 독립해서 처음부터 끝까지 완성해내고 그것을 바탕으로 수익을 창출하는 것에는 배짱이 부족하다. 다만 사주에서 내 편과 다른 편이 균형을 이루고 정재가 발달한 경우에는 시작부터 마무리까지 충분히 완성시키고 큰 성과를 거둘 수 있다.

한번 정을 주면 쉽게 배신하지 않지만 한번 싫어하면 안색이 쉽게 변하고, 새로운 사람에게 적응하기가 쉽지 않으며, 인간성이 나쁘다고(객관적인 판단은 아니다) 생각하면 절대로 그 사람과 친해지지 못한다.

❷ 사주 예

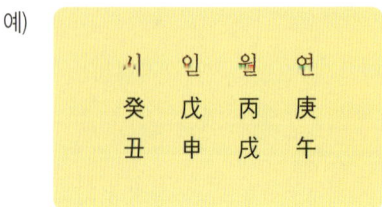

예)

시	일	월	연
癸	戊	丙	庚
丑	申	戌	午

이 사주는 시간에 계수(癸水) 정재가 있고, 일간을 제외한 다른 곳에 정재나 편재에 해당하는 수(水) 오행이 없으므로 시상일위 정재격이다.

시상일위 편관격

❶ 분석

시상일위 편관격이란 시상에 해당하는 시간에 편관이 있고, 일간을 제외한 다른 곳에 편관과 같은 오행이 없는 경우를 말한다. 즉 시간이 편관이고 사주 내에 편관과 정관이 없는 것이다.

시상일위 편관격인 사람은 대인관계가 뛰어나고, 명예욕이 있어서 자신에게 맡겨주고 책임지도록 하는 일에서는 2배의 능력을 발휘한다. 정해놓은 목표가 있으면 주위 사람과 원만한 관계를 유지하면서 그들의 힘을 빌려서 성취해 나간다. 큰 것을 얻기 위해서는 사소한 자존심이나 명예 손상을 감수하면서 끝까지 밀고 나간다. 목표를 이루기 위해서 꾸준히 노력하며, 순간적인 판단과 재치는 타의 추종을 불허한다. 자신이 필요로 하는 일이나 정해놓은 목표를 이루기 위해 과감하게 밀고 나가며, 도전할 것이 있으면 힘이 솟아나는 사람이다. 미래에 대한 열정과 목표의식이 뚜렷하여 자기 성취력이 탁월하다. 조직에서나 일에서 뛰어난 행정력을 발휘하는 타입이므로 책임자의 자리에 오르는 경우가 많다.

그러나 고집이 매우 세고 타인과 비교하는 것을 싫어하며, 누군가에게 명령을 받으면 타인에 비해 스트레스가 심하다.

이들의 특징은 크게 말해서 융통성, 적극성, 추진력, 원만한 대인관계, 배짱, 자유주의자로 종합할 수 있다. 그러나 사주에서 주변 상황에 따라 여러 가지 성격이 혼합되어 나타날 수 있다.

> **POINT**
> **시상일위 편관격**
> 시간이 편관이고 사주 내에 편관과 정관이 없는 경우이다. 대인관계가 뛰어나고 명예욕이 있으며, 목표를 이루기 위해 꾸준히 노력한다.

❷ 사주 예

예1)

시	일	월	연
乙	己	辛	辛
亥	酉	丑	丑

이 사주는 시간에 을목(乙木) 편관이 있고, 일간을 제외한 다른 곳에 편관이나 정관에 해당하는 목(木) 오행이 없으므로 시상일위 편관격이다.

예2)

시	일	월	연
丁	辛	乙	戊 (乾)
酉	丑	卯	寅

이 사주는 시간에 정화(丁火) 편관이 있고, 일간을 제외한 다른 곳에 편관이나 정관에 해당하는 오행이 없으므로 시상일위 편관격이다. 사주의 주인공은 경제부총리를 지내고 현재 국회의원으로 있는 홍재형이다.

예3)

시	일	월	연
戊	壬	壬	甲 (坤)
申	午	申	寅

이 사주는 시간에 무토(戊土) 편관이 있고, 일간을 제외한 다른 곳에 편관이나 정관에 해당하는 토(土) 오행이 없으므로 시상일위 편관격이다. 사주의 주인공은 서울대 법대를 졸업한 후 사법고시에 합격하였다.

시상일위 정관격

❶ 분석

시상일위 정관격이란 시상에 해당하는 시간에 정관이 있고, 일간을 제외한 다른 곳에 정관과 같은 오행이 없는 경우를 말한다. 즉 시간이 정관이고 사주 내에 정관과 편관이 없는 것이다.

시상일위 정관격인 사람은 섬세한 감정의 소유자로서 명예를 소중히 생각하며, 진리와 정의 그리고 인간적인 면에 관심이 많다. 불가능한 이상향에 대한 꿈들을 가슴 속에 간직하고 있는 순수한 마음의 소유자이다. 새로운 공간에서는 적응이 늦고, 새로운 사람과의 만남에서도 처음에는 매우 어색해 하지만 한번 정을 주면 쉽게 배신하지 않는 의리파이다. 불쌍하다고 생각하거나 마음이 착한 사람이라고 생각하면 인정을 베풀고, 너그러운 마음을 갖고 있으며 봉사정신이 투철하다.

선비와 학자의 성품을 지니고 있고 은근한 끈기가 있으며 삶에 대한 희망을 꾸준히 지켜 나간다. 다양한 사람들을 한꺼번에 만나는 것보다 일대일 만남을 즐기고, 주위 사람들에게 조언을 잘 해주고 또한 상담을 하러 오는 사람도 많다. 일보다는 사람이 우선이고, 서로 감정을 공유할 때 더욱 신바람이 나고 자신감이 생긴다.

스스로 가치를 느끼고 시작한 일에는 생명을 바칠 정도로 각오가 대단하다. 이해심이 많고 관대하며 개방적이다. 순박한 성격이며, 다양한 이론을 섭렵하고 있지만 쓸데없는 걱정이 많은 것이 단점이다.

사업을 하는 경우에는 인간관계에 얽매여 보증이나 돈거래로 인해 어려움을 겪을 수 있다. 사려 깊고 온화하며 점잖은 성격으로 착한 사람이란 평가를 받지만, 남의 지시를 따르기보다는 자신의 마음을 따라 자유롭게 행동하거나 자유로운 직업을 가지는 것이 좋다.

POINT

시상일위 정관격

시간이 정관이고 사주 내에 편관과 정관이 없는 경우이다. 명예를 중시하고, 이해심이 많으며, 남의 지시를 따르는 직업보다 자유로운 직업이 어울린다.

❷ 사주 예

예)

시	일	월	연
丁	庚	甲	戊
丑	申	寅	寅

이 사주는 시간에 정화(丁火) 정관이 있고, 일간을 제외한 다른 곳에 정관이나 편관에 해당하는 화(火) 오행이 없으므로 시상일위 정관격이다.

시상일위 편인격

① 분석

시상일위 편인격이란 시상에 해당하는 시간에 편인이 있고, 일간을 제외한 다른 곳에 편인과 같은 오행이 없는 경우를 말한다. 즉 시간이 편인이고 사주 내에 편인과 정인이 없는 것이다.

시상일위 편인격인 사람은 어떤 한 분야(여러 분야일 때도 있음)에 독특한 재능을 가지고 있는 경우가 많다. 한마디로 끼가 있는 사람이다. 예술가, 연예인, 의료인, 엔지니어, 체육인, 종교인 등은 끼가 있을 때 자신의 능력을 발휘할 수 있다. 편인은 사회적으로 공부를 상징하는데, 이 공부는 단순한 공부 즉 누구나 해야 하는 수학, 국어, 역사, 경제 등의 공부가 아니라 독특한 재능을 발휘하는 공부를 말한다. 바로 이 공부가 끼와 연결된다.

이들은 자비롭고 덕망이 있으며 포용력이 있다. 학자적인 성품을 지녔으며, 인자한 선비의 풍모를 지니고 있다. 타인에게 자신의 감정을 표현하는 것은 능숙하지 않지만, 주어진 상황에 대처하는 능력이 탁월하다.

② 사주 예

예)

시	일	월	연
丁	己	壬	甲
卯	丑	申	辰

이 사주는 시간에 정화(丁火) 편인이 있고, 일간을 제외한 다른 곳에 편인이나 정인에 해당하는 화(火) 오행이 없으므로 시상일위 편인격이다.

> **POINT**
> **시상일위 편인격**
> 시간이 편인이고 사주 내에 편인과 정인이 없는 경우이다. 상황 대처능력이 뛰어나고, 자신의 끼를 발휘할 수 있는 직업을 선택하는 것이 좋다.

시상일위 정인격

❶ 분석

시상일위 정인격이란 시상에 해당하는 시간에 정인이 있고, 일간을 제외한 다른 곳에 정인과 같은 오행이 없는 경우를 말한다. 즉 시간이 정인이고 사주 내에 편인과 정인이 없는 것이다.

시상일위 정인격인 사람은 따뜻한 마음의 소유자로 덕망이 있고 자비로우며 생각의 폭이 넓다. 모성본능이 강하고 여린 성격이며, 칭찬에 민감하여 누군가가 인정해 주고 칭찬해주면 2배의 능력을 발휘한다. 두뇌가 총명하고 감각이 빠르며 상상력이 뛰어나다. 소심하고 내성적이며 착한 성품으로 타인에 대한 배려가 깊고 동정심이 많다. 가까운 사람들이 기뻐할 일들을 만들기 위해 노력한다. 계획성과 배짱이 부족한 것 같으면서도, 꾸준히 배움에 대한 열정을 지켜 나간다.

다만 어려운 상황에 처하면 어쩔 줄 몰라 대처하지 못하고, 극한 상황에서는 스트레스를 많이 받으며, 주위 사람들의 비판적인 말에 쉽게 상처받는다.

다양한 인맥보다는 혼자 있거나 사람 수가 적은 공간을 선호하고 고독을 즐기는 경우가 많다. 타인의 마음을 간파하는 능력이 탁월하여 상담가의 기질이 있다. 순간적인 판단력은 늦지만 한번 시작하면 일을 꾸준히 밀고 나가 결말을 이끌어낸다.

> **POINT**
> **시상일위 정인격**
> 시간이 정인이고 사주 내에 편인과 정인이 없는 경우이다. 마음이 따뜻하고, 순간적인 편단력은 늦지만 시작한 일은 끝까지 해낸다.

❷ 사주 예

예)

시	일	월	연
丙	己	壬	甲
寅	丑	申	辰

 이 사주는 시간에 병화(丙火) 정인이 있고, 일간을 제외한 다른 곳에 정인이나 편인에 해당하는 화(火) 오행이 없으므로 시상일위 정인격이다.

2) 시하일위 귀격

시하(時下)란 사주의 시지를 의미한다. 시하일위 귀격(時下一位 貴格)은 시상일위 귀격과 뽑는 방법도 같고 특징도 같다. 단, 시상일위 귀격이 시간을 위주로 보는 것과 달리 시하일위 귀격은 시지를 위주로 본다는 점이 다르다. 즉 시하일위 귀격은 시지에 한 오행이 있고 일간을 제외한 다른 곳에 시지와 같은 오행이 없을 때 시지에 해당하는 육친으로 격을 정한다.

 시하일위 귀격은 육친의 종류에 따라서 시하일위 비견격, 시하일위 겁재격, 시하일위 식신격, 시하일위 상관격, 시하일위 편재격, 시하일위 정재격, 시하일위 편관격, 시하일위 정관격, 시하일위 편인격, 시하일위 정인격 등 모두 10가지 격으로 나누어진다.

시하일위 비견격

❶ 분석

시하일위 비견격이란 시하에 해당하는 시지에 비견이 있고, 일간을 제외한 사주에 비견과 같은 오행이 없는 경우를 말한다. 즉 시지가 비견이고 사주 내에 비견과 겁재가 없는 것이다. 시하일위 비견격의 성격 유형은 시상일위 비견격의 성격 유형과 같다.

❷ 사주 예

예)
시	일	월	연
丙	甲	庚	癸
寅	戌	申	亥

POINT
시하일위 비견격
시지가 비견이고 사주 내에 비견과 겁재가 없는 경우이다. 시상일위 비견격과 성격 유형이 같다.

이 사주는 시지에 인목(寅木) 비견이 있고, 일간을 제외한 다른 곳에 비견이나 겁재와 같은 목(木) 오행이 없으므로 시하일위 비견격이다.

시하일위 겁재격

❶ 분석

시하일위 겁재격이란 시하에 해당하는 시지에 겁재가 있고, 일간을 제외한 사주에 겁재와 같은 오행이 없는 경우를 말한다. 즉 시지가 겁재이고 사주 내에 비견과 겁재가 없는 것이다. 시하일위 겁재격은 시상일위 겁재격과 성격 유형이 같다.

❷ 사주 예

예)
시	일	월	연
丁	甲	辛	壬
卯	辰	亥	午

POINT
시하일위 겁재격
시지가 겁재이고 사주 내에 비견과 겁재가 없는 경우이다. 시상일위 겁재격과 성격 유형이 같다.

이 사주는 시지에 묘목(卯木) 겁재가 있고, 일간을 제외한 다른 곳에 비견이나 겁재에 해당하는 목(木) 오행이 없으므로 시하일위 겁재격이다.

시하일위 식신격

❶ 분석

시하일위 식신격이란 시하에 해당하는 시지에 식신이 있고 일간을 제외한 사주에 식신과 같은 오행이 없는 경우를 말한다. 즉 시지가 식신이고 사주 내에 식신과 상관이 없는 것이다. 성격 유형은 시상일위 식신격과 같다.

❷ 사주 예

예)

시	일	월	연
丁	庚	庚	庚
亥	辰	辰	辰

이 사주는 시지에 해수(亥水) 식신이 있고, 일간을 제외한 다른 곳에 식신이나 상관에 해당하는 수(水) 오행이 없으므로 시하일위 식신격이다.

시하일위 상관격

❶ 분석

시하일위 상관격이란 시하에 해당하는 시지에 상관이 있고 일간을 제외한 사주에 상관과 같은 오행이 없는 경우를 말한다. 즉 시지가 상관이고 사주 내에 상관이나 식신이 없는 것이다. 성격 유형은 시상일위 상관격과 같다.

POINT
시하일위 식신격
시지가 식신이고 사주 내에 식신과 상관이 없는 경우이다. 시상일위 식신격과 성격 유형이 같다.

POINT
시하일위 상관격
시지가 상관이고 사주 내에 상관과 식신이 없는 경우이다. 시상일위 상관격과 성격 유형이 같다.

❷ 사주 예

예)
시	일	월	연
癸	壬	己	戊
卯	申	未	午

이 사주는 시지에 묘목(卯木) 상관이 있고, 일간을 제외한 다른 곳에 상관이나 식신에 해당하는 목(木) 오행이 없으므로 시하일위 상관격이다.

시하일위 편재격

❶ 분석

시하일위 편재격이란 시하에 해당하는 시지에 편재가 있고, 일간을 제외한 사주에 편재와 같은 오행이 없는 경우를 말한다. 즉 시지가 편재이고 사주 내에 편재와 정재가 없는 것이다. 성격 유형은 시상일위 편재격과 같다.

POINT

시하일위 편재격

시지가 편재이고 사주 내에 편재와 정재가 없는 경우이다. 시상일위 편재격과 성격 유형이 같다.

❷ 사주 예

예)
시	일	월	연
戊	癸	甲	戊
午	亥	子	辰

이 사주는 시지에 오화(午火) 편재가 있고, 일간을 제외한 다른 곳에 편재나 정재와 같은 화(火) 오행이 없으므로 시하일위 편재격이다.

시하일위 정재격

POINT
시하일위 정재격
시지가 정재이고 사주 내에 정재와 편재가 없는 경우이다. 시상일위 정재격과 성격 유형이 같다.

❶ 분석

시하일위 정재격이란 시하에 해당하는 시지에 정재가 있고, 일간을 제외한 사주에 정재와 같은 오행이 없는 경우를 말한다. 즉 시지가 정재이고 사주 내에 정재와 편재가 없는 것이다. 성격 유형은 시상일위 정재격과 같다.

❷ 사주 예

예)

시	일	월	연
己	庚	辛	丙
卯	午	丑	辰

이 사주는 시지에 묘목(卯木) 정재가 있고, 일간을 제외한 다른 곳에 정재와 편재에 해당하는 목(木) 오행이 없으므로 시하일위 정재격이다.

시하일위 편관격

❶ 분석

시하일위 편관격이란 시하에 해당하는 시지에 편관이 있고, 일간을 제외한 사주에 편관과 같은 오행이 없는 경우를 말한다. 즉 시지가 편관이고 사주 내에 편관과 정관이 없는 것이다. 성격 유형은 시상일위 편관격과 같다.

❷ 사주 예

예1)

시	일	월	연
甲	辛	庚	戊
午	丑	申	戌

이 사주는 시지에 오화(午火) 편관이 있고, 일간을 제외한 다른 곳에 편관이나 정관에 해당하는 화(火) 오행이 없으므로 시하일위 편관격이다.

예2)

시	일	월	연
丁	己	丁	戊 (乾)
卯	丑	巳	申

이 사주는 시지에 묘목(卯木) 편관이 있고, 일간을 제외한 다른 곳에 편관이나 정관에 해당하는 목(木) 오행이 없으므로 시하일위 편관격이다. 사주의 주인공은 미국에서 골프로 한국의 위상을 드높이고 있는 프로골퍼 최경주이다.

> **POINT**
> **시하일위 편관격**
> 시지가 편관이고 사주 내에 편관과 정관이 없는 경우이다. 시상일위 편관격과 성격 유형이 같다.

시하일위 정관격

① 분석

시하일위 정관격이란 시하에 해당하는 시지에 정관이 있고, 일간을 제외한 사주에 정관과 같은 오행이 없는 경우를 말한다. 즉 시지가 정관이고 사주 내에 정관이나 편관이 없는 것이다. 성격 유형은 시상일위 정관격과 같다.

시하일위 정관격
시지가 정관이고 사주 내에 정관과 편관이 없는 경우이다. 시상일위 정관격과 성격 유형이 같다.

② 사주 예

예)

시	일	월	연
丙	己	丁	戊
寅	丑	巳	申

이 사주는 시지에 인목(寅木) 정관이 있고, 일간을 제외한 다른 곳에 정관이나 편관에 해당하는 목(木) 오행이 없으므로 시하일위 정관격이다.

시하일위 편인격

① 분석

시하일위 편인격이란 시하에 해당하는 시지에 편인이 있고, 일간을 제외한 사주에 편인과 같은 오행이 없는 경우를 말한다. 즉 시지가 편인이고 사주 내에 편인과 정인이 없는 것이다. 성격 유형은 시상일위 편인격과 같다.

시하일위 편인격
시지가 편인이고 사주 내에 편인과 정인이 없는 것이다. 시상일위 편인격과 성격 유형이 같다.

❷ 사주 예

시	일	월	연
庚	庚	乙	癸
辰	申	卯	亥

이 사주는 시지에 진토(辰土) 편인이 있고, 일간을 제외한 다른 곳에 편인이나 정인에 해당하는 토(土) 오행이 없으므로 시하일위 편인격이다.

시하일위 정인격

❶ 분석

시하일위 정인격이란 시하에 해당하는 시지에 정인이 있고, 일간을 제외한 사주에 정인과 같은 오행이 없는 경우를 말한다. 즉 시지가 정인이고 사주 내에 정인과 편인이 없는 것이다. 성격 유형은 시상일위 정인격과 같다.

POINT

시하일위 정인격

시지가 정인이고 사주 내에 정인과 편인이 없는 경우이다. 시상일위 정인격과 성격 유형이 같다.

❷ 사주 예

시	일	월	연
甲	甲	丁	甲
子	午	卯	午

이 사주는 시지에 자수(子水) 정인이 있고, 일간을 제외한 다른 곳에 정인이나 편인에 해당하는 수(水) 오행이 없으므로 시하일위 정인격이다.

3) 월상일위 귀격

월상(月上)이란 사주에서 월간을 의미한다. 월상일위 귀격(月上一位 貴格)은 시상일위 귀격이나 시하일위 귀격과 뽑는 방법도 같고 성격 유형도 같다. 단, 시상일위 귀격이나 시하일위 귀격이 시상이나 시하를 위주로 본다면, 월상일위 귀격은 월간을 위주로 본다는 점이 다르다. 즉 월간에 한 오행이 있고 일간을 제외한 다른 곳에 월간과 같은 오행이 없을 때 월간에 해당하는 육친을 격으로 정한다.

월상일위 귀격은 육친의 종류에 따라서 월상일위 비견격, 월상일위 겁재격, 월상일위 식신격, 월상일위 상관격, 월상일위 편재격, 월상일위 정재격, 월상일위 편관격, 월상일위 정관격, 월상일위 편인격, 월상일위 정인격 등 10가지 격으로 나누어진다.

월상일위 비견격

 분석

월상일위 비견격이란 월상에 해당하는 월간에 비견이 있고, 일간을 제외한 사주에 비견과 같은 오행이 없는 경우를 말한다. 즉 월간이 비견이고 사주 내에 비견과 겁재가 없는 것이다. 성격 유형은 시상일위 비견격이나 시하일위 비견격과 같다.

POINT
월상일위 비견격
월간이 비견이고 사주 내에 비견과 겁재가 없는 경우이다. 시상일위 비견격과 성격 유형이 같다.

❷ 사주 예

예)

시	일	월	연
庚	甲	甲	壬
午	戌	辰	辰

이 사주는 월간에 갑목(甲木) 비견이 있고, 일간을 제외한 다른 곳에 비견이나 겁재에 해당하는 목(木) 오행이 없으므로 월상일위 비견격이다.

월상일위 겁재격

❶ 분석

월상일위 겁재격이란 월상에 해당하는 월간에 겁재가 있고, 일간을 제외한 사주에 겁재와 같은 오행이 없는 경우를 말한다. 즉 월간이 겁재이고 사주 내에 비견과 겁재가 없는 것이다. 성격 유형은 시상일위 겁재격이나 시하일위 겁재격과 같다.

> **POINT**
> **월상일위 겁재격**
> 월간이 겁재이고 사주 내에 비견과 겁재가 없는 경우이다. 시상일위 겁재격과 성격 유형이 같다.

❷ 사주 예

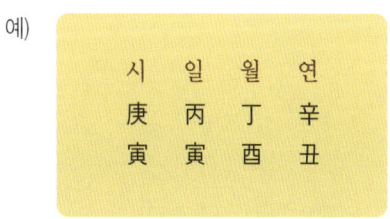

예)
시	일	월	연
庚	丙	丁	辛
寅	寅	酉	丑

이 사주는 월간에 정화(丁火) 겁재가 있고, 일간을 제외한 다른 곳에 비겁이나 겁재에 해당하는 화(火) 오행이 없으므로 월상일위 겁재격이다.

월상일위 식신격

❶ 분석

월상일위 식신격이란 월상에 해당하는 월간에 식신이 있고, 일간을 제외한 사주에 식신과 같은 오행이 없는 경우를 말한다. 즉 월간이 식신이고 사주 내에 식신과 상관이 없는 것이다. 성격 유형은 시상일위 식신격이나 시하일위 식신격과 같다.

월상일위 식신격

월간이 식신이고 사주 내에 식신과 상관이 없는 경우이다. 시상일위 식신격과 성격 유형이 같다.

❷ 사주 예

예1)

시	일	월	연
戊	甲	丙	己
辰	子	子	亥

이 사주는 월간에 병화(丙火) 식신이 있고, 일간을 제외한 다른 곳에 식신이나 상관에 해당하는 화(火) 오행이 없으므로 월상일위 식신격이다.

예2)

시	일	월	연
丙	癸	乙	戊 (坤)
辰	酉	丑	午

이 사주는 월간에 을목(乙木) 식신이 있고, 일간을 제외한 다른 곳에 식신이나 상관에 해당하는 목(木) 오행이 없으므로 월상일위 식신격이다.

월상일위 상관격

❶ 분석

월상일위 상관격이란 월상에 해당하는 월간에 상관이 있고, 일간을 제외한 사주에 상관과 같은 오행이 없는 경우를 말한다. 즉 월간이 상관이고 사주 내에 상관과 식신이 없는 것이다. 성격 유형은 시상일위 상관격이나 시하일위 상관격과 같다.

❷ 사주 예

예)

시	일	월	연
戊	甲	丁	甲
辰	寅	卯	子

이 사주는 월간에 정화(正火) 상관이 있고, 일간을 제외한 다른 곳에 상관이나 식신에 해당하는 화(火) 오행이 없으므로 월상일위 상관격이다.

POINT
월상일위 상관격

월간이 상관이고 사주 내에 상관과 식신이 없는 경우이다. 시상일위 상관격과 성격 유형이 같다.

월상일위 편재격

❶ 분석

월상일위 편재격이란 월상에 해당하는 월간에 편재가 있고, 일간을 제외한 사주에 편재와 같은 오행이 없는 경우를 말한다. 즉 월간이 편재이고 사주 내에 편재와 정재가 없는 것이다. 성격 유형은 시상일위 편재격이나 시하일위 편재격과 같다.

❷ 사주 예

예)

시	일	월	연
己	己	癸	乙
巳	丑	未	巳

이 사주는 월간에 계수(癸水) 편재가 있고, 일간을 제외한 다른 곳에 편재나 정재에 해당하는 수(水) 오행이 없으므로 월상일위 편재격이다.

POINT
월상일위 편재격

월간이 편재이고 사주 내에 편재와 정재가 없는 경우이다. 시상일위 편재격과 성격 유형이 같다.

월상일위 정재격

① 분석

월상일위 정재격이란 월상에 해당하는 월간에 정재가 있고, 일간을 제외한 사주에 정재와 같은 오행이 없는 경우를 말한다. 즉 월간이 정재이고 사주 내에 편재와 정재가 없는 것이다. 성격 유형은 시상일위 정재격이나 시하일위 정재격과 같다.

POINT
월상일위 정재격
월간이 정재이고 사주 내에 편재와 정재가 없는 경우이다. 시상일위 정재격과 성격 유형이 같다.

② 사주 예

예)

시	일	월	연
丙	庚	乙	庚
子	戌	酉	申

위 사주는 월간에 을목(乙木) 정재가 있고, 일간을 제외한 다른 곳에 정재나 편재에 해당하는 목(木) 오행이 없으므로 월상일위 정재격이다.

월상일위 편관격

① 분석

월상일위 편관격이란 월상에 해당하는 월간에 편관이 있고, 일간을 제외한 사주에 편관과 같은 오행이 없는 경우를 말한다. 즉 월간이 편관이고 사주 내에 편관과 정관이 없는 것이다. 성격 유형은 시상일위 편관격이나 시하일위 편관격과 같다.

POINT
월상일위 편관격
월간이 편관이고 사주 내에 편관과 정관이 없는 경우이다. 시상일위 편관격과 성격 유형이 같다.

❷ 사주 예

예1)

시	일	월	연
庚	庚	丙	己
辰	申	寅	酉

이 사주는 월간에 병화(丙火) 편관이 있고, 일간을 제외한 다른 곳에 편관이나 정관에 해당하는 화(火) 오행이 없으므로 월상일위 편관격이다.

예2)

시	일	월	연
壬	戊	甲	丁 (乾)
戌	午	辰	巳

이 사주는 월간에 갑목(甲木) 편관이 있고, 일간을 제외한 다른 곳에 편관이나 정관에 해당하는 목(木) 오행이 없으므로 월상일위 편관격이다. 사주의 주인공은 국가대표 축구선수 김남일이다.

월상일위 정관격

❶ 분석

월상일위 정관격이란 월상에 해당하는 월간에 정관이 있고, 일간을 제외한 사주에 정관과 같은 오행이 없는 경우를 말한다. 즉 월간이 정관이고 사주 내에 정관과 편관이 없는 것이다. 성격 유형은 시상일위 정관격이나 시하일위 정관격과 같다.

> **POINT**
> **월상일위 정관격**
> 월간이 정관이고 사주 내에 정관과 편관이 없는 경우이다. 시상일위 정관격과 성격 유형이 같다.

❷ 사주 예

예)
```
시 일 월 연
庚 辛 丙 戊
寅 未 辰 子
```

이 사주는 월간에 병화(丙火) 정관이 있고, 일간을 제외한 다른 곳에 정관이나 편관에 해당하는 화(火) 오행이 없으므로 월상일위 정관격이다.

월상일위 편인격

❶ 분석

월상일위 편인격이란 월상에 해당하는 월간에 편인이 있고, 일간을 제외한 사주에 편인과 같은 오행이 없는 경우를 말한다. 즉 월간이 편인이고 사주 내에 편인과 정인이 없는 것이다. 성격 유형은 시상일위 편인격이나 시하일위 편인격과 같다.

POINT
월상일위 편인격
월간이 편인이고 사주 내에 편인과 정인이 없는 경우이다. 시상일위 편인격과 성격 유형이 같다.

❷ 사주 예

예1)
```
시 일 월 연
戊 癸 辛 丁
午 未 亥 未
```

이 사주는 월간에 신금(辛金) 편인이 있고, 일간을 제외한 다른 곳에 편인이나 정인에 해당하는 금(金) 오행이 없으므로 월상일위 편인격이다.

예2)

시	일	월	연
丁	丁	乙	戊 (乾)
未	酉	丑	申

이 사주는 월간에 을목(乙木) 편인이 있고, 일간을 제외한 다른 곳에 편인이나 정인에 해당하는 목(木) 오행이 없으므로 월상일위 편인격이다. 사주의 주인공은 남성 듀오 녹색지대의 한 멤버이다.

월상일위 정인격

❶ 분석

월상일위 정인격이란 월상에 해당하는 월간에 정인이 있고, 일간을 제외한 사주에 정인과 같은 오행이 없는 경우를 말한다. 즉 월간이 정인이고 사주 내에 정인과 편재가 없는 것이다. 성격 유형은 시상일위 정인격이나 시하일위 정인격과 같다.

❷ 사주 예

예)

시	일	월	연
乙	壬	辛	丁
卯	午	亥	巳

이 사주는 월간에 신금(辛金) 정인이 있고, 일간을 제외한 다른 사주에 정인이나 편인에 해당하는 금(金) 오행이 없으므로 월상일위 정인격이다.

> **POINT**
> **월상일위 정인격**
> 월간이 정인이고 사주 내에 정인과 편재가 없는 경우이다. 시상일위 정인격과 성격 유형이 같다.

돌발퀴즈

Q 결혼을 앞둔 미혼 남녀가 다른 집의 결혼식이나 장례식에 가지 않는 이유는?

A 예로부터 결혼날짜를 잡은 처녀 총각과 임신한 여성은 초상집에 가지 말라고 어른들이 신신당부를 하였다. 좋은 일을 앞두고 나쁜 일을 보면 그 나쁜 기운이 옮겨 올까 걱정했기 때문이다. 미신이라고 폄하하기 쉽지만, 사실은 좋은 일을 앞둔 사람은 좋은 생각만 하고 좋은 일들만 보아서 행복만 가져가기를 바라는 배려로 생각할 수 있다.

또한 남의 결혼식장에 가지 말라고 했던 것은 결혼하는 신랑 신부와 결혼을 앞둔 미혼 남녀 모두를 배려한 행동으로 볼 수 있다. 결혼을 앞둔 사람이 다른 사람의 결혼식을 보고 배우자의 외모나 경제력 등을 비교하는 것을 우려한 때문이기도 하다. 더불어 남의 결혼식에서 자신의 결혼을 화제에 올리면 그 날의 주인공에게 예의가 아니라고 보았다. 이러한 배려가 오랜 세월을 지나면서 일종의 금기로 굳어진 것이다.

4 발달격

발달격이란 사주에서 어느 육친이 발달한 경우에 그 육친을 격으로 삼는 것이다. 육친은 비견, 겁재, 식신, 상관, 편재, 정재, 편관, 정관, 편인, 정인 등 모두 10개로 이루어져 있다. 이 10가지 육친 중에서 하나의 육친이 개수로는 3개(월지를 포함하는 경우에는 2개)이고 점수로는 30~45점일 때 그 육친의 발달격으로 본다. 단, 점수가 발달격의 조건에 해당하더라도 개수가 3개 이하여야 한다. 발달격은 육친의 종류대로 모두 10개의 격이 존재한다.

▼ 발달격의 종류

종류	조건
비견발달격	비견이 2~3개이면서 30~45점이고 겁재가 없는 경우
겁재발달격	겁재가 2~3개이면서 30~45점이고 비견이 없는 경우
식신발달격	식신이 2~3개이면서 30~45점이고 상관이 없는 경우
상관발달격	상관이 2~3개이면서 30~45점이고 식신이 없는 경우
편재발달격	편재가 2~3개이면서 30~45점이고 정재가 없는 경우
정재발달격	정재가 2~3개이면서 30~45점이고 편재가 없는 경우
편관발달격	편관이 2~3개이면서 30~45점이고 정관이 없는 경우
정관발달격	정관이 2~3개이면서 30~45점이고 편관이 없는 경우
편인발달격	편인이 2~3개이면서 30~45점이고 정인이 없는 경우
정인발달격	정인이 2~3개이면서 30~45점이고 편인이 없는 경우

비견발달격

❶ 분석

비견발달격이란 사주에 비견이 2~3개 있으면서 점수가 30~45점이고 겁재가 없는 경우를 말한다. 비견발달격의 특징은 내격의 비견격과 같이 리더십이 있고 자립심이 있으며, 새로운 일을 의욕적으로 해나간다.

POINT

비견발달격

사주에 비견이 개수는 2~3개 점수는 30~45점이면서 겁재가 없는 경우이다. 성격 유형은 내격의 비견격과 같다.

❷ 사주 예

예1)
```
시   일   월   연
丙   甲   甲   癸 (乾)
寅   戌   子   亥
```

이 사주는 갑목(甲木) 일간이고 월간에 갑목(甲木), 시지에 인목(寅木)이 있어서 비견이 모두 3개 있고 겁재가 없다. 비견의 점수가 35점이므로 비견발달격이다.

예2)
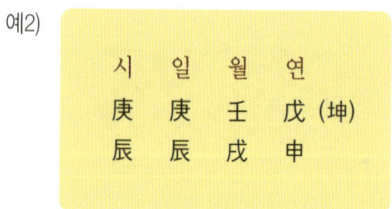
```
시   일   월   연
庚   庚   壬   戊 (坤)
辰   辰   戌   申
```

이 사주는 비견이 3개이고 점수가 30점이며 겁재가 없으므로 비견발달격이다. 사주의 주인공은 통일의 꿈을 안고 평양을 다녀와 통일의 꽃이라 불렸던 임수경이다.

겁재발달격

❶ 분석

겁재발달격이란 사주에 겁재가 개수로는 2~3개이고 점수로는 30~45점이며 비견이 없는 경우를 말한다. 겁재발달격의 특징은 내격의 겁재격과 같다.

❷ 사주 예

예1)

시	일	월	연
乙	庚	乙	乙
酉	辰	酉	巳

POINT
겁재발달격
사주에 겁재가 개수는 2~3개 점수는 30~45점이면서 비견이 없는 경우이다. 성격 유형은 내격의 겁재격과 같다.

이 사주는 일간이 경금(庚金)이고, 월지에 유금(酉金)이 있고 시지에 유금(酉金)이 있으니 겁재가 모두 2개이면서 점수는 45점이다. 또한 비견이 없으므로 겁재발달격이 되었다.

예2)

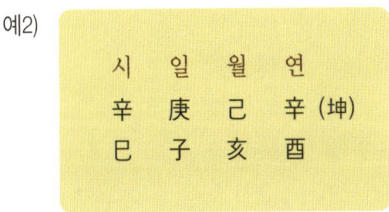

시	일	월	연
辛	庚	己	辛 (坤)
巳	子	亥	酉

이 사주는 일간이 경금(庚金)이고, 연간의 신금(辛金)과 연지의 유금(酉金) 그리고 시간의 신금(辛金) 등 모두 3개의 겁재가 있다. 또한 점수가 30점이면서 비견이 없으므로 겁재발달격이다. 사주의 주인공은 유명 댄스그룹의 여성 멤버이다.

식신발달격

❶ 분석

식신발달격이란 사주에 식신이 개수로는 2~3개이고 점수로는 30~45점이며 상관이 없는 경우를 말한다. 식신발달격의 특징은 내격의 식신격과 같다.

> **POINT**
> **식신발달격**
> 사주에 식신이 개수는 2~3개 점수는 30~45점이면서 상관이 없는 경우이다. 성격 유형은 내격의 식신격과 같다.

❷ 사주 예

예1)

시	일	월	연
壬	丁	丙	己 (坤)
寅	丑	寅	丑

이 사주는 일간이 정화(丁火)인데 식신인 음토(陰土)가 3개이고 상관이 없으므로 식신발달격이다. 사주의 주인공은 서민적인 연기를 실감나게 보여주는 탤런트 박원숙이다.

예2)

시	일	월	연
丙	丙	丁	庚 (坤)
申	辰	亥	戌

이 사주는 일간이 병화(丙火)이고 연지에 술토(戌土), 일지에 진토(辰土) 등 2개의 식신이 있고 점수로는 25점이다. 식신이 지장간으로 4개나 있어서 토(土)의 기운이 발달했다고 보므로 식신발달격이다. 사주의 주인공은 현재 상담심리사로 활동하고 있다.

상관발달격

❶ 분석

상관발달격은 사주에 상관이 개수로는 2~3개이고 점수로는 30~45점이며 식신이 없는 경우를 말한다. 상관발달격의 특징은 내격의 상관격과 같다.

❷ 사주 예

예)
시	일	월	연
壬	丁	丙	庚 (乾)
寅	卯	戌	戌

이 사주는 각각 월지와 연지에 상관 술토(戌土)가 2개 있고 점수로는 40점이다. 식신이 없으므로 상관발달격이다. 사주의 주인공은 현재 치과병원을 운영하고 있다.

편재발달격

❶ 분석

편재발달격이란 사주에 편재가 개수로는 2~3개이고 점수로는 30~45점이며 정재가 없는 경우를 말한다. 편재발달격의 특징은 내격의 편재격과 같다.

❷ 사주 예

예)
시	일	월	연
甲	甲	庚	乙 (乾)
辰	寅	辰	酉

이 사주는 월지와 시지에 편재 진토(辰土)가 2개 있고 점수로는 40점이다. 정재가 없고 편재가 발달하였으므로 편재발달격이다. 사주의 주인공은 농협 전무로 있다가 퇴직하였다.

POINT

상관발달격

사주에 상관이 개수는 2~3개 점수는 30~45점이면서 식신이 없는 경우이다. 성격 유형은 내격의 상관격과 같다.

POINT

편재발달격

사주에 편재가 개수는 2~3개 점수는 30~45점이면서 정재가 없는 경우이다. 성격 유형은 내격의 편재격과 비슷하다.

정재발달격

POINT
정재발달격
사주에 정재가 개수는 2~3개 점수는 30~45점이면서 편재가 없는 경우이다. 성격 유형은 내격의 정재격과 같다.

① 분석

정재발달격이란 정재가 개수로는 2~3개이고 점수로는 30~45점이며 편재가 없는 경우를 말한다. 정재발달격의 특징은 내격의 정재격과 같다.

② 사주 예

예1)

시	일	월	연
丁	壬	戊	癸 (乾)
未	寅	午	丑

이 사주는 개그맨 이혁재의 사주다. 정재가 월지 오화(午火)와 시간 정화(丁火) 등 2개이고 점수로는 40점이다. 더불어 편재가 없으므로 정재발달격이다.

예2)

시	일	월	연
己	庚	己	庚 (坤)
卯	子	卯	戌

이 사주는 월지 묘목(卯木)과 시지 묘목이 정재인데 개수로는 2개이고 점수로는 45점이다. 정재가 발달되어 있으면서 편재가 없으므로 정재발달격이다. 사주의 주인공은 성우 이용순이다.

편관발달격

❶ 분석

편관발달격이란 편관이 개수로는 2~3개이고 점수로는 30~45점이며 정관이 없는 경우를 말한다. 편관발달격의 특징은 내격의 편관격과 같다.

❷ 사주 예

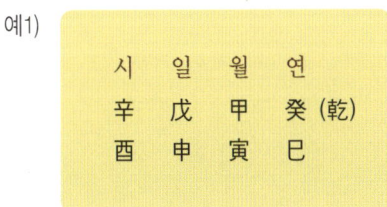

예1)

이 사주는 월주에 편관 갑인(甲寅)이 있다. 편관이 개수로는 2개이고 점수로는 40점이므로 편관발달격이다. 사주의 주인공은 사업가인데 아들이 신동으로 이름을 떨치고 있다.

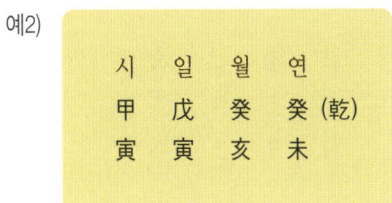

예2)

이 사주는 일지와 시간 그리고 시지에 양목(陽木)이 3개 있다. 편관이 3개 있고 40점이며 정관이 없으므로 편관발달격이다. 사주의 주인공은 감사원 국장으로 재직하다가 퇴직하였다.

> **POINT**
> **편관발달격**
> 사주에 편관이 개수는 2~3개 점수는 30~45점이면서 정관이 없는 경우이다. 성격 유형은 내격의 편관격과 같다.

정관발달격

POINT
정관발달격
사주에 정관이 개수는 2~3개 점수는 30~45점이면서 편관이 없는 경우이다. 성격 유형은 내격의 정관격과 같다.

❶ 분석

정관발달격이란 정관이 개수로는 2~3개이고 점수로는 30~45점이며 편관이 없는 경우를 말한다. 정관발달격의 특징은 내격의 편관격과 같다.

❷ 사주 예

예1)

시	일	월	연
丁	庚	壬	丁
丑	午	寅	丑

이 사주는 연간에 정화(丁火), 시간에 정화(丁火), 일지에 오화(午火) 등 정관이 3개이고 점수는 35점이 되어 정관이 발달하였고 편관이 없으므로 정관발달격이 되었다. 사주의 주인공은 영화배우 김지미이다.

예2)

시	일	월	연 (乾)
壬	丁	乙	己
寅	未	亥	酉

이 사주는 월지의 해수(亥水)와 시간의 임수(壬水) 등 정관이 2개 있고 점수가 40점이다. 더불어 편관이 없으므로 정관발달격이다. 사주의 주인공은 탤런트 유준상이다.

편인발달격

❶ 분석

편인발달격이란 편인이 개수로는 2~3개이고 점수로는 30~45점이며 정인이 없는 경우를 말한다. 편인발달격의 특징은 내격의 편인격과 같다.

> **POINT**
> **편인발달격**
> 사주에 편인이 개수는 2~3개 점수는 30~45점이면서 정인이 없는 경우이다. 성격 유형은 내격의 편인격과 같다.

❷ 사주 예

예1)

시	일	월	연
己	辛	己	己 (乾)
亥	巳	巳	酉

이 사주는 연간과 월간 그리고 시간에 기토(己土) 편인이 3개 있고 점수가 30점인 편인발달격이다. 사주의 주인공은 국문학 박사이고 신춘문예로 등단한 시인이다.

예2)

시	일	월	연
庚	庚	戊	庚 (坤)
辰	申	寅	申

이 사주는 월간 무토(戊土)와 시지 진토(辰土)가 편인이다. 편인의 개수가 2개이고 점수가 25점이지만, 지장간에 편인들이 숨어 있고 정인이 없으므로 편인발달격이다. 사주의 주인공은 탤런트 홍은희다.

POINT
정인발달격

사주에 정인이 개수는 2~3개 점수는 30~45점이면서 편인이 없는 경우이다. 성격 유형은 내격의 정인격과 같다.

정인발달격

① 분석

정인발달격이란 정인이 개수로는 2~3개이고 점수로는 30~45점이며 편인이 없는 경우를 말한다. 정인발달격의 특징은 내격의 정인격과 같다.

② 사주 예

예)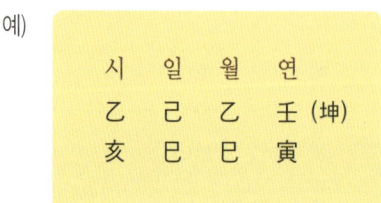

이 사주는 월지와 일지에 사화(巳火) 정인이 2개 있고 점수로는 45점이다. 여기에 편인이 없으므로 정인발달격이다. 사주의 주인공은 지방이 생활정보지 시장을 석권하였다.

5 삼합격

삼합격이란 지지에 방합 또는 삼합에 해당하는 세 글자가 모두 있는 경우를 말한다. 삼합격은 일간과 합을 하는 오행의 육친을 살펴 비견삼합격, 겁재삼합격, 식신삼합격, 상관삼합격, 편재삼합격, 정재삼합격, 편관삼합격, 정관삼합격, 편인삼합격, 정인삼합격의 10가지로 분류한다. 삼합과 방합 모두 합 오행은 음이다.

지지방합	합 오행	지지삼합	합 오행
인묘진(寅卯辰)	목(木)	인오술(寅午戌)	화(火)
신유술(申酉戌)	금(金)	신자진(申子辰)	수(水)
사오미(巳午未)	화(火)	사유축(巳酉丑)	금(金)
해자축(亥子丑)	수(水)	해묘미(亥卯未)	목(木)

비견삼합격

❶ 분석

지지에 방합이나 삼합을 이루는 세 지지가 모두 있고, 합 오행이 일간과 음양오행이 같은 경우를 말한다.

❷ 사주 예

예1) 1975년 6월 20일(음) 묘(卯)시생

시	일	월	연
己	乙	癸	乙
卯	亥	未	卯

이 사주는 을목(乙木) 일간에 해묘미(亥卯未) 삼합을 이루는 세 지지가 모두 있으므로 비견삼합격이 되었다. 사주의 주인공은 음악을 전공하고 현재 첼리스트로 활동하고 있다.

POINT

비견삼합격

지지에 방합 또는 삼합을 이루는 세 지지가 모두 있고, 합 오행이 일간과 음양오행이 같은 경우이다.

예2) 1945년 1월 23일(음) 미(未)시생

```
시   일   월   연
癸   乙   己   乙 (坤)
未   亥   卯   酉
```

이 사주는 을목(乙木) 일간에 해묘미(亥卯未) 삼합을 이루는 세 지지가 모두 있으므로 비견삼합격이다. 사주의 주인공은 우리 나라 최초의 여성 경찰서장이다.

예3) 1959년 6월 17일(음) 묘(卯)시생

```
시   일   월   연
己   乙   辛   己 (坤)
卯   巳   未   亥
```

이 사주는 을목(乙木) 일간에 해묘미(亥卯未) 삼합을 이루는 세 지지가 모두 있으므로 비견삼합격이 되었다. 2004년 현재 방송국 아나운서로 활동하고 있는 사람의 사주이다.

겁재삼합격

❶ 분석

지지에 방합이나 삼합을 이루는 세 지지가 모두 있고, 합 오행이 일간과 같고 음양은 다른 경우를 말한다.

❷ 사주 예

예1) 1942년 9월 1일(음) 인(寅)시생

시	일	월	연
庚	丙	庚	壬 (乾)
寅	申	戌	午

POINT

겁재삼합격

지지에 방합 또는 삼합을 이루는 세 지지가 모두 있고, 합 오행이 일간과 같고 음양은 다른 경우이다.

이 사주는 병화(丙火) 일간에 인오술(寅午戌) 삼합을 이루는 세 지지가 모두 있으므로 겁재삼합격이 되었다. 육군사관학교를 졸업한 후 중장으로 은퇴한 사람의 사주이다.

예2) 1964년 1월 3일(음) 묘(卯)시생

시	일	월	연
丁	甲	丙	甲 (乾)
卯	午	寅	辰

이 사주는 갑목(甲木) 일간에 인묘진(寅卯辰) 방합을 이루는 세 지지가 모두 있으므로 겁재삼합격이 되었다. 사주의 주인공은 2004년 현재 야당 국회의원이다.

식신삼합격

❶ 분석

지지에 방합이나 삼합을 이루는 세 지지가 모두 있고, 합 오행을 일간이 생하고 음양이 같은 경우를 말한다.

POINT

식신삼합격

지지에 방합 또는 삼합을 이루는 세 지지가 모두 있고, 합 오행을 일간이 생하고 음양이 같은 경우이다.

❷ 사주 예

예1) 1953년 5월 3일(음) 오(午)시생

시	일	월	연
壬	乙	戊	癸 (乾)
午	未	午	巳

이 사주는 을목(乙木) 일간에 사오미(巳午未) 방합을 이루는 세 지지가 모두 있으므로 식신삼합격이다. 또한 화(火)가 55점으로 많은 식상다신약 사주이다. 뛰어난 화술로 목회활동에 성공한 목회자의 사주이다.

예2) 1955년 8월 30일(음) 신(申)시생

시	일	월	연
壬	己	丙	乙 (乾)
申	酉	戌	未

이 사주는 기토(己土) 일간에 신유술(申酉戌) 방합을 이루는 세 지지가 모두 있으므로 식신삼합격이다. 오랫동안 영업 분야의 일에 종사하다가 2004년 현재 신문사 사장으로 성공한 사람의 사주이다.

상관삼합격

❶ 분석

지지에 방합이나 삼합을 이루는 세 지지가 모두 있고, 합 오행을 일간이 생하고 음양이 다른 경우를 말한다.

❷ 사주 예

예1) 1960년 12월 11일(음) 진(辰)시생

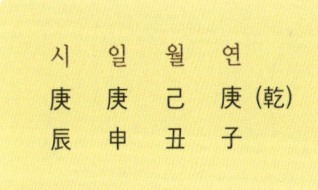

이 사주는 경금(庚金) 일간에 신자진(申子辰) 삼합을 이루는 세 지지가 모두 있으므로 상관삼합격이 되었다. 사주의 주인공은 경찰대학을 졸업하고 2004년 현재 경찰서장으로 있다.

예2) 1962년 8월 1일(음) 진(辰)시생

이 사주는 경금(庚金) 일간에 신자진(申子辰) 삼합을 이루는 세 지지가 모두 있으므로 상관삼합격이 되었다. 사주의 주인공은 판사를 지내다 퇴임하고 현재 변호사로 활동하고 있다.

POINT

상관삼합격

지지에 방합 또는 삼합을 이루는 세 지지가 모두 있고, 합 오행을 일간이 생하고 음양이 다른 경우이다.

POINT

편재삼합격

지지에 방합 또는 삼합을 이루는 세 지지가 모두 있고, 합 오행을 일간이 극하고 음양이 같은 경우이다.

편재삼합격

❶ 분석

지지에 방합이나 삼합을 이루는 세 글자가 모두 있고, 합 오행을 일간이 극하고 음양이 서로 같은 경우를 말한다.

❷ 사주 예

예1) 1967년 3월 30일(양) 오(午)시생

시	일	월	연
戊	癸	癸	丁 (乾)
午	巳	卯	未

이 사주는 계수(癸水) 일간에 사오미(巳午未) 방합을 이루는 세 지지가 모두 있으므로 편재삼합격이다. 사주의 주인공은 2004년 현재 부친의 카지노 사업을 물려받아 운영하고 있다.

예2) 1973년 5월 31일(양) 유(酉)시생

시	일	월	연
己	丁	丁	癸 (坤)
酉	卯	巳	丑

이 사주는 정화(丁火) 일간에 사유축(巳酉丑) 삼합을 이루는 세 지지가 모두 있으므로 편재삼합격이다. 개업한 치과의사의 사주이다.

예3) 1968년 11월 5일(음) 축(丑)시생

시	일	월	연
癸	戊	甲	戊 (坤)
丑	辰	子	申

이 사주는 무(戊) 일간에 신자진(申子辰) 삼합을 이루는 세 지지가 모두 있고, 합 오행인 음수(陰水)가 재성에 해당하므로 원래는 정재삼합격이다. 그러나 월지의 재성은 음으로 보기 때문에 편재삼합격이 된다. 사주의 주인공은 탤런트겸 영화배우인 최진실이다.

정재삼합격

❶ 분석

지지에 방합이나 삼합을 이루는 세 지지가 모두 있고, 합 오행을 일간이 극하고 음양이 서로 다른 경우를 말한다.

> **POINT**
> **정재삼합격**
> 지지에 방합 또는 삼합을 이루는 세 지지가 모두 있고, 합 오행을 일간이 극하고 음양이 다른 경우이다.

❷ 사주 예

예) 1954년 12월 18일(양) 진(辰)시생

시	일	월	연
丙	戊	丙	甲 (坤)
辰	申	子	午

이 사주는 무토(戊土) 일간에 신자진(申子辰) 삼합을 이루는 지지가 모두 있으므로 정재삼합격이다. 사주의 주인공은 필자의 제자로서 현재 방송국 PD로 재직 중이다.

편관삼합격

POINT
편관삼합격
지지에 방합 또는 삼합을 이루는 세 지지가 모두 있고, 합 오행이 일간을 극하고 음양이 같은 경우이다.

❶ 분석

지지에 방합이나 삼합을 이루는 세 지지가 모두 있고, 합 오행이 일간을 극하고 음양이 서로 같은 경우를 말한다.

❷ 사주 예

예1) 1969년 12월 8일(음) 사(巳)시생

시	일	월	연
辛	乙	丁	己 (乾)
巳	未	丑	酉

이 사주는 을목(乙木) 일간에 사유축(巳酉丑) 삼합을 이루는 세 글자가 모두 있으므로

편관삼합격이다. 사주의 주인공은 현재 정치학과 교수로 있다.

예2) 1940년 4월 22일(음) 오(午)시생

시	일	월	연
甲	辛	辛	庚 (乾)
午	未	巳	辰

이 사주는 신금(辛金) 일간에 사오미(巳午未) 방합을 이루는 세 지지가 모두 있으므로 편관삼합격이다. 사주의 주인공은 현재 상담심리학과 교수이자 대학의 평생교육원장으로 재직하고 있다.

예3) 1941년 12월 16일(음) 인(寅)시생

시	일	월	연
戊	乙	辛	辛 (乾)
寅	酉	丑	巳

이 사주는 을목(乙木) 일간에 사유축(巳酉丑) 삼합을 이루는 세 지지가 모두 있으므로 편관삼합격이다. 사주의 주인공은 전직 국회의원으로서 석탄공사 사장을 역임하였다.

정관삼합격

❶ 분석

지지에 방합이나 삼합을 이루는 세 지지가 모두 있고, 합 오행이 일간을 극하고 음양이 서로 다른 경우를 말한다.

POINT
정관삼합격

지지에 방합 또는 삼합을 이루는 세 지지가 모두 있고, 합 오행이 일간을 극하고 음양이 다른 경우이다.

❷ 사주 예

예1) 1905년 8월 24일(음) 축(丑)시생

시	일	월	연
乙	甲	乙	乙 (乾)
丑	子	酉	巳

이 사주는 갑목(甲木) 일간에 사유축(巳酉丑) 삼합을 이루는 지지가 모두 있으므로 정관삼합격이다. 중국의 정치가 등소평의 사주이다.

예2) 1964년 7월 17일(음) 신(申)시생

시	일	월	연
壬	甲	癸	甲 (乾)
申	戌	酉	辰

이 사주는 갑목(甲木) 일간에 신유술(申酉戌) 방합을 이루는 세 지지가 모두 있는 정관삼합격이다. 사주의 주인공은 경제학 박사로서 젊은 나이에 반도체 회사의 부장으로 있다.

편인삼합격

❶ 분석

지지에 방합이나 삼합을 이루는 세 지지가 모두 있고, 합 오행이 일간을 생하고 음양이 서로 같은 경우를 말한다.

❷ 사주 예

예1) 1952년 10월 1일(음) 미(未)시생

시	일	월	연
丁	丁	辛	壬 (乾)
未	卯	亥	辰

> **POINT**
> **편인삼합격**
> 지지에 방합 또는 삼합을 이루는 세 지지가 모두 있고, 합 오행이 일간을 생하고 음양이 같은 경우이다.

이 사주는 정화(丁火) 일간에 해묘미(亥卯未) 삼합을 이루는 세 지지가 월일시의 지지에 모두 있으니 편인삼합격이 되었다. 사주의 주인공은 언론사에 재직하면서 대학에 출강하고 있다.

예2) 1943년 8월 7일(음) 해(亥)시생

시	일	월	연
辛	丁	庚	癸 (乾)
亥	卯	申	未

이 사주는 해묘미(亥卯未) 천문성을 갖추고 있고, 정화(丁火) 일간에 해묘미(亥卯未) 삼합을 이루는 세 지지가 모두 있으므로 편인삼합격이다. 사법시험에 합격하고 현재 변호사로 활동하는 사람의 사주이다.

정인삼합격

POINT
정인삼합격
지지에 방합 또는 삼합을 이루는 세 지지가 모두 있고, 합 오행이 일간을 생하고 음양이 다른 경우이다.

❶ 분석

지지에 방합이나 삼합을 이루는 세 지지가 모두 있고, 합 오행이 일간을 생하고 서로 음양이 다른 경우를 말한다.

❷ 사주 예

예1) 1972년 11월 9일(양) 축(丑)시생

시	일	월	연
乙	甲	辛	壬 (乾)
丑	辰	亥	子

이 사주는 갑목(甲木) 일간에 해자축(亥子丑) 삼합을 이루는 지지가 모두 있으므로 정인삼합격이다. 2004년 현재 국회의원 비서관으로 있다.

예2) 1966년 1월 18일(음) 유(酉)시생

시	일	월	연
辛	戊	庚	丙 (乾)
酉	戌	寅	午

이 사주는 무토(戊土) 일간에 인오술(寅午戌) 삼합을 이루는 세 지지가 모두 있으니 정인삼합격이다. 전 핸드볼 국가대표선수 김재환의 사주이다.

삼 신할머니_

우리 나라 전통문화에서 삼신할머니는 아이를 점지해준다고 믿어온 매우 친숙한 존재이다. 삼신할머니의 삼은 태아(胎兒)의 '태(胎)'를 뜻하는 순 우리말로서 탯줄을 삼줄이라고도 한다. 따라서 삼신은 태신(胎神), 즉 아기를 점지해주고 산모와 신생아를 맡아보고 수호하는 신령이라고 해석할 수 있다. 이 삼신에 할머니를 붙임으로써 임신과 생육을 담당하는 여성을 신격화하였다고 볼 수 있다. 삼신할머니가 천지인(天地人) 삼신(三神)에서 유래했다는 설도 있지만 논리적인 근거가 약하다.

한편 갓난아이의 엉덩이에 나타나는 몽고반점과 삼신할머니에 관한 흥미로운 전설이 전해진다. 몽고반점은 황인종 고유의 특징으로 갓난아이의 엉덩이에서 등에 걸쳐 나타나는 푸른 점을 말하는데, 태어난 다음에 나타나서 7~8세 때 사라진다. 이 푸른 점이 바로 삼신할머니가 아기의 엉덩이를 쳐서 세상에 내보냈기 때문에 생겨났다는 것이다.

6 기타 특별 외격

여기에서는 앞서 다룬 특별 외격 외에 신살, 합충, 천간 지지의 단순 변화, 육십갑자의 단순 변화 등 어떤 특정한 규칙이나 법칙 없이 나타나는 격들을 다룬다. 『사주명리학 초보탈출』에서 다루었던 각종 신살과 병존, 합충, 육십갑자의 단순 판단과 간단한 응용으로 격을 삼아서 한 사람의 특성을 파악해내고자 만들어낸 격들이다.

도화격

① 분석

도화격은 사주에 자오묘유(子午卯酉) 네 지지가 있을 때를 말한다. 자오묘유(子午卯

POINT

도화격

도화살 즉 자오묘유(子午卯酉) 네 지지 중 세 글자 이상이 있는 경우를 말한다. 단, 월지와 일지의 도화살은 2개로 계산한다.

酉)는 끼를 상징하는 도화살에 해당한다. 도화살의 힘이 강해져서 강력한 특징을 발휘하면 이 도화살의 영향으로 자신의 능력을 발휘할 수 있기 때문에 격이라고 부르는 것이다.

도화격은 사주 내에 자오묘유(子午卯酉)의 도화살이 3개 이상 있으면 성립된다. 단, 각각 월지와 일지를 포함해 2개만 있어도 도화격으로 본다.

❷ 사주 예

예1)

시	일	월	연
壬	丁	癸	壬 (乾)
寅	酉	卯	子

이 사주는 연지, 월지, 일지에 자묘유(子卯酉) 등 도화살이 3개 있으므로 도화격이 되었다. 사주의 주인공은 탤런트 겸 영화배우인 장동선으로서 도화격의 특징대로 연예계에 적성이 있었다. 자신의 적성대로 진로를 잘 선택하여 우리 나라의 손꼽히는 배우가 되었다.

예2)

시	일	월	연
丙	己	庚	甲 (乾)
寅	酉	午	午

이 사주는 개그맨 이홍렬의 사주이다. 연지에 오화(午火), 월지에 오화(午火), 일지에 유금(酉金) 등 연월시 지지에 도화살이 3개 있으므로 도화격이다.

예3)

```
시   일   월   연
癸   己   丙   丙 (坤)
酉   酉   申   午
```

이 사주는 영화배우 강수연의 사주다. 연지에 오화(午火), 일지에 유금(酉金), 시지에 유금(酉金) 등 도화살이 연일시 지지에 3개 있는 도화격이다. 자신의 적성에 맞는 직업을 선택하여 국제영화제에서 수상하고 월드스타라는 호칭을 얻었다.

좀더 자세히 / Close Up

도화살과 도화격

도화격에서 도화는 '복숭아 도(桃)'에 '꽃 화(花)'로서 복숭아꽃을 상징하는 격이다. 봄이 오면 어김없이 꽃망울을 터뜨리는 연분홍 복숭아꽃이야말로 꽃 중에 꽃이라 할 만하다. 그래서 예로부터 처녀들의 가슴을 설레게 하는 꽃, 젊은이들의 춘기(春氣)를 발동하게 만드는 꽃이라고 해서 도화를 신살로 만들어 도화살 또는 바람살이라고 불렀다.

특히 일반 이론에서는 도화살을 주색잡기로 가산을 탕진하고 파가(破家)하게 만드는 부정적인 신살로 묘사하고 있다. 예를 들어, 연지에 도화살이 있으면 조부모가 술과 이성문제 즉 주색으로 파가하고 죽는다고 설명한다. 월지에 도화살이 있으면 부모나 형제가 주색으로 패가망신하고, 일지에 도화살이 있으면 배우자가 주색으로 패가망신하고 이성문제로 바람 잘 날 없다고 하였다. 마지막으로 시지에 도화살이 있으면 자식이 주색으로 패가망신한다고 하였다.

그러나 필자가 이미 여러 번 언급한 것처럼 일반 이론의 도화살 해석은 이론적인 근거나 타당성이 없어서 도화살 무용론까지 나오고 있는 실정이다. 신살에 관한 초기의 순수한 학문적 해석이 점차 시간이 지나면서 일부 사이비 역학자들에 의해 사람들을 협박하여 굿이나 부적을 쓰게 만드는 도구로 전락하였고, 신살은 부정적인 내용으로 굳어지고 말았다. 그 중에서도 가장 큰 피해를 본 신살의 하나가 바로 도화살이다.

그렇다면 대덕 이론에서는 도화살과 도화격을 어떻게 판단하는가? 필자가 늘 강조하듯이 모든 사주명리학의 이론들은 장점과 단점을 함께 지니고 있다. 그런 의미에서 도화살을 인기살이라고 부른다. 인기는 장점으로 발휘하면 연예계, 방송계, 문화계, 예술계에서 두각을 나타낼 수 있지만, 잘못 발휘하면 이 남자 저 남자에게 인기 있는 여성이 되어 자신을 다스리지 못하고 패가망신하게 된다. 남성의 경우도 마찬가지다. 도화살을 잘못 발휘하면 이 여자 저 여자에게 인기가 많아서 가정이 깨지거나 음주로 허송세월하게 되는 경우가 많다. 이처럼 도화살은 잘 발휘하면 연예인이나 예술가로 대성할 수도 있고, 반대로 인기가 엉뚱한 방향으로 발휘되어 패가망신할 수도 있다.

현대에 들어서 도화격은 매우 중요한 격이 되었다. 현대는 매스컴의 시대이고 자기 PR의 시대이기 때문이다. 그리고 일반인들 역시 TV나 라디오 등 매스컴에 출연할 기회가 많아 과거에는 매스컴에서 보기 어려웠던 변호사, 의사, 요리사 등도 TV에서 쉽게 볼 수 있게 되었다. 이런 직업을 가진 사람들에게는 사주에 도화살이 많을수록 유리하다.

한편 격이란 장점을 상징하는 것이므로 신살보다는 좀더 긍정적인 의미로 작용한다. 신살에는 장점과 단점이 모두 존재하지만, 신살이 격이 되면 신살의 특징이 강하게 작용하므로 특징 중에서 장점만 나타난다.

연살도화격

POINT

연살도화격

12신살 중의 연살을 말한다. 인오술(寅午戌)년생은 월지가 묘(卯), 신자진(申子辰)년생은 월지가 유(酉), 사유축(巳酉丑)년생은 월지가 오(午), 해묘미(亥卯未年)년생은 월지가 자(子)인 경우이다.

❶ 분석

사주에 12신살 중에서 연살(年殺)이 있으면 연살도화격이라고 한다. 이 때 반드시 태어난 해로 보아 월지에 연살이 있어야 한다. 즉 인오술(寅午戌)년생은 월지가 묘(卯), 신자진(申子辰)년생은 월지가 유(酉), 사유축(巳酉丑)년생은 월지가 오(午), 해묘미(亥卯未年)년생은 월지가 자(子)가 해당하면 연살도화격이 성립된다.

연살도화격은 12신살을 활용했다기보다는, 월지의 기운이 강하게 작용하므로 월지에 도화살이 있으면 그 작용력이 더욱 강해진다는 인식에서 비롯되었다.

❷ 사주 예

예)
```
시  일  월  연
庚  壬  己  壬 (乾)
子  申  酉  子
```

이 사주의 주인공은 오랜 무명 시절을 거치고 2004년에 들어서 이름을 크게 알린 탤런트 김명민이다. 자(子)년 쥐띠생이 월지에 유(酉) 연살을 가지고 있으므로 연살도화격이 되었다.

역마격

❶ 분석

역마격은 사주에 인신사해(寅申巳亥)의 역마살이 3개 이상 있는 격을 말한다. 단, 월지와 일지에 있는 역마살은 2개로 본다.

간혹 철학관이나 점집에 가면 자녀의 사주에 역마살이 있으니 가출을 조심하라는 둥 월주에 역마살이 있으니 부모가 객사한다는 둥 역마살에 대한 부정적인 이야기를 들을 수 있다.

그러나 역마살은 한마디로 말해 활동적인 신살이다. 가출을 하거나 객사를 하는 나쁜 신살이 아니므로 부적이나 굿을 해서 풀 필요가 없다. 역마살은 단지 다른 사람에 비해 움직이는 범위가 넓음을 의미할 뿐이다. 따라서 사주에 역마살이 있는 사람이나 역마격인 사람은 활동적이고 움직임이 큰 직업을 선택하는 것이 좋다. 외교관, 무역업, 비행사, 스튜어디스, 관광안내원, 세일즈맨, 보험설계사, 군인, 경찰 등 항상 움직이며 활동하는 직업에 적성이 있다고 보면 된다.

> **POINT**
> **역마격**
> 사주에 역마살 즉 인신사해(寅申巳亥)가 3개 이상 있는 경우이다. 단, 월지와 일지의 역마살은 2개로 본다.

❷ 사주 예

예1)

시	일	월	연
戊	丙	戊	丁 (坤)
戌	子	申	亥

이 사주는 연지 해수(亥水), 월지 신금(申金) 등 2개의 역마살이 있다. 월지의 역마살은 2개로 보기 때문에 역마살이 모두 3개가 되어 역마격으로 본다. 사주의 주인공은 미국 여행 중 카지노에서 대박이 터진 탤런트 오연수의 모친이다.

예2)

시	일	월	연
壬	丁	丁	庚 (乾)
寅	卯	亥	申

이 사주는 지지에 신해인(申亥寅) 등 역마살이 3개 있는 역마격이다. 사주의 주인공은 한진그룹 회장 조중훈이다.

명예격

❶ 분석

명예격은 명예살이 있는 격을 말한다. 명예살과 마찬가지로 필자가 이름을 붙인 격이다. 명예살은 진술축미(辰戌丑未) 네 지지를 말하는데, 일반적으로 화개살 또는 고집살 또는 스님살이라고 한다. 이 살이 사주에 3개 이상 있으면 명예격이 된다. 단, 월지나 일지에 있는 명예살은 2개로 본다.

예로부터 여성의 사주팔자에 명예살 즉 고집살이 있으면 스님팔자라고 하여 부정적으로 풀이하였다. 왜 유독 여성들만 명예살을 나쁜 쪽으로 몰아갔을까? 옛날 왕권시대에서 여성들의 권위는 이루 말할 수 없이 비참한 상태였다. 아들 우선주의와 씨족 우선주의에 의해서 여성들의 권위는 모욕당하고 있었다. 여자는 그저 좋은 남자 만나 시집 잘 가는 것으로 끝이라고 보았다.

그러나 명예살 즉 고집살을 가지고 있는 여성들은 남자형제들과 차별받는 것, 남성과 차별받는 것을 고분고분하게 받아들일 수 없었다. 이렇게 자존심을 지키고자 하는 여성들의 고집이 외부적으로 나타났는데, 사회적으로 여성이 불의에 대항하여 싸우기 힘든 세상이다 보니 집을 뛰쳐나와 세상을 등지고 산으로 들어가 스님이 되는 경우가 많았다. 그래서 명예살을 화개살이라 하였다.

현대적으로 풀이하면 명예살은 화개살이나 고집살이 아니라 단순히 일에 대한 고집이 강하고 명예욕이 강할 뿐이다. 명예살이 강한 사람은 자존심이 강하고 명예욕이 강하고, 그만큼 리더십이 있고 추진력도 강하다. 명예살이 강한 사람은 타인의 지배를 받기보다 자유롭고 독립적인 직업과 명예지향적인 직업이 잘 맞는다.

> **POINT**
>
> **명예격**
>
> 사주에 명예살 즉 진술축미(辰戌丑未) 중 3개 이상이 있는 경우이다. 단, 월지나 일지에 있는 명예살은 2개로 본다.

❷ 사주 예

예)

시	일	월	연
癸	乙	己	癸 (乾)
未	丑	未	丑

이 사주는 네 지지가 전부 축(丑)과 미(未)로 이루어진 명예격이다. 또한 축미축미(丑未丑未)로 양지부잡격(兩支不雜格)을 이루었다. 사주의 주인공은 메이저리그에서 활약하고 있는 프로야구 선수 박찬호다.

백호격

> **POINT**
> **백호격**
> 사주에 갑진(甲辰), 을미(乙未), 병술(丙戌), 정축(丁丑), 무진(戊辰), 임술(壬戌), 계축(癸丑) 등의 백호대살이 3개 이상 있는 경우다. 단, 월주나 일주에 있는 백호대살은 2개로 본다.

❶ 분석

백호격은 사주에 백호대살이 3개 이상 있어서 그 특징이 강하게 나타나는 경우를 말한다. 백호대살은 갑진(甲辰), 을미(乙未), 병술(丙戌), 정축(丁丑), 무진(戊辰), 임술(壬戌), 계축(癸丑) 등 7개가 있으며, 월주나 일주에 있는 백호대살은 2개로 본다.

일반 이론에서는 백호대살이 사람을 상하게 하는 흉살로서 연주에 있으면 조상복이 없고, 월주에 있으면 부모형제가 피를 흘리고 죽고, 일주에 있으면 배우자가 피를 흘리고 죽거나 배우자와 생사이별한다고 설명한다. 만약 시지에 백호대살이 있으면 자녀와 인연이 없고 자녀가 피를 흘리고 죽게 된다고 한다. 게다가 백호대살에 해당하는 육친에게 큰 재앙이 닥친다고 한다.

그러나 어떤 신살이든지 그 신살 하나가 사람의 생사를 좌우할 만큼 큰 영향력을 발휘하지는 않는다는 것이 필자의 견해이다. 대덕 이론에서는 백호대살이 있는 사람은 지배당하는 것을 싫어하고, 대신 맡겨주고 인정해주는 것을 좋아하는 성격이라고 해석한다. 이러한 백호대살의 특징이 강하게 나타나는 백호격은 자유롭고 독립적이며 명예지향적인 성격이라고 할 수 있다.

백호격인 사람은 타인의 지배를 받기 싫어하고 맡겨주고 인정해주면 2배의 능력을 발휘한다. 명예지향적이고 자유로운 것을 좋아하기 때문에 어릴 때는 칭찬해주고 인정해주어야 스스로 열심히 노력하여 학업성취도를 높일 수 있고, 성인이 되어서는 자유로운 직장을 선택해야 안정적이고 성공적인 직장생활을 할 수 있다.

❷ 사주 예

예1)

시	일	월	연
壬	癸	癸	壬 (坤)
戌	丑	丑	寅

이 사주는 월주, 일주, 시주에 백호대살이 있는 백호격이다. 사주의 주인공은 경기도 이천에서 도자기 공장을 운영하고 있다.

예2)

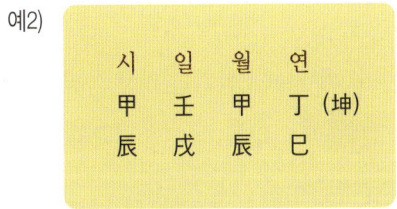

시	일	월	연
甲	壬	甲	丁 (坤)
辰	戌	辰	巳

이 사주는 유명 개그맨의 부인이며 현직 교사의 사주이다. 월주에 갑진(甲辰), 일주에 임술(壬戌), 시주에 갑진(甲辰)이 있는 백호격이다. 여성의 사주에 백호대살이 3개 이상 있어서 백호격이 되면 직업 중에서 교사나 공무원의 길을 걷는 경우가 많다.

괴강격

❶ 분석

괴강격은 사주에 괴강살이 3개 이상 있는 경우에 이루어진다. 괴강살은 무진(戊辰), 무술(戊戌), 경진(庚辰), 경술(庚戌), 임진(壬辰), 임술(壬戌)을 말한다. 단, 월지나 일지에 있는 괴강살은 2개로 본다.

괴강격인 사람은 모험을 좋아하고, 통솔력이 있으며, 타인의 지배를 받기 싫어하는 대신 맡겨주고 인정해주면 2배의 능력을 발휘한다. 더불어 명예지향적인 특징이 있다. 이러한 작용은 백호격과 양인격에서도 동일하게 나타난다.

POINT

괴강격

사주에 무진(戊辰), 무술(戊戌), 경진(庚辰), 경술(庚戌), 임진(壬辰), 임술(壬戌) 등의 괴강살이 3개 이상 있는 경우이다. 단, 월지나 일지에 있는 괴강살은 2개로 본다.

❷ 사주 예

예1)

시	일	월	연
庚	庚	庚	庚 (乾)
辰	辰	辰	寅

이 사주는 월주, 일주, 시주 모두가 괴강살인 경진(庚辰)으로 이루어진 괴강격이다. 괴강격은 독립적이고 자유로우며 명예지향적인 것이 특징이다. 사주의 주인공은 전직 국회의원 구천서로서, 오랫동안 사업을 하다가 국회의원에 당선되었고 태권도협회 회장을 역임하였다.

예2)

시	일	월	연
癸	壬	庚	丁 (乾)
卯	戌	戌	亥

이 사주는 월주에 경술(庚戌), 일주에 임술(壬戌) 등 2개의 괴강살이 있는데 월지와 일지에 있으므로 괴강격이 되었다. 괴강격은 자유롭고 명예지향적인 직업을 선호하는 것이 특징이다. 사주의 주인공은 방송인 이상벽이다.

예(3)

시	일	월	연
庚	庚	壬	戊 (坤)
辰	辰	戌	申

이 사주는 월주에 임술(壬戌), 일주에 경진(庚辰), 시주에 경진(庚辰) 등 월일시주에 3개의 괴강살이 있는 괴강격이다. 자유롭고 명예지향적이며 독립적인 성격의 소유자로서 통일의 꽃이라 불리던 임수경의 사주이다.

양인격

❶ 정의

양인격은 사주에 병오(丙午), 무오(戊午), 임자(壬子) 등의 양인살이 3개 이상인 경우를 말한다. 단, 월주와 일주에 있을 때는 2개만 있어도 작용이 커서 격으로 본다. 양인살은 백호대살이나 괴강살과 같은 작용을 한다.

POINT

양인격

사주에 병오(丙午), 무오(戊午), 임자(壬子) 등의 양인살이 3개 이상 있는 경우이다.

❷ 사주 예

예)

시	일	월	연
辛	丙	壬	丁 (坤)
卯	午	子	未

이 사주는 월주와 일주에 각각 임자(壬子)와 병오(丙午)의 양인살이 있으므로 양인격이 되었다. 사주의 주인공은 현재 산부인과 개업의로 병원 원장이다.

Close UP — 좀더 자세히

양인살의 종류

일반 이론과 대덕 이론의 양인살은 종류가 서로 다르다. 일반 이론에서는 양인살을 일간 위주로 보아 지지에 대입하고 천간 10자가 모두 작용한다고 설명한다. 그러나 대덕 이론에서 보는 양인살은 일간 위주가 아니라 사주의 어디에 있든 작용하고, 같은 기둥 즉 천간과 지지에 나란히 있어야 하며, 양(陽)만을 양인살로 본다. 그러므로 대덕 이론의 양인살은 무오(戊午), 병오(丙午), 임자(壬子)에 한정된다.

백호·괴강·양인 혼합격

POINT
백호·괴강·양인 혼합격
백호대살, 괴강살, 양인살이 서로 섞여 있는 경우로서 독립적이고 명예를 중시하는 것이 특징이다.

❶ 분석

줄여서 백괴양(白魁羊) 혼합격이라고도 한다. 백호대살, 괴강살, 양인살의 작용이 서로 비슷하므로, 이 3가지가 모두 있는 백괴양 혼합격은 백호격이나 괴강격 그리고 양인격과 비슷한 작용을 한다고 본다. 독립적이고 자유로우며 명예지향적인 특징을 가지고 있다.

❷ 사주 예

예1)

시	일	월	연
癸	癸	戊	己 (乾)
丑	丑	辰	酉

이 사주는 월주에 괴강살 무진(戊辰)이 있고, 일주와 시주에 백호대살 계축(癸丑)이 각각 있으므로 괴강살과 백호대살의 혼합격이다. 사주의 주인공은 자동차 정비소의 책임자이다.

예2)

시	일	월	연
戊	丙	丙	壬 (乾)
子	戌	午	寅

이 사주는 월주에 양인살 병오(丙午)와 일주에 백호대살 병술(丙戌)이 있으므로 양인살과 백호대살의 혼합격이다. 사주의 주인공은 현재 치과병원장이다.

예3)

시	일	월	연
甲	壬	壬	壬 (乾)
辰	辰	寅	子

이 사주는 연주에 양인살 임자(壬子)가 있고, 일주에 괴강살 임진(壬辰)이 있고, 시주에 백호대살 갑진(甲辰)이 있는 혼합격이다. 이 사주는 현직 판사의 사주이다.

예4)

시	일	월	연
壬	戊	甲	丁 (乾)
戌	午	辰	巳

이 사주는 월주에 백호대살 갑진(甲辰)이 있고, 일주에 양인살 무오(戊午)가 있고, 시주에 괴강살 임술(壬戌)이 있으므로 백괴양 혼합격이 되었다. 사주의 주인공은 2002 월드컵 4강 신화를 이룬 주역 중 한 사람으로서 진공청소기란 별명을 가진 김남일 선수이다.

금수쌍청격

POINT
금수쌍청격
사주 천간에 경금(庚金)과 임수(壬水) 또는 신금(辛金)과 계수(癸水)가 연월, 월일, 일시 등으로 함께 붙어 있는 것을 말한다.

❶ 분석

사주 천간에 금수(金水)가 함께 있는 것을 금수쌍청이라고 한다. 금수쌍청격(金水雙淸格)은 경금(庚金)과 임수(壬水) 또는 신금(辛金)과 계수(癸水)가 함께 있는 경우를 말한다. 단, 연월 또는 월일 또는 일시 등으로 서로 반드시 붙어 있는 것이 금수쌍청격의 특징이다. 금수쌍청격인 사람은 총명하고 지혜로우며 동양학에 관심이 많다.

❷ 사주 예

예1)

시	일	월	연
壬	壬	庚	乙 (坤)
子	辰	辰	卯

이 사주는 월간 경금(庚金)과 일간 임수(壬水)가 있으므로 금수쌍청격이다. 서울대 법대 재학 중 사법고시에 합격하고, 마산지법에 최연소 판사로 임명된 사람의 사주이다.

예2)

시	일	월	연
壬	辛	癸	壬 (乾)
辰	巳	丑	午

이 사주는 월간에 계수(癸水)가 있고 일간에 신금(辛金)이 있으므로 금수쌍청격이다. 사주의 주인공은 청주 사범대를 졸업하고 한양대 공대 석사과정을 수료한 후 교사로 있다가 현재 동아일보 문화센터 및 서원대학교에서 관상학 강의를 하고 있다.

예3)

시	일	월	연
壬	庚	壬	壬 (坤)
午	子	子	寅

이 사주는 월간에 임수(壬水)가 있고 일간에 경금(庚金)이 있으므로 금수쌍청격을 이루었다. 서울대 음대에 수석 합격하고 2년 후 이탈리아로 유학을 떠나 세계적인 대회에서 입상하고, 신이 내린 목소리라 극찬을 받고 있는 성악가 조수미의 사주이다.

예4)

시	일	월	연
壬	庚	丁	庚 (乾)
午	午	亥	辰

이 사주는 일간에 경금(庚金)이 있고 시간에 임수(壬水)가 있는 금수쌍청격이다. 한국 코메디언계의 황제로, 2002년에 폐암으로 사망한 이주일의 사주이다.

사고격

❶ 분석

사주의 지지에 진(辰), 술(戌), 축(丑), 미(未) 네 글자가 모두 있는 경우를 사고격(四庫格)이라고 한다. 네 글자 중 단 하나라도 빠지면 격으로 취급할 수 없다.

사고격은 2개의 격으로 볼 수도 있다. 명예격의 작용이 2배로 강해진다고 볼 수 있다. 이 격을 가진 사람은 매우 고집이 세고 지배받기 싫어하며 명예욕이 강한 자유주의자이다. 보스 기질이 있어서 리더십이 있고 사람들이 많이 따른다.

POINT

사고격

지지에 진술축미(辰戌丑未) 네 글자가 모두 있는 경우로, 매우 고집이 세고 지배받기 싫어하는 특징이 있다.

❷ 사주 예

예)
```
시  일  월  연
甲  己  乙  戊 (乾)
戌  未  丑  辰
```

이 사주는 지지 연월일시에 진축미술(辰丑未戌) 네 글자를 모두 가지고 있어 사고격을 이루었다. 고집이 매우 세고 명예지향적인 사주를 타고나서 평생 정치인으로 살아온 전 대통령 김영삼의 사주이다.

사맹격

❶ 분석

사주의 지지에 인(寅), 신(申), 사(巳), 해(亥) 네 글자가 모두 있을 때를 사맹격(四孟格)이라고 한다. 사고격과 마찬가지로 네 글자 중에 하나라도 빠지면 격이 이루어지지 않는다. 사맹격은 역마격의 작용이 2배로 강해지기 때문에 격을 2개로 볼 수 있다.

사맹격을 이룬 사람은 활동적이고 적극적이며 움직임이 매우 큰 특징이 있다. 해외를 왕래하거나 매우 움직임이 많고 활동적인 직업이 적성에 잘 맞는다.

POINT

사맹격

사주의 지지에 인(寅), 신(申), 사(巳), 해(亥) 네 글자가 모두 있는 경우로, 활동적이고 적극적인 특징이 있다.

❷ 사주 예

예)
```
시    일    월    연
戊    庚    辛    丁 (乾)
寅    申    亥    巳
```

이 사주는 지지 연월일시가 사해신인(巳亥申寅)으로 이루어져 있으므로 사맹격에 해당한다. 활동적이고 역마살의 기운이 매우 강한 것이 특징으로, 일본군 장교로 만주에서 근무하다가 대통령이 되어서도 해외를 왕래하는 등 군인과 정치인으로 매우 활동적인 삶을 살다 간 전 대통령 박정희의 사주이다.

사패격

❶ 분석

사주의 지지에 자(子), 오(午), 묘(卯), 유(酉) 네 글자가 모두 있을 때를 사패격(四敗格)이라고 한다. 사고격이나 사맹격과 마찬가지로, 자오묘유(子午卯酉) 중 어느 한 글자라도 빠져 있으면 격으로 취급할 수 없다.

사패격은 도화격의 작용이 매우 강하기 때문에 도화격이 2개 있다고 보아도 된다. 사람들에게 인기가 많고 예술이나 연예, 문화 계통에서 능력을 발휘할 수 있다.

사패(四敗)는 집안을 망하게 한다는 의미가 있어서 나쁘게 해석하지만, 이것은 일반 이론에서 도화살을 나쁘게 본 것과 같은 맥락이므로 용어의 의미에 크게 신경 쓰지 않아도 된다.

> **POINT**
>
> **사패격**
>
> 사주의 지지에 자(子), 오(午), 묘(卯), 유(酉) 네 글자가 모두 있는 경우로, 사람들에게 인기가 많고 예술이나 문화 계통에서 끼를 발휘한다.

❷ 사주 예

예)
```
시  일  월  연
戊  戊  癸  丁 (乾)
午  子  卯  酉
```

이 사주는 지지에 자오묘유(子午卯酉) 네 글자가 모두 있으므로 사패격을 이루었다. 사주의 주인공은 현재 젊은 나이에 화단에서 잘 나가는 화가로 명성을 얻고 있다.

복덕수기격

❶ 분석

사주의 천간에 을목(乙木)이 3개 있는 경우 또는 사주의 지지에 사유축(巳酉丑) 세 글자가 모두 있는 경우를 복덕수기격(福德秀氣格)이라고 한다. 복덕수기격인 사람은 명예를 소중히 하므로 명예직이나 관직으로 진출하면 자신의 능력을 발휘할 수 있다.

POINT
복덕수기격
사주의 천간에 을목(乙木)이 3개 있는 경우 또는 사주의 지지에 사유축(巳酉丑) 세 글자가 모두 있는 경우이다.

❷ 사주 예

예1)
```
시  일  월  연
乙  甲  乙  乙 (乾)
丑  子  酉  巳
```

이 사주는 연월시 천간에 을목(乙木)이 3개 있고, 지지에 사유축(巳酉丑) 세 글자가 있으므로 복덕수기격이 2개나 된다. 사주의 주인공은 중국의 정치가 등소평이다.

예2)

시	일	월	연
壬	辛	辛	辛 (乾)
辰	酉	丑	巳

이 사주는 영국의 천재 우주물리학자인 스티븐 호킹의 사주이다. 지지에 사유축(巳酉丑) 세 글자가 모두 있으므로 복덕수기격이다.

예3) 1945년 4월 18일(음) 축(丑)시생

시	일	월	연
癸	戊	辛	乙 (乾)
丑	戌	巳	酉

이 사주는 지지에 사유축(巳酉丑) 세 글자가 모두 있으므로 복덕수기격을 이루었다. 사주의 주인공은 현재 성형외과 의사이다.

재관쌍미격

❶ 분석

재관쌍미격(財官雙美格)이란 일주에 정재와 정관을 함께 가지고 있다는 의미에서 붙여진 이름이다. 예를 들어, 계사(癸巳)일과 임오(壬午)일이 해당한다.

그러나 계사일이나 임오일 출생이라고 해도 가을과 겨울에 태어난 사람은 사주가 균형을 이루고 있으므로 격으로 취급하고, 봄과 여름에 태어난 사람은 사주의 균형이 깨져 있으므로 격으로 취급하지 않는다. 한마디로 가을인 신유술(申酉戌)월과 겨울인 해자축(亥子丑)월의 임오일이나 계사일에 태어난 사람만이 재관쌍미격을 이룬다.

> **POINT**
> **재관쌍미격**
> 일주에 재성과 관성이 함께 있는 경우로, 가을인 신유술(申酉戌)월과 겨울인 해자축(亥子丑)월의 임오(壬午)일이나 계사(癸巳)일에 태어난 경우이다.

재관쌍미격을 이룬 사람의 특징은 돈과 명예를 함께 추구한다는 것이다. 단, 성격은 어떤지 잘 알 수 없다.

❷ 사주 예

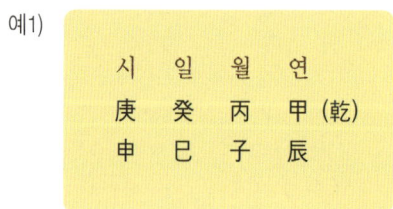

예1)

이 사주는 일주에 계사(癸巳)가 있고 겨울에 태어났으므로 재관쌍미격이다. 사주의 주인공은 충북대학교 총학생회장 출신으로 현재 정치에 입문한 상태다.

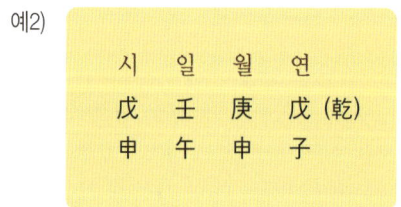

예2)

이 사주는 일주가 임오(壬午)이고 가을에 태어났으므로 재관쌍미격이다. 사주의 주인공은 2004년 현재 교수로 재직하고 있다.

천간공협격

❶ 분석

천간공협격(天干拱夾格)은 천간순식격(天干順食格)이라고도 한다. 연월일시의 천간이 연부터 시까지 순서대로 상생하거나, 반대로 시부터 연까지 상생하는 경우를 말한다. 즉 연은 월을, 월은 일을, 일은 시를 생하거나 시는 일을, 일은 월을, 월은 연을 생하는 것이다. 단, 반드시 양간(陽干)은 양간(陽干)끼리 음간(陰干)은 음간(陰干)끼리 이루어져야 한다. 천간공협격의 형태를 보면 연간부터 시간까지 또는 시간부터 연간까지 한 글자씩 건너뛰면서 진행한다.

천간공협격을 이룬 사람은 하는 일이 순조롭고 인덕이 있으며, 매사에 적극적이고 진취적이며, 명예를 중시하고 자유로운 직업을 선택하는 것이 좋다.

POINT
천간공협격
연월일시의 천간이 연부터 시까지 또는 시부터 연까지 순서대로 상생해가는 것을 말한다.

❷ 사주 예

예)

시	일	월	연
壬	庚	戊	丙
午	戌	戌	午

이 사주는 연간부터 시간까지 병(丙)과 무(戊) 사이에 정(丁)이, 무(戊)와 경(庚) 사이에 기(己)가, 경(庚)과 임(壬) 사이에 신(辛)이 빠져 있으므로 천간공협격이 되었다.

지지공협격

❶ 분석

지지공협격(地支拱夾格)은 천간공협격과 마찬가지로 연지부터 시지까지 한 글자씩

> **POINT**
>
> **지지공협격**
>
> 사주에서 연지부터 시지까지 한 글자씩 건너뛰면서 진행하거나, 반대로 시지부터 연지까지 한 글자씩 건너뛰면서 진행하는 것을 말한다.

건너뛰면서 진행하거나, 반대로 시지부터 연지까지 한 글자씩 건너뛰면서 진행하는 것을 말한다. 지지순식상격(地支順食傷格)이라고도 한다.

지지공협격을 이룬 사람은 인덕이 있고 일의 흐름이 다른 사람에 비해 순조롭다. 명예를 중시하고 자유로운 직업이 잘 맞는다.

❷ **사주 예**

예)

시	일	월	연
甲	甲	丙	戊
子	寅	辰	午

이 사주는 시지에서 연지까지 자(子)와 인(寅) 사이에 축(丑)이 빠져 있고, 인(寅)과 진(辰) 사이에 묘(卯)가 빠져 있고, 진(辰)과 오(午) 사이에 사(巳)가 빠져 있다. 연월일시의 네 지지가 한 글자씩 건너뛰면서 흘러가므로 지지공협격이 되었다.

간지공협격

❶ **분석**

간지공협격(干支拱夾格)은 60갑자공협격이라고도 한다. 즉 60갑자의 순서에서 하나의 간지가 비어 있는 것을 말한다. 이 때 연주와 월주 사이에 하나의 육십갑자가 비어 있는 경우, 월주와 일주 사이에 하나의 육십갑자가 비어 있는 경우, 일주와 시주 사이에 하나의 육십갑자가 비어 있는 경우 등 3가지 중 하나에 해당하면 된다. 시주와 일주, 일주와 월주, 월주와 연주 사이가 역순으로 비어 있어도 똑같이 격으로 본다.

간지공협격인 사람은 인덕이 있고 명예지향적이며, 독립적이고 자유로운 타입이다.

❷ 사주 예

예1)

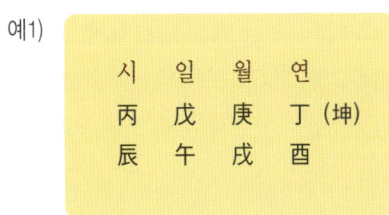

POINT
간지공협격
60갑자의 순서에서 하나의 간지가 비어 있는 사주팔자를 말한다.

이 사주는 시주와 일주 사이에 정사(丁巳)가 비어 있다. 병(丙)과 무(戊) 사이에 정(丁), 진(辰)과 오(午) 사이에 사(巳)가 순서대로 비어 있으므로 간지공협격이 되었다. 사주의 주인공은 현재 지방신문사 국장이며 언론인으로 순탄한 삶을 살고 있다.

예2)

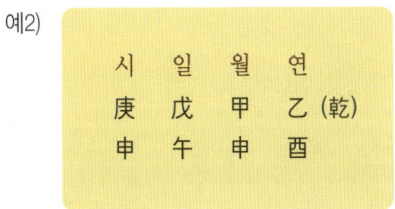

이 사주는 시주 경신(庚申)과 일주 무오(戊午) 사이에 기미(己未)가 비어 있다. 즉 무(戊)와 경(庚) 사이에 기(己)가 빠져 있고, 오(午)와 신(申) 사이에 미(未)가 비어 있으므로 간지공협격이 되었다. 사주의 주인공은 교수로 재직하다가 59세에 사망하였다.

정란차격

❶ 분석

정란차격(井欄叉格)이란 경금(庚金) 일간에 신자진(申子辰) 3개의 지지를 모두 가지고 있는 경우를 말한다. 경금(庚金)이 일간이 아닌 곳에 있으면 더욱 귀하다고 하지만 큰 차이는 없다.

POINT

정란차격
··················
경금(庚金) 일간이고 지지에 신자진(申子辰) 세 글자를 모두 갖춘 경우를 말한다.

정란차격을 이룬 사람은 지혜롭고 머리가 총명하며 학자의 성품을 가지고 있다. 자(子)월의 정란차격은 말로 하는 직업, 진(辰)월의 정란차격은 끼를 발휘할 수 있는 직업, 신(申)월의 정란차격은 사람을 상대로 하는 직업이 적성에 맞고 그 방면으로 진출하면 자신의 적성과 재능을 발휘할 수 있다.

❷ 사주 예

예)

시	일	월	연
甲	庚	丙	己
申	辰	子	亥

이 사주는 경금(庚金) 일주에 신자진(申子辰) 삼합을 이루는 세 글자가 모두 있으므로 정란차격이 되었다.

구진득위격 1

❶ 분석

무토(戊土) 일간이나 기토(己土) 일간에 수(水)가 많거나, 목(木)이 많거나, 이 두 가지를 합쳐서 많거나, 월지가 수(水)나 목(木)이고 삼합이나 방합이나 육합을 이루어 수(水)나 목(木)으로 변화할 때를 구진득위격1(句陳得位格)이라고 한다.

구진득위격1은 재다신약이나 관다신약이나 재관다신약이 되지만, 신약의 특징보다는 구진득위격1의 특징을 우선한다. 신약 사주는 모든 격에 우선하지만, 구진득위격과 현무당권격은 신약 사주보다 우선한다. 신약 사주는 격의 특징보다 더욱 강해서 독립적이고 명예지향적이지만 절제력이 약해서 인생에 굴곡이 있을 수 있다. 그러나 구진득위격과 현무당권격은 절제력과 삶을 운영해 나가는 능력이 탁월하다고 할 수 있다.

❷ 사주 예

예1)

시	일	월	연
己	戊	辛	辛 (坤)
未	寅	丑	卯

POINT

구진득위격1

일간이 무기토(戊己土)이고 지지에서 합을 하여 수국(水局)이나 목국(木局)을 이루는 경우를 말한다.

이 사주는 무토(戊土) 일간으로 한겨울에 태어났다. 축(丑)월은 수(水)로 보고, 연지의 묘목(卯木)과 일지의 인목(寅木)이 있으므로 수(水)와 목(木)이 많아서 구진득위격이 되었다. 사주의 주인공은 2004년 현재 한나라당 대표인 박근혜이다. 태어난 시간을 경신(庚申)시로 보는 경우가 있지만, 미(未)시가 더 어울린다고 본다.

예2)

시	일	월	연
癸	戊	辛	丙 (乾)
亥	午	丑	子

이 사주 역시 무토(戊土) 일간이고 한겨울에 해당되는 축(丑)월에 태어났다. 월지 분석에서 축토(丑土)는 수(水)로 보고, 해(亥)시에 태어났으며 자(子)년생이니 구진득위격이 되었다. 전 대우그룹 회장인 김우중의 사주이다.

구진득위격2

❶ 분석

구진득위격(句陳得位格)2는 무토(戊土) 일간이 지지에 화(火)가 많거나 월지에 화(火)가 있고 삼합이나 방합이나 육합을 하여 화(火)로 변화할 때를 말한다. 또는 월일시에

POINT

구진득위격2

무토(戊土) 일간에 화(火)가 많거나 월지에 화(火)가 있고 삼합이나 방합이나 육합으로 화(火)로 변하는 경우, 월일시에 화(火)가 2개 있고 목(木)이 하나 있는 경우이다. 명예와 관직 관련 분야가 잘 어울린다.

2개 정도의 화(火)가 있고 하나의 목(木)이 있어도 가능하다. 구진득위격2는 구진득위격1과 마찬가지로 명예와 관직 관련 분야에서 능력을 발휘하면 좋다.

❷ 사주 예

예)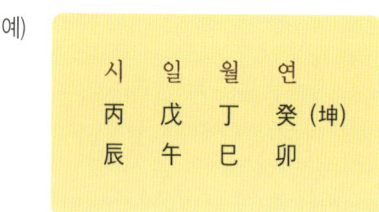

시	일	월	연
丙	戊	丁	癸 (坤)
辰	午	巳	卯

이 사주는 무토(戊土) 일간이 사(巳)월에 태어나 월지가 화(火)이다. 일지 또한 오(午)로 화(火)이고, 시지 진토(辰土)는 목(木)과 화(火)의 중간에 있으며, 연지 또한 묘목(卯)이니 구진득위격2가 되었다.

현무당권격

❶ 분석

임수(壬水) 또는 계수(癸水) 일간일 때 지지에 화(火)가 많거나 합을 하여 화(火)가 많은 경우를 현무당권격(玄武當權格)이라고 한다. 단, 반드시 월지가 사오미(巳午未) 중 하나이면서 다른 지지와 합을 이루는 경우여야 한다.

독립적이고 자유로운 것을 좋아하며, 맡은 일을 자신 있게 추진해 나가고, 배짱이나 추진력이 매우 강하다. 명예를 중시하고 열정적으로 노력한다. 사업이나 정치 방면으로 진출하거나, 일반 직장에서 일한다면 특정 부서의 책임자가 되는 것도 좋다.

현무당권격은 재다신약이지만, 신약의 특징보다는 격의 특징을 우선한다. 다른 격들은 신약의 특징이 격보다 우선하지만, 현무당권격과 구진득위격은 신약한 사주이면서도 격을 우선한다.

❷ 사주 예

예1)

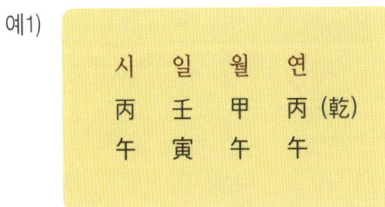

POINT
현무당권격

임수(壬水)나 계수(癸水) 일간이고 지지에 화(火)가 많거나 합을 하여 화(火)가 많은 경우를 말한다.

이 사주는 국회의원 임종석의 사주로서, 임수(壬水) 일간에 오(午)월 오(午)시 즉 한여름 한낮에 태어났다. 사주의 지지에 화(火)의 기운이 많으므로 현무당권격이다.

예2)

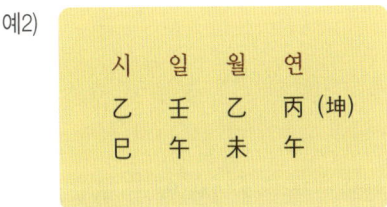

이 사주는 이름 있는 여성 건축사의 사주이다. 임수(壬水) 일간이 미(未)월 사(巳)시에 출생하였다. 한여름 한낮에 태어나 지지에 화(火) 기운이 많으므로 현무당권격이 되었다.

육임추간격

❶ 분석

육임추간격(六壬趨艮格)은 임(壬)일생이 지지에 인(寅)이 많을 때를 말하는데, 반드시 월지에 인(寅)이 있으면서 지지에 인(寅)이 많아야 한다. 특히 천간에 임(壬)이 많으면 격의 가치가 높다. 명예와 관직으로 진출하거나 독립적이고 자유로운 직업을 선택하는 것이 좋다. 고전격의 육임추간격을 응용한 것으로, 고전격의 육임추간격은 해(亥)를 불러들이지만 대덕 이론에서는 단순히 임(壬)이 많다는 차이가 있다.

POINT
육임추간격

임(壬)일생이 지지에 인(寅)이 많은 경우로 반드시 월지가 인(寅)이고 지지에 인(寅)이 많아야 한다. 특히 천간에 임(壬)이 많으면 격의 가치가 높다. 명예와 관직 또는 독립적이고 자유로운 직업이 좋다.

❷ 사주 예

예)

시	일	월	연
壬	壬	壬	壬
寅	寅	寅	寅

이 사주는 임(壬) 일간에 천간에 임(壬)이 많고 월지에 인(寅)이 있으면서 지지에 인(寅)이 많으니 육임추간격을 이루었다.

양간부잡격

❶ 분석

사주의 천간이 한 가지 오행으로만 이루어져 있고, 연월일시가 양음양음(陽陰陽陰) 또는 음양음양(陰陽陰陽)의 순서로 흘러갈 때를 말한다.

양간부잡격인 사람은 관직이나 독립적이고 자유로운 직장을 선택하면 좋다.

❷ 사주 예

예)

시	일	월	연
乙	甲	乙	甲
丑	子	亥	辰

POINT
양간부잡격

사주의 천간이 한 가지 오행만으로 이루어지고, 연월일시의 순서가 양음양음(陽陰陽陰) 또는 음양음양(陰陽陰陽)으로 이루어진 경우를 말한다.

이 사주는 연간과 월간이 갑을(甲乙)이고, 일간과 시간이 갑을(甲乙)로 이루어져 있으므로 양간부잡격이다.

천간일기격

❶ 분석

천간일기격(天干日氣格)이란 사주의 연월일시 천간이 10글자 중 하나로만 이루어진 경우를 말한다. 천원일기격(天元一氣格)이라고도 한다.

　천간일기격은 청귀(淸貴)한 격으로, 관직으로 진출하거나 독립적이고 자유로운 직장을 선택하면 적성을 살릴 수 있어서 좋다.

POINT

천간일기격

사주의 천간이 한 가지 천간으로만 이루어진 경우를 말한다.

❷ 사주 예

예1)

시	일	월	연
乙	乙	乙	乙
酉	巳	酉	酉

이 사주는 연월일시 네 천간이 을목(乙木) 하나로만 이루어져 있으므로 천간일기격이 되었다.

예2)

시	일	월	연
癸	癸	癸	癸 (坤)
亥	未	亥	卯

이 사주는 연월일시 천간이 계수(癸水) 한 가지로만 이루어진 천간일기격이다. 사주의 주인공은 현재 음악교사이다.

지지일기격

① 분석

지지일기격(地支一氣格)은 사주의 지지가 한 글자로만 이루어진 것을 말한다. 지원일기격(地元一氣格)이라고도 한다.

　지지일기격 또한 천간일기격과 같이 청귀한 격이며, 명예와 관직으로 진출하면 좋다. 여기서 명예란 이름을 얻는 것으로서 유명인이나 인기인이 되는 것을 말하고, 관직은 공무원이나 회사원 등 월급을 받는 직업을 말한다

> **POINT**
> **지지일기격**
> 사주의 네 지지가 한 가지 지지로만 이루어진 경우를 말한다.

② 사주 예

예1)

시	일	월	연
己	丁	乙	乙
酉	酉	酉	酉

이 사주는 지지 네 글자가 모두 유금(酉金)으로만 이루어져 있으므로 지지일기격이 된다.

예2)

시	일	월	연
己	丁	己	丁 (坤)
酉	酉	酉	酉

이 사주는 여성노동자위원회 회장의 사주이다. 지지 네 글자가 모두 유금(酉金)으로만 이루어진 지지일기격이다.

봉황지격

❶ 분석

사주의 천간이 한 가지 오행으로만 이루어져 있고 음양이 같으며, 지지 또한 천간을 생하는 오행이든 극하는 오행이든 한 가지 오행으로만 이루어져 있고 음양이 같은 것을 봉황지격(鳳凰之格)이라고 한다. 즉 천간이 10글자 중 어느 한 글자만으로 이루어져 있고, 지지가 12글자 중에 어느 한 글자만으로 이루어진 것이다.

한편 사주의 천간과 지지가 목화(木火), 화토(火土), 토금(土金), 금수(金水), 수목(水木)처럼 서로 생하는 오행으로 구성된 것을 양신성상격(兩神成象格)이라고 한다. 양신성상격에서 천간과 지지의 오행이 생작용을 하는 반면, 봉황지격은 생작용이든 극작용이든 상관이 없다는 점이 다르다. 이런 차이가 있지만 대덕 이론에서는 이 두 격을 통일하여 사용한다.

봉황지격을 이룬 사람은 명예와 관직과 관련된 직업으로 진출하면 좋다.

> **POINT**
> **봉황지격**
> 사주의 천간과 지지가 각각 음양이 같은 한 가지 오행으로만 이루어져 있는 것을 말한다.

❷ 사주 예

예)

시	일	월	연
戊	戊	戊	戊
午	午	午	午

이 사주는 천간이 무토(戊土)로 이루어져 있고 지지가 오화(午火)로 이루어져 있다. 천간과 지지가 각각 한 글자로만 이루어진 봉황지격이다.

팔자연주격

POINT
팔자연주격
사주팔자의 연주와 일주가 같고, 월주와 시주가 같은 것을 말한다.

❶ 분석

사주의 연월일시가 구슬을 꿰듯 이루어진 것을 말한다. 팔자연주격의 팔자(八字)는 사주팔자(四柱八字)의 준말로서 사주 여덟 글자를 말하고, 연주(連珠)는 구슬이 잘 연결되어 있다는 뜻이다. 구조적으로는 연주와 일주가 같고, 월주와 시주가 같다.

팔자연주격을 이룬 사람은 인생의 흐름이 좋고, 인덕이 있으며, 어려운 상황에서도 주위 사람들의 도움을 받아서 쉽게 벗어날 수 있다.

❷ 사주 예

예1)

시	일	월	연
丁	癸	丁	癸 (坤)
巳	丑	巳	丑

이 사주는 연주와 일주가 계축(癸丑)으로 같고, 월주와 시주가 정사(丁巳)로 같으므로 팔자연주격이 되었다. 사주의 주인공은 방송국에서 방송작가로 활동하고 있다.

예2)

시	일	월	연
辛	辛	辛	辛 (乾)
卯	亥	卯	亥

이 사주는 연주와 일주가 신해(辛亥)로 같고, 월주와 시주가 신묘(辛卯)로 같으므로 팔자연주격이 되었다. 2003년 현재 기자로서 해외유학을 준비하고 있다.

천지덕충격

❶ 분석

천지덕충격(天地德沖格)은 연과 월이 충하고, 일과 시가 충하는 것을 말한다. 단, 연월과 일시가 충하면서도 월과 일은 합이나 충이 없어야 한다.

천지덕충격은 명예와 관직을 상징하므로, 이름을 얻거나 인기를 얻어 유명인이 되거나 공무원이나 회사원처럼 직장인이 되는 것이 적성에 맞는다.

> **POINT**
> **천지덕충격**
> 연주와 월주가 충하고 일주와 시주가 충하는 것을 말한다. 단, 월과 일은 합이나 충이 없어야 한다.

❷ 사주 예

예)

시	일	월	연
辛	丁	乙	辛 (坤)
丑	未	未	丑

이 사주는 연월이 을신충(乙辛沖)과 축미충(丑未沖)을 하고, 일시가 정신충(丁辛沖)과 미축충(未丑沖)을 하면서, 월과 일에 합충이 없으므로 천지덕충격이 된다. 사주의 주인공은 현재 건축사로서 건축설계사무소를 운영하고 있다.

천지덕합격

POINT
천지덕합격
사주에서 연주와 월주가 합하고 일주와 시주가 합하는 것을 말한다. 단, 월과 일은 합이나 충이 없어야 한다.

❶ 분석

천지덕합격(天地德合格)은 연과 월이 합하고 일과 시가 합하는 것을 말한다. 단, 연월과 일시가 합을 하면서도 월과 일은 합이나 충이 없어야 한다.

천지덕합격은 명예와 관직을 상징하고, 명예를 가지고 가는 직업이나 관직에 진출하면 적성에 잘 맞는다

❷ 사주 예

시	일	월	연
乙	庚	癸	戊
酉	戌	亥	寅

이 사주는 연간 무토(戊土)와 월간 계(癸水)가 무계합(戊癸合)을 이루고, 일간 경금(庚金)과 시간 을목(乙木)이 을경합(乙庚合)을 이룬다. 또한 연지 인목(寅木)과 월지 해수(亥水)가 인해합(寅亥合)을 하고, 일지 술토(戌土)와 시지 유금(酉金)이 유술합(酉戌合)을 한다. 천간에서 연월과 일시가 합을 하고, 지지에서 연월과 일시가 합을 하는데, 월과 일은 합충이 없으므로 천지덕합격이 되었다.

천지합충격

❶ 분석

천지합충격(天地合沖格)은 연과 월이 충하고 일과 시가 합하거나, 연과 월이 합하고 일과 시가 충하는 것을 말한다. 단, 월과 일은 합과 충이 없어야 한다. 간지합충격이

라고도 한다. 명예와 관직을 상징하고, 명예를 가지고 가는 직업이나 관직으로 진출하면 적성에 맞는다.

❷ 사주 예

예)

시	일	월	연
己	甲	癸	丁 (坤)
巳	申	卯	酉

이 사주는 연간 정(丁)과 월간 계(癸)가 정계충(丁癸沖)을 하고 연지 유(酉)와 월지 묘(卯)가 묘유충(卯酉沖)을 하고, 일간 갑(甲)과 시간 기(己)가 갑기합(甲己合)을 하고 일지 신(申)과 시지 사(巳)가 사신합(巳申合)을 한다. 연월과 일시가 합하면서 월과 일은 천간과 지지에 합과 충이 없으므로 천지합충격이 되었다. 이 사주는 관직에 진출한 유명 변호사의 사주이다.

순환상생격

❶ 분석

목화토금수(木火土金水) 오행이 시계방향이든 시계 반대방향이든 순서대로 돌아가는 것을 순환상생이라고 한다. 순환상생으로 격을 이루기 위해서는 오행이 모두 순환하면(돌아가면) 사주팔자 여덟 글자 중 일곱 글자만 돌아도 가능하고, 오행 중 4개만 순환하면(돌아가면) 사주팔자 여덟 글자 모두가 돌아야 한다.

순환상생격은 인생이 순조롭고 굴곡이 적다. 매사에 꾸준하게 밀고 나가는 편이다.

**POINT
천지합충격**

간지합충격이라고도 하며, 연과 월이 충하고 일과 시가 합하거나 연과 월이 합하고 일과 시가 충하는 경우이다. 단, 월과 일은 합과 충이 없어야 한다.

**POINT
순환상생격**

사주팔자의 오행이 시계방향이나 시계 반대방향으로 흘러가는 것을 말한다.

❷ 사주 예

예1)

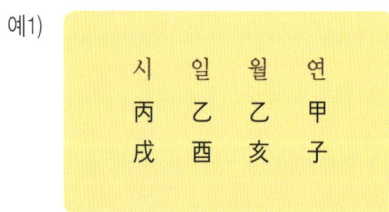

이 사주는 시계 반대방향으로 갑을을(甲乙乙)의 목(木)이 시간 병화(丙火)를 목생화(木生火)로 생하고, 병화(丙火)는 술토(戌土)를, 술토(戌土)는 유금(酉金)을, 유금(酉金)은 해자수(亥子水)를 순서대로 생하므로 순환상생격을 이루었다.

예2)

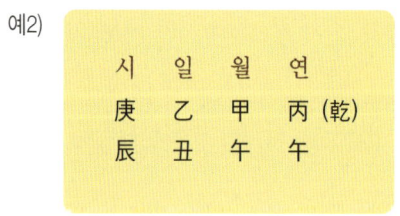

이 사주는 일간과 월간의 목(木)이 연간과 연지와 월지의 화(火)를 생하고, 연간과 연지와 월지의 화(火)가 일지와 시지의 토(土)를 생하고, 일지와 시지의 토(土)가 시간의 금(金)을 생한다. 사주 여덟 글자를 오행 중 사행이 순서대로 생하니 순환상생격이 되었다. 사주의 주인공은 MIT공대를 졸업한 재원이다.

예3)

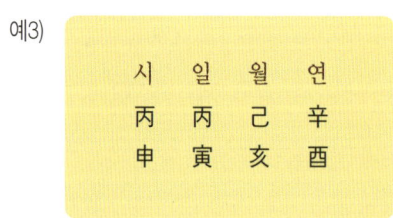

이 사주는 시간 병화(丙火)부터 시계방향으로 화생토(火生土), 토생금(土生金), 금생수(金生水), 수생목(水生木)으로 오행 5개가 사주팔자 중 일곱 글자를 순서대로 생하기 때문에 순환상생격을 이루었다.

예4)

시	일	월	연
壬	乙	癸	庚 (乾)
午	未	未	申

이 사주는 시지 오화(午火)부터 시계 반대방향으로 화생토(火生土), 토생금(土生金), 금생수(金生水), 수생목(水生木)으로 오행 5개가 모두 돌고 사주팔자 여덟 글자 중 일곱 글자를 돌아서 순환상생격이 되었다. 사주의 주인공은 2002년 현재 한의대에 재학 중이다.

대덕격 1

❶ 분석

대덕격(大德格)은 필자가 명칭을 붙인 격으로서 대덕격1과 대덕격2가 있다. 먼저 대덕격1에는 2가지가 있다. 하나는 조후로 보는 대덕격이요, 다른 하나는 신강·신약으로 보는 대덕격이다.

조후로 보는 대덕격은 원래는 추운 사주인데 합이 되어 더운 사주로 변하거나, 더운 사주인데 합이 되어 추운 사주가 되는 경우를 말한다.

신강·신약으로 보는 대덕격은 원래는 신약 사주인데 합이 되어 신강해지거나, 신강한데 합이 되어 신약해지는 경우를 말한다.

대덕격을 이룬 사람은 명예를 가지고 가는 직업이나 관직에 진출하면 좋다.

> **POINT**
> **대덕격 1**
> 원래 춥거나 더운 사주가 합을 이루어 반대로 바뀌는 경우(조후)와, 원래 신약하거나 신강한 사주가 합을 이루어 반대로 바뀌는 경우(신강·신약)를 말한다.

❷ 사주 예

예)
시	일	월	연
己	乙	辛	己 (坤)
卯	巳	未	亥

이 사주는 원래는 신약했던 사주가 해묘미(亥卯未) 삼합으로 목국(木局)을 이루니 신강한 사주가 되어 대덕격1에 해당한다. 사주의 주인공은 2003년 현재 공영 방송국의 부장으로서 아침 교양프로를 맡아 이름을 날리는 유명 프로듀서이다.

대덕격2

❶ 분석

대덕격2는 균형을 이룬 오행 3개가 서로 극하는 것을 말한다. 예를 들어, 목(木)이 30점 토(土)가 30점 수(水)가 30점으로 균형을 이룬 3개의 오행이 목극토(木剋土) → 토극수(土剋水) → 수극화(水剋火)로 이어지며 서로 극하는 것을 말한다.

대덕격2를 이룬 사주는 명예를 가지고 가는 직업이나 관직에 진출하면 좋다.

❷ 사주 예

예)

시	일	월	연
戊	丁	庚	乙 (乾)
申	卯	辰	酉

POINT

대덕격2

사주에서 3개의 오행이 각각 30점으로 균형을 이루면서 서로 극하는 경우를 말한다.

이 사주는 금(金)이 35점, 목(木)이 35점, 토(土)가 30점으로 이루어져 있다. 원래 목(木)이 25점이지만 진(辰)월은 목(木) 기운을 가지고 있으므로 10점을 더하여 목(木)이 35점이 되었다. 균형을 이룬 오행이 금극목(金剋木) → 목극토(木剋土) → 토극수(土剋水)로 이어지며 서로 극하므로 대덕격2에 해당한다. 사주의 주인공은 동아일보에 재직하다가 국장으로 퇴직하였다.

자오쌍포격

❶ 분석

자오쌍포격(子午雙包格)이란 연지와 월지가 자수(子水)이고, 일지와 시지가 오화(午火)인 경우를 말한다. 단, 연지에는 자수(子水) 대신 신금(申金)이 있어도 상관 없다.

자오쌍포격을 이룬 사람은 명예를 가지고 가는 직업이나 관직에 진출하면 좋다.

265

POINT

자오쌍포격

연지와 월지가 자수(子水)이고, 일지와 시지가 오화(午火)인 경우를 말한다. 단, 연지에 자수(子水) 대신 신금(申金)이 있어도 상관 없다.

❷ 사주 예

예1)

시	일	월	연
戊	戊	壬	壬 (乾)
午	午	子	子

이 사주는 연과 월이 자자(子子)이고 일과 시가 오오(午午)이므로 자오쌍포격을 이루었다. 독립운동가 이범석 장군의 사주이다.

예2)

시	일	월	연
戊	戊	壬	壬 (乾)
午	午	子	申

이 사주는 연월의 신자(申子)와 일시의 오오(午午)로 인해 자오쌍포격을 이루었다. 자오쌍포격에서 연지에 자수(子水) 대신 신금(申金)이 있어도 상관 없지만, 월지는 반드시 자(子)월이 되어야 한다.

천상삼기격

❶ 분석

사주 천간에 갑무경(甲戊庚) 세 글자가 모두 있을 때 천상삼기격(天上三奇格)이라고 부른다. 천상삼기격을 이룬 사람은 어려운 상황이 닥쳐도 누군가의 도움으로 다른 사람에 비해 쉽게 벗어날 수 있다. 즉 인덕이 있다고 볼 수 있다. 명예를 가지고 가는 직업이나 관직에 진출하면 좋다.

❷ 사주 예

예1)

시	일	월	연
丁	庚	甲	戊 (坤)
亥	午	寅	子

> **POINT**
> **천상삼기격**
> 사주 천간에 갑무경(甲戊庚) 세 글자가 모두 있는 경우를 말한다.

이 사주는 월간, 연간, 일간에 갑무경(甲戊庚) 세 글자가 모두 있으므로 천상삼기격이 되었다. 사주의 주인공은 현재 요리학원 원장이다.

예2)

시	일	월	연
庚	乙	甲	戊 (乾)
辰	巳	寅	申

이 사주는 천간의 연월시에 갑무경(甲戊庚)이 있으니 천상삼기격이 되었다. 영화배우 박신양의 사주이다.

예3)

시	일	월	연
甲	癸	戊	庚 (乾)
寅	丑	寅	申

이 사주는 천간의 연월시에 갑무경(甲戊庚)이 있으므로 천상삼기격을 이루었다. 통일교 교주인 문선명의 사주이다.

예4)

시	일	월	연
戊	庚	甲	戊 (乾)
寅	午	子	子

이 사주는 사주의 연월일 천간에 갑무경(甲戊庚)이 있으니 천상삼기격이 되었다. 사주의 주인공은 자민련 국회의원 이인제다.

지하삼기격

POINT

지하삼기격

사주 천간에 을병정(乙丙丁) 세 글자가 모두 있는 경우를 말한다..

❶ 분석

지하삼기격(地下三奇格)이란 사주 천간에 을병정(乙丙丁) 세 글자가 있는 경우를 말한다. 지하삼기격 또한 천상삼기격과 같이 어려운 상황에서 누군가의 도움으로 다른 사람에 비해 쉽게 벗어날 수 있다. 지하삼기격을 이룬 사람은 인덕이 있고, 명예를 가지고 가는 직업이나 관직에 진출하면 좋다.

❷ 사주 예

예)

시	일	월	연
乙	丙	庚	丁 (坤)
未	辰	戌	巳

이 사주는 사주 천간의 연일시에 정병을(丁丙乙)이 있으므로 지하삼기격이 되었다. 사주의 주인공은 현재 건축설계사로 활동하고 있다.

인간삼기격

❶ 분석

인간삼기격(人間三奇格)이란 사주 천간에 신임계(辛壬癸) 3자 모두 있는 것을 말한다. 다른 삼기격처럼 어려운 상황에서 누군가의 도움으로 다른 사람에 비해 쉽게 벗어날 수 있다. 인덕이 있고 명예를 가지고 가는 직업이나 관직에 진출하면 좋다.

> **POINT**
> **인간삼기격**
> 사주 천간에 신임계(辛壬癸) 세 글자가 모두 있는 경우를 말한다.

❷ 사주 예

예1)

시	일	월	연
辛	壬	癸	乙 (乾)
亥	午	未	巳

이 사주는 천간에 신임계(辛壬癸) 세 글자가 모두 있으므로 인간삼기격이 되었다. 사주의 주인공은 사업으로 크게 성공하였다.

예2)

시	일	월	연
辛	癸	癸	壬 (乾)
酉	丑	丑	寅

이 사주는 천간에 신임계(辛壬癸) 세 글자가 모두 있으므로 인간삼기격이 되었다. 대학에서 총학생회장으로 있다가 학생운동으로 제적을 당하고, 사법고시를 준비하다가 한의대에 편입하여 한의사가 된 사람의 사주이다.

현침격

❶ 분석

현침살은 갑오미신신(甲午未辛申) 다섯 글자를 말한다. 이 중에서 4개 이상이 사주 내에 있을 때를 현침격(顯針格)이라고 한다.

현침격을 이룬 사람은 뾰족한 도구를 가지고 하는 직업에 재능을 타고났다고 본다. 즉 의사, 한의사, 기자, 문인, 간호사, 자동차 정비, 건축설계, 디자이너 등 뾰족한 기구를 가지고 하는 직업에 적성이 있다.

POINT

현침격

사주에 갑오미신신(甲午未辛申) 다섯 글자 중 4개 이상이 있는 경우를 말한다.

❷ 사주 예

예1)

시	일	월	연
壬	乙	癸	庚 (乾)
午	未	未	申

이 사주는 지지에 신미미오(申未未午) 현침살 4개를 가지고 있으므로 현침격이 되었다. 사주의 주인공은 현재 2004년 한의대에 재학 중이다.

예2)

시	일	월	연
丙	甲	甲	丙 (乾)
寅	子	午	午

이 사주는 사주에 갑갑오오(甲甲午午)의 현침살이 4개 있으므로 현침격이 되었다. 사주의 주인공은 한의사이다.

예3)

시	일	월	연
辛	辛	辛	辛 (乾)
卯	亥	卯	亥

이 사주는 사주 천간에 신신신신(辛辛辛辛)의 현침살이 4개 있으므로 현침격이 되었다. 2002년 현재 기자이며 유학을 준비하고 있다.

천문격

POINT
천문격
천문성에 해당하는 묘술해미(卯戌亥未)가 지지에 세 글자 이상 있는 경우를 말한다. 단, 월지와 일지의 천문성은 2개로 본다.

❶ 분석

천문성은 묘술해미(卯戌亥未) 네 글자를 말하는데, 이 천문성이 지지에 세 글자 이상 있을 때를 천문격이라고 한다. 단, 월지와 일지의 천문성은 2개로 본다.

 천문격을 이룬 경우에는 사람의 생명을 다루는 직업을 선택하면 능력을 발휘할 수 있다. 사람의 생명을 다루는 직업이란 의사, 한의사, 간호사, 판사, 검사, 변호사, 역학자, 침술사, 약사, 목사 등을 말한다.

❷ 사주 예

예1)

시	일	월	연
丁	癸	午	丁 (乾)
巳	卯	亥	亥

이 사주는 연월일 지지에 해해묘(亥亥卯)의 천문성이 세 글자 있어서 천문격이 되었다. 주인공은 필자의 제자로 약사인데, 한의학에도 관심이 많아서 한약 조제에 일가견이 있다.

예2)

시	일	월	연
庚	丁	乙	丙 (乾)
子	亥	未	戌

이 사주는 연월일 지지에 술미해(戌未亥)의 천문성이 있어서 천문격이 되었다. 사주

의 주인공은 건강원을 운영하고 있으며 성업 중이다.

예3)

시	일	월	연
壬	癸	癸	戊 (坤)
子	卯	亥	戌

이 사주는 연월일 지지에 술해묘(戌亥卯) 등 천문성이 세 글자 있으므로 천문격이 되었다. 필자에게서 역학을 배웠고, 현재 목사로 목회자의 길을 걷고 있다.

예4)

시	일	월	연
丁	己	甲	戊 (乾)
卯	未	寅	戌

이 사주는 연일시 지지에 술미묘(戌未卯) 등 천문성이 세 글자 있으므로 천문격이 되었다. 사주에 나타난 대로 자신의 적성을 잘 살려 의사가 된 사람의 사주이다.

예5)

시	일	월	연
丁	乙	甲	癸 (乾)
亥	亥	子	卯

이 사주는 한국 역학계의 대가이자 필자의 스승인 고 박재완 선생의 사주이다. 지지 연일시에 묘해해(卯亥亥)의 천문성이 세 글자 있으므로 천문격이 되었다.

예6) 1945년 2월 17일(음) 술(戌)시생

```
시  일  월  연
壬  戊  己  乙 (乾)
戌  戌  卯  酉
```

이 사주는 술술(戌戌) 병존이 있고, 월일시에 묘술술(卯戌戌) 천문성이 있다. 또한 월일시 모두에 천문성이 있는 사람은 연지 유금(酉金)도 천문성으로 보기 때문에 이 사주는 천문성이 네 글자나 있다. 사주의 주인공은 내과의사이다.

예7) 1971년 4월 19일(음) 술(戌)시생

```
시  일  월  연
壬  戊  癸  辛 (乾)
戌  戌  巳  亥
```

이 사주는 술술(戌戌) 병존이 있고 연일시에 해술술(亥戌戌) 천문성이 있다. 천문성이 3개 있으므로 천문격이다. 사주의 주인공은 현재 치과의사로 병원을 개원하였다.

무무 병존격

❶ 분석

무무 병존격은 무무(戊戊) 병존, 즉 천간에 무토(戊土) 두 글자가 나란히 붙어 있는 경우를 말한다. 무무 병존격은 역마로서 활동력이 매우 크고 적극적인 성격이기 때문에 해외에 왕래하는 일이 많다.

❷ 사주 예

예1)
```
시   일   월   연
戊   戊   辛   丁 (乾)
午   子   亥   酉
```

POINT

무무 병존격

사주의 천간에 무토(戊土) 두 글자가 나란히 붙어 있는 경우를 말한다.

이 사주는 일간과 시간에 무토(戊土)가 병존하고 있으므로 무무 병존격이 되었다. TV에 활발하게 출연하고 인기 높은 변호사 고승덕의 사주이다.

예2)
```
시   일   월   연
甲   戊   戊   辛 (乾)
寅   子   戌   亥
```

이 사주는 월간과 일간에 무토(戊土)가 병존하기 때문에 무무 병존격이 되었다. 가수이자 탤런트로서 인기를 얻고 중국에서 한류열풍을 일으킨 안재욱의 사주이다.

경경 병존격

❶ 분석

경경 병존격은 사주의 천간에 경금(庚金) 두 글자가 나란히 붙어 있는 경우를 말한다. 경경 병존격 또한 역마로서 활동력이 매우 크고 움직임이 많은 직업이 잘 맞는다.

POINT

경경 병존격

사주의 천간에 경금(庚金) 두 글자가 나란히 붙어 있는 경우를 말한다.

❷ 사주 예

예1)

시	일	월	연
庚	庚	丙	癸	(乾)
辰	子	辰	卯

이 사주는 2002년 대선 당시 판사직을 그만두고 노무현 후보의 당선에 크게 기여한 박범계 변호사의 사주이다. 일간과 시간에 경금(庚金)이 나란히 붙어 있으니 경경 병존격이 되었다.

예2)

시	일	월	연
庚	庚	甲	壬	(乾)
辰	寅	辰	辰

이 사주는 일간과 시간에 경금(庚金)이 나란히 붙어 있으므로 경경 병존격이 되었다. 사주의 주인공은 중령으로 예편하고 예비군 중대장으로 있다.

술술 병존격

❶ 분석

술술병존격은 지지에 술토(戌土) 두 글자가 나란히 붙어 있는 경우를 말한다. 술술 병존격은 무무 병존격과 마찬가지로 해외 역마로서 활동력이 매우 크고 해외에 왕래하는 일이 많다.

❷ 사주 예

예1)
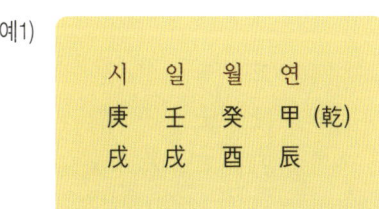

POINT

술술 병존격

사주의 지지에 술토(戌土)가 나란히 2개 있는 경우를 말한다.

이 사주는 일지와 시지에 술토(戌土)가 나란히 2개 붙어 있으므로 술술 병존격이 되었다. 사주의 주인공은 사업을 하고 있으며, 해외에 자주 왕래한다.

예2)
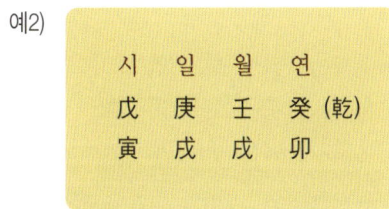

이 사주는 월지와 일지에 술술(戌戌) 두 글자가 나란히 붙어 있으므로 술술 병존격이다. 사주의 주인공은 해외유학을 다녀 오고 사법고시에 합격하여 현재 판사로 있다.

임임 병존격

❶ 분석

임임 병존격은 천간에 임수(壬水) 두 글자가 나란히 붙어 있는 경우를 말한다. 임임 병존격은 도화살이 있어서 인기를 가지고 가는 직업이 어울린다. 연예인, 문화인, 방송인, 예술인이 되면 자신의 끼를 발휘할 수 있다.

> **POINT**
> **임임 병존격**
> 사주의 천간에 임수(壬水)가 나란히 두 글자 붙어 있는 경우를 말한다.

❷ 사주 예

예1)

시	일	월	연
庚	庚	壬	壬 (乾)
辰	子	子	寅

이 사주는 탤런트 최수종의 사주이다. 연간과 월간에 임수(壬水)가 두 글자 나란히 붙어 있으므로 임임 병존격이 되었다.

예2)

시	일	월	연
癸	丁	壬	壬 (坤)
卯	卯	子	申

이 사주는 독문학을 전공하고 한국 현대문학에 큰 족적을 남긴 수필가이자 번역가인 전혜린의 사주이다. 연간과 월간에 임수(壬水) 두 글자가 나란히 붙어 있으므로 임임 병존격이 되었다.

계계 병존격

❶ 분석

계계 병존격은 사주 천간에 계수(癸水) 두 글자가 나란히 붙어 있는 경우를 말한다. 계계 병존격 또한 임임 병존격과 마찬가지로 인기를 가지고 가는 직업, 끼를 발산할 수 있는 직업을 선택하면 성공할 수 있다. 연예인, 문화인, 예술인, 방송인에 적성이 있다.

> **POINT**
> **계계 병존격**
> 사주에 천간 계수(癸水)가 나란히 붙어 있는 경우를 말한다.

❷ 사주 예

예)

시	일	월	연
癸	癸	癸	壬 (乾)
亥	丑	卯	子

이 사주는 월일시 천간에 계수(癸水)가 나란히 붙어 있으므로 계계 병존격이 되었다. 사주의 주인공은 가수, 탤런트, 영화배우 등 만능 엔터테이너로 명성을 날리고 있는 김민종이다.

대운격

❶ 분석

대운격(大運格)이란 대운에서 용신 육친이 20년 계속하여 들어오는 것이다. 같은 육친으로 들어오는 것이 가장 좋고, 조후로 들어오는 것 또한 좋다고 본다. 동일한 육친이나 조후가 아니라도 용신이 대운으로 20년 들어오면 격으로 본다.

POINT

대운격

대운에서 용신 육친이 20년 연속하여 들어오는 경우를 말한다.

❷ 사주 예

```
시  일  월  연
辛  丙  庚  丙 (乾)
卯  寅  子  申

75  65  55  45  35  25  15  5
戊  丁  丙  乙  甲  癸  壬  辛
申  未  午  巳  辰  卯  寅  丑
```

이 사주는 신경정신과 의사의 사주이다. 월지가 자수(子水)로 겨울에 태어나고 금수(金水)가 60점이며 목화(木火)가 50점이니 목화(木火)가 용신이다.

대운에서 목(木)과 화(火)가 연속적으로 30세부터 70세까지 40년 동안 들어온다. 목(木)은 인성이고 화(火)는 비겁이니, 인성이 20년으로 인성격, 비겁이 20년으로 비겁격으로 대운격이 2개가 되었다

천간삼기진귀격

❶ 분석

사주원국의 천간에 재성, 관성, 인성이 모두 있는 경우를 말한다. 이것을 다른 용어로 외삼기진귀격(外三奇眞貴格)이라고 부른다. 일반 이론에서는 칠살(편관), 상관, 겁재가 없어야 한다고 하지만 대덕 이론에서는 상관이 없다. 이 격을 이룬 사람은 인덕이 있고 명예가 따른다.

❷ 사주 예

예)
시	일	월	연
辛	甲	癸	己
未	午	酉	亥

POINT
천간삼기진귀격
사주원국의 천간에 재성, 관성, 인성이 모두 있는 경우를 말한다.

이 사주는 연간이 정재, 월간이 정인, 시간이 정관이므로 천간에 재관인(財官印)이 모두 있는 천간삼기진귀격이 되었다. 사주의 주인공은 조각가로서 대학에서 강의를 하고 있다.

지지삼기진귀격

❶ 분석

사주원국의 지지에 재성, 관성, 인성이 모두 있는 경우를 말한다. 이것을 다른 용어로 내삼기진귀격(內三奇眞貴格)이라고 한다. 일반 이론에서는 칠살(편관), 상관, 겁재가 없어야 한다고 하지만 대덕 이론에서는 상관이 없다. 인덕이 있고 명예가 따른다.

❷ 사주 예

예)
시	일	월	연
戊	辛	甲	癸
戌	亥	寅	巳

POINT
지지삼기진귀격
사주원국의 지지에 재성, 관성, 인성이 모두 있는 경우를 말한다.

이 사주는 연지에 정관, 월지에 정재, 시지에 정인이 있어서 재관인(財官印)이 지지에 모두 있는 지지삼기진귀격을 이루었다. 행시에 합격하고 현재 고위공무원으로 있는 사람의 사주이다.

간지순행격

POINT
간지순행격
사주에서 연월, 월일, 일시, 시일, 일월, 월년의 천간과 지지가 순서대로 순행하는 경우를 말한다.

❶ 분석
간지순행격(干地順行格)이란 사주원국의 천간과 지지가 순서대로 연결된 것을 말한다. 즉 연월, 월일, 일시, 시일, 일월, 월년의 천간과 지지가 순서대로 순행하는 것이다. 간지쌍련격(干地雙連格)이라고도 하며, 이 격을 이룬 사람은 인덕이 있고 사람이 따르는 편이다.

❷ 사주 예

예)

시	일	월	연
戊	丁	庚	辛
申	未	寅	亥

이 사주는 일간과 시간이 정무(丁戊)로 순행하고, 일지와 시지가 미신(未申)으로 순행하므로 간지순행격이 되었다. 전 미국 대통령 도널드 레이건의 사주이다. 간지순행격이라고 해서 무조건 성공하는 것은 아니고 종합적인 판단이 필요하다.

천간순행격

❶ 분석
사주의 연간으로부터 순서대로 연월일시가 순행하거나, 시간으로부터 순서대로 시일

월년이 순행하는 경우를 말한다. 천간연주격(天干連珠格)이라고도 한다. 이 격은 부모복이나 상사복이 있고, 이름을 얻을 수 있다.

❷ 사주 예

예) 1956년 8월 24일(음) 미(未)시생

시	일	월	연
己	戊	丁	丙
未	戌	酉	申

이 사주는 연간부터 시간까지 병정무기(丙丁戊己) 순서로 순행하기 때문에 천간순행격이 되었다. 사주의 주인공은 사법고시에 합격하고 변호사로 활동하고 있다. 단, 천간순행격을 이룬다고 해서 모두 법조인이 되는 것은 아니고 종합적인 판단이 필요하다.

지지순행격

❶ 분석

연지로부터 순서대로 연월일시가 순행하거나 시지로부터 순서대로 시일월년이 순행하는 것을 말한다. 지지연여격(地支連茹格)이라고도 하며, 지지순행격을 이룬 사람은 인격이 높고 의지가 강하며 돈과 명예가 따른다.

POINT
천간순행격
연간으로부터 연월일시가 순행하거나, 시간으로부터 순서대로 시일월년이 순행하는 경우를 말한다.

POINT
지지순행격
연지로부터 순서대로 연월일시가 순행하거나, 시지로부터 순서대로 시일월년이 순행하는 것을 말한다.

❷ 사주 예

예) 1960년 12월 5일(음) 묘(卯)시생

시	일	월	연
丁	甲	己	庚
卯	寅	丑	子

이 사주는 연월일시가 자(子), 축(丑), 인(寅), 묘(卯)로 순행하기 때문에 지지순행격이 되었다. 사주의 주인공은 박사학위를 받고 대학의 연구원으로 재직 중이다.

십간구전격

❶ 분석

십간구전격(十干具全格)은 사주의 천간과 지지의 지장간을 모두 살펴서 갑을병정무기경신임계(甲乙丙丁戊己庚申壬癸)의 천간 10자가 모두 있는 것을 말한다. 이 경우는 명예와 관직 분야에 적성이 맞고, 어떤 상황에서도 누군가의 도움을 받거나 행운이 따른다.

POINT
십간구전격
천간과 지지의 지장간에 천간 10자가 모두 있는 사주로 사람들의 도움을 받고 행운이 따른다.

❷ 사주 예

예)

시	일	월	연
辛	壬	庚	丁
丑	寅	戌	卯

이 사주는 천간에 정(丁), 경(庚), 임(壬), 신(辛) 등 네 글자가 있다. 또 연지 묘(卯)에는 을

(乙), 월지 술(戌)에는 정무신(丁戊辛), 일지 인(寅)에는 갑병무(甲丙戊), 시지 축(丑)에는 계신기(癸辛己) 등이 있어서 사주원국에 천간 10글자가 모두 있으므로 십간구전격이 되었다.

팔자순양격

❶ 분석

팔자순양격(八字純陽格)은 사주팔자 연월일시가 모두 양으로 이루어진 사주를 말한다. 양팔통격이라고도 부른다. 활동성이 크고 적극적이며 자유주의자의 기질이 강하다.

❷ 사주 예

예)

시	일	월	연
甲	丙	戊	丙
午	申	戌	辰

이 사주는 연월일시가 모두 양으로 이루어져 있어서 팔자순양격이 되었다. 전 프랑스 대통령 미테랑의 사주이다.

팔자순음격

❶ 분석

분석팔자순음격(八字純陰格)은 사주팔자 연월일시가 모두 음으로 이루어진 사주로 음팔통격이라고 부를 수 있다. 안정적이고 자신만의 공간에서 생각하고 연구하는 일에 능력을 발휘한다.

> **POINT**
> **팔자순양격**
> 연월일시가 모두 양으로 이루어진 사주로 양팔통격이라고도 한다. 활동적이고 적극적이며 자유주의자의 기질이 강하다.

POINT

팔자순음격

연월일시가 모두 음으로 이루어진 사주로 음팔통격이라고도 한다. 안정적인 성격이고 자신만의 공간에서 생각하고 연구하는 일에 능력을 발휘한다.

❷ 사주 예

예)

시	일	월	연
丁	己	辛	癸 (乾)
卯	未	酉	卯

이 사주는 연월일시가 모두 음으로 이루어져 있는 팔자순음격이다. 자신만의 공간에서 생각하고 연구하는 데 능력을 발휘하는 타입으로, 사주 주인공은 〈진달래꽃〉을 남긴 우리 나라의 대표 시인 김소월이다.

생활속 역학

사주명리학과 무속의 관계

사주명리학을 학문적으로 연구하지 않는 일반인들 중에는 사주명리학에 대한 선입관이 있는 경우가 많다. 특히 대부분의 종교인들은 사주명리학을 미신이라고 하면서 거부한다. 과연 사주명리학은 미신이나 사이비인가?

결론적으로 말하면, 사주명리학은 종교와는 전혀 관계가 없는 학문이다. 사람들이 무속과 역학의 한 갈래인 사주명리학을 혼동하고 있을 따름이다. 무속은 자신의 몸속에 들어온 잡신이나 신기(神氣)를 통해서 상대방을 파악하는 것이지만, 역학 즉 사주명리학은 생년월일시의 육십갑자를 통해 사주팔자를 분석하고 통계화하여 그 사람의 인생을 유추하고, 더불어 사주의 주인공이 스스로를 파악하고 자신의 삶을 능동적이고 주체적으로 살아나갈 수 있도록 돕는 것이 목적이다.

이렇듯 사주명리학은 이론적인 타당성이 뒷받침되어야 하고, 그러한 바탕 위해 사주 분석을 전개해 나가야 하는 등 언제나 학문적 판단을 필요로 하므로 통계학이자 상담학이다. 당연히 종교와 역학은 전혀 관련이 없고, 역학의 한 분야인 사주명리학을 미신으로 치부해서는 안 된다.

『사기(史記)』와 사마천

중국의 유명한 역사서 『사기(史記)』의 저자인 이름인 사마천(司馬遷)은 집안 대대로 태사령(太史令)이라는 직책을 이어 받았다. 태사령이 어떤 직책이었는지는 다음의 기록을 보면 잘 알 수 있다.

當天時星曆(당천시성력)
凡歲時將終 奏新生曆(범세시장종 진신생력)
凡國祭祀祀喪娶之事(범국제사상취지사)
當奏良日及時節禁忌(당주량일급시절금기)
國有瑞應災異 當記之(국유서응재이 당기지)
하늘과 시간과 별과 책력을 관장하고,
한해가 저물어 가면 다가오는 새해의 달력을 (임금에게) 바치고,
국가의 제사나 장례, 결혼 등의 일에 좋은 날이나 피해야 할 날을 관장하고 (임금에게) 바친다.
국가에 상서로운 기운이나 나쁜 기운이 있을 때 이를 기록한다.

기록에서 알 수 있듯이, 태사령은 천문을 관장하고 역법을 만들며 길일과 흉일을 택일하고 국가의 길흉을 예측하고 기록하였다. 또한 왕실의 도서관을 관장하기도 하였다. 사마천의 집안은 한나라 왕조 이전인 진나라 때부터 대대로 하늘을 살피고 일식, 월식, 홍수, 재해 등의 현상을 관찰하고 예측하며 황제의 정치가 잘 될지 변란은 없을지 등을 관장하는 태사령이란 가업을 이어왔다.

사마천의 아버지 사마담(司馬談)은 한 무제 때 태산(太山)의 봉선의식 행사에 택일을 하기도 하였다. 봉선의식이란 황제가 하늘과 땅으로부터 황제의 권위를 인정받는 의식으로서 국가의 큰 행사였다. 수도 장안(長安)에서 태산 정상까지 도로를 깔고 임시 거처인 행궁(行宮)을 세우는 대단위 토목과 건축을 거행하는 중대한 국가 대사였다. 그러나 사마담은 국가 대사인 봉선의식의 택일을 정해주고는 정작 자신은 봉선의식에 참여하지 못하여 화병으로 사망하고 말았다.

이후 사마담의 아들인 사마천이 가업을 이어받아 태사령이 되었다. 사마천은 『사기(史記)』의 「천관서(天官書)」와 「역서(曆書)」에서 천문과 역법의 원리를 체계적으로 서술해놓았을 정도로 천문과 역법에 정통하였다.

EXERCISE

KEY POINT

격이 전혀 없는 사람이 있는가 하면 여러 개의 격이 있는 사람이 있다. 격은 내격과 외격으로 나눌 수 있고, 내격과 외격의 작용력은 차이가 없다.

특수격국은 외격에 해당한다.

중기와 초기가 함께 투간된 경우에는 사주 내에서 세력이 강한 것을 우선으로 한다.

월지의 지장간이 천간에 투간되었을 때는 투간된 오행을 격으로 삼는다. 이 사주는 월지 미(未)에 기을정(己乙丁)이 암장되어 있다. 사주 천간에 기토(己土)와 정화(丁火)가 투간되어 있지만 본래의 기(氣)인 정기가 우선이므로 상관격이 된다.

실전문제

1 다음 중 격국에 대한 설명으로 맞는 것은?

① 격은 어떤 사주에서나 1개밖에 없다.
② 격은 용신과 상관관계가 깊다.
③ 격국은 내격과 외격으로 나눌 수 있다.
④ 외격보다는 내격의 작용이 강하다.
⑤ 외격은 정격(正格) 또는 정격(定格)이라고 한다.

2 다음 중 내격에 대한 용어로 옳지 않은 것은?

① 보통격국
② 정격(正格)
③ 정격(定格)
④ 특수격국
⑤ 십격

3 내격을 잡는 방법 중에서 올바르지 않은 것은?

① 월지의 지장간을 활용하여 본다.
② 월지의 지장간이 천간에 투간된 경우에는 이것으로 격을 잡는다.
③ 월지의 지장간 중에서 정기, 중기, 초기가 함께 투간된 경우에는 정기를 우선으로 한다.
④ 월지의 지장간 중에서 정기는 투간되지 않고 중기와 초기가 함께 투간된 경우에는 중기를 우선으로 한다.
⑤ 비견격이나 겁재격이 다른 격이 함께 있는 경우에는 다른 팔격이 우선한다.

4 다음 사주원국의 내격은 무엇인가?

시	일	월	연
己	丙	丁	丁
亥	午	未	未

① 비견격   ② 겁재격
③ 식신격   ④ 상관격
⑤ 편재격

KEY POINT

5 다음 사주원국의 내격은 무엇인가?

시	일	월	연
戊	甲	丙	甲
辰	寅	寅	申

① 비견격 ② 식신격
③ 편재격 ④ 정관격
⑤ 격이 없다.

> 월지 인(寅)의 지장간 갑병무(甲丙戊)가 천간에 모두 투간되어 있다. 내격에서 가장 우선하는 정기 갑(甲)이 연간에 있지만 비견격은 다른 격에 우선할 수 없으므로 제외한다. 따라서 중기와 여기 중에서 선택해야 하는데 병화(丙火)와 무토(戊土)는 편재에 해당하므로 편재격이 된다.

6 다음 사주원국의 내격은 무엇인가?

시	일	월	연
戊	戊	甲	戊
午	寅	子	子

① 비견격 ② 겁재격
③ 편관격 ④ 정재격
⑤ 격이 없다.

> 월지 자(子)는 지장간이 천간에 투간되어 있지 않은데 이런 경우에는 월지 자체가 격이 된다. 자(子)는 정재이므로 정재격이 된다.

7 다음 사주원국의 내격은 무엇인가?

시	일	월	연
壬	甲	庚	戊
申	午	申	寅

① 식신격 ② 편재격
③ 정재격 ④ 편관격
⑤ 편인격

> 월지 신(申)의 지장간 경무임(庚戊壬)이 모두 투간되어 있다. 경금(庚金)이 정기이므로 1순위로 보아 편관격이 된다.

8 내격의 편관격에 대한 설명으로 옳지 않은 것은?

① 대인관계가 뛰어나고 명예욕이 있다.
② 자신에게 맡겨주고 책임이 주어지는 곳에서는 2배의 능력을 발휘한다.
③ 자존심에 상처를 받더라도 원만하게 참고 인내하는 편이다.
④ 자신이 정한 목표가 있으면 과감하게 밀고 나간다.
⑤ 미래에 대한 열정과 목표의식이 뚜렷하고 성취력이 탁월하다.

> 타인이 자존심을 상하게 하거나 명예가 손상을 당하면 못 견디는 성격으로서 고집이 매우 세다.

KEY POINT

월지의 유(酉)는 천간에 투간되지 않아도 그 자체가 격이 된다.

9 다음 사주원국의 내격은 무엇인가?

시	일	월	연
壬	丁	乙	乙(乾)
寅	卯	酉	卯

① 월지의 지장간이 천간에 투간되어 있지 않으므로 격이 없다.
② 사주 내에 목(木)이 많으므로 인성격이 된다.
③ 월지의 유(酉)는 천간에 투간되지 않아도 그 자체가 격이 된다.
④ 월지 유(酉)가 묘유충(卯酉沖)으로 파극을 당하므로 격이 없다.
⑤ 월지 유(酉)가 힘이 없어서 격이 없다.

오행종과 육친종은 서로 힘의 강약을 구분할 수 있는 것이 아니고 각자의 특징이 존재할 뿐이다.

10 다음 중 종격에 대한 설명으로 옳지 않은 것은?

① 종격은 오행종과 육친종으로 구분할 수 있다.
② 사주에서 오행종이 있는 사람은 반드시 육친종이 존재한다.
③ 오행종이 육친종보다 강하다.
④ 종격을 가지고 있는 사람들의 특징은 독립적이고 자유로운 것을 좋아한다는 것이다.
⑤ 오행종과 육친종은 각각 5가지 종류가 있다.

종격은 내 편은 내 편끼리, 다른 편은 다른 편끼리 뭉쳐서 과다해지는 것이다.

11 다음 중 종격에 대한 설명으로 옳지 않은 것은?

① 한 오행이 사주에 차지하는 비중이 과도하게 많을 때 오행종이 된다.
② 한 육친이 사주에 차지하는 비중이 과도하게 많을 때 육친종이 된다.
③ 육친 2개가 뭉쳐서 종격이 되기도 한다.
④ 식상이 50점이고 재성이 50점이면 종식재왕격이 된다.
⑤ 사주에는 내 편에 해당하는 비견, 겁재, 정인, 편인과 다른 편에 해당하는 식신, 상관, 편재, 정재, 편관, 정관이 있는데 내 편과 다른 편이 만나 격이 된다.

12 다음 중 종격에 해당하는 것은?

① 종재관왕격　　② 종비식왕격　　③ 종식관왕격
④ 종관인왕격　　⑤ 종재인왕격

13 다음 중 오행종격에 해당하지 않는 것은?

① 곡직격　　② 염상격　　③ 종관격
④ 가색격　　⑤ 윤하격

14 다음 중 육친종격에 해당하지 않는 것은?

① 종아격　　② 종재격　　③ 종혁격
④ 종관격　　⑤ 종강격

15 다음 종격 중에서 가장 배짱이 있고 명예를 소중하게 생각하는 격은 무엇인가?

① 종아격　　② 종재격　　③ 종관격
④ 종강격　　⑤ 종혁격

16 다음 종격 중에서 언어능력과 의식주와 관련된 직업에 적성이 맞는 격은 무엇인가?

① 종아격　　② 종재격　　③ 종관격
④ 종강격　　⑤ 종왕격

17 다음 종격 중에서 사람을 상대로 하는 직업, 즉 대인관계를 중심으로 해야 하는 격은 무엇인가?

① 종아격　　② 종재격　　③ 종관격
④ 종강격　　⑤ 종왕격

KEY POINT

종격은 사주에서 내 편과 내 편, 다른 편과 다른 편이 뭉쳐서 격을 이룬다. 이 때 반드시 서로 생하는 것이 만나서 격을 이룬다.

종관격은 육친종격에 해당된다.

종혁격은 오행종의 일종으로서 금(金)이 왕할 때 이루어지는 격이다.

관성은 명예를 소중히 하고 적극적이며 배짱이 두둑하다.

종아격은 사주에 식신과 상관이 다수를 차지하는 격이므로 입을 가지고 하는 직업에 적합하다.

종왕격은 사주에 비견과 겁재가 다수를 차지하는 격이므로 사람을 상대로 하는 직업에 적합하다.

KEY POINT

종강격은 정인과 편인이 사주에 대다수를 차지하고 있는 격이므로 땅, 부동산, 건축과 관련된 직업이 어울린다.

18 다음 종격 중 땅, 부동산, 건축 관련 직업에 어울리는 격은 무엇인가?
① 종아격   ② 종재격   ③ 종관격
④ 종강격   ⑤ 종왕격

종왕격은 비견과 겁재가 사주에 많은 것으로 군겁쟁재 중의 하나로 본다.

19 다음 중 종격과 잘못 짝지어진 것은?
① 종아격 — 식상다신약   ② 종재격 — 재다신약   ③ 종관격 — 관다신약
④ 종강격 — 인다신약   ⑤ 종왕격 — 비다신약

염상격은 화(火)의 기질이 강한 격으로, 화(火)는 오행 중에서 가장 양적인 기질이 강하다.

20 다음 오행종 중에서 양적인 기질이 강한 것은 무엇인가?
① 곡직격   ② 염상격   ③ 가색격
④ 종혁격   ⑤ 윤하격

윤하격은 수(水)의 기질이 강한 격으로, 수(水)는 오행 중에서 가장 음적인 기질이 강하다.

21 다음 오행종 중에서 음적인 기질이 강한 것은 무엇인가?
① 곡직격   ② 염상격   ③ 가색격
④ 종혁격   ⑤ 윤하격

월지 미(未)는 화(火)로 보므로 화(火)가 90점이다. 또한 을목(乙木)은 불의 땔감이 되므로 화(火)가 극도로 왕성해진다. 화(火)는 재성이므로 종재격이 된다.

22 다음 중 종재격에 해당하는 사주는?

①
시	일	월	연
丁	癸	乙	丙
巳	巳	未	午

②
시	일	월	연
乙	甲	癸	丁
亥	寅	卯	巳

③
시	일	월	연
戊	乙	己	庚
寅	卯	卯	寅

④
시	일	월	연
丁	丙	丙	戊
丑	辰	辰	申

⑤
시	일	월	연
庚	丁	乙	癸
子	卯	卯	卯

23 다음 중 윤하격의 사주는 무엇인가?

①
시	일	월	연
辛	丁	壬	壬
亥	亥	子	寅

②
시	일	월	연
甲	丙	丙	丁
午	午	午	未

③
시	일	월	연
丁	甲	丙	甲
卯	寅	寅	午

④
시	일	월	연
乙	庚	辛	癸
酉	申	酉	丑

⑤
시	일	월	연
戊	甲	戊	丙
辰	辰	戌	申

> **KEY POINT**
>
> 윤하격은 수종격을 말하므로 수(水)가 80점인 ①번이 윤하격이다.

24 다음 중 종아격의 사주는 무엇인가?

①
시	일	월	연
甲	丁	壬	辛
辰	丑	辰	丑

②
시	일	월	연
丁	癸	乙	丙
巳	巳	未	申

③
시	일	월	연
戊	乙	己	庚
寅	卯	卯	寅

④
시	일	월	연
庚	庚	壬	戊
辰	辰	戌	申

⑤
시	일	월	연
壬	丁	癸	壬
寅	酉	卯	子

> 종아격이란 식상이 80점 이상인 것을 말한다. ①번 사주는 식상이 70점이고 일간의 생을 받으므로 종아격이다.

KEY POINT

신왕을 판단할 때는 비견, 겁재, 정인, 편인을 본다.

25 왕왕격에 대한 설명으로 옳지 않은 것은?

① 신왕은 일간과 오행이 같은 비견과 겁재만을 말한다.
② 왕은 점수가 40~60점인 경우이다.
③ 식상왕은 식상이 40~60점인 경우이다.
④ 식재왕은 식상과 재성의 세력이 비슷하면서 둘의 합이 40~60점이다.
⑤ 재관왕은 재성과 관성의 세력이 비슷하면서 둘의 합이 40~60점이다.

①번 사주가 비견과 겁재가 60점, 식신과 상관이 50점이므로 신왕식상왕격이다.

26 다음 사주에서 신왕식상왕격에 해당하는 사주는?

①
시	일	월	연
壬	癸	乙	癸
子	亥	卯	卯

②
시	일	월	연
丁	庚	丁	乙
丑	申	亥	卯

③
시	일	월	연
壬	丙	壬	甲
辰	申	申	寅

④
시	일	월	연
庚	丁	乙	癸
子	卯	卯	卯

⑤
시	일	월	연
丁	丙	丙	戊
丑	辰	辰	申

⑤번 사주가 정인과 편인이 25점, 비견과 겁재가 25점, 편관이 50점이므로 신왕관왕격 사주가 된다.

27 다음 사주에서 신왕관왕격에 해당하는 사주는?

①
시	일	월	연
庚	庚	辛	辛
子	戌	丑	丑

②
시	일	월	연
戊	辛	乙	戊
子	丑	卯	寅

③
시	일	월	연
癸	壬	己	戊
卯	申	未	午

④
시	일	월	연
戊	戊	庚	癸
午	戌	申	卯

⑤
시	일	월	연
癸	丙	辛	壬
巳	寅	亥	寅

28 다음 중 왕왕격 사주가 아닌 것은?

①
시	일	월	연
戊	戊	丙	甲
午	戌	寅	寅

②
시	일	월	연
丙	壬	癸	甲
午	午	酉	寅

③
시	일	월	연
庚	壬	甲	丙
子	子	午	午

④
시	일	월	연
庚	壬	壬	乙
子	子	午	巳

⑤
시	일	월	연
庚	庚	壬	壬
辰	寅	寅	寅

KEY POINT

⑤번 사주가 사주에서 내 편인 편인이 10점, 비견이 20점으로 모두 30점이므로 신왕하지 않다.

29 다음 중 귀격에 대한 설명으로 옳지 않은 것은?

① 시상일위 귀격은 내격과 마찬가지로 8개의 격으로 이루어져 있다.
② 귀격에는 시상일위, 시하일위, 월상일위 등 3가지 종류가 있다.
③ 시상일위 귀격은 시간에 어떤 한 오행이 있고 일간을 제외한 사주 내에 그 오행과 같은 오행이 없을 때를 말한다.
④ 시상일위 비견격은 시간에 있는 오행이 일간과 같고 일간을 제외한 사주 내에는 같은 오행이 없을 때를 말한다.
⑤ 시상일위 식신격이란 시간에 식신이 있고 사주 내에 식상이 없는 것을 말한다.

시상일위 귀격은 총 10개의 격으로 이루어져 있다.

30 다음 중 월상일위 귀격에 대한 설명으로 옳지 않은 것은?

① 월상일위 비견격은 시상일위 비견격과 성격 유형이 같다.
② 월상일위 편관격은 월간에 편관이 있고 사주 내에 관성이 없는 것이다.
③ 월상일위 상관격은 관성을 극하므로 직장생활이 힘들다.
④ 월상일위 정인격은 월간에 정인이 있고 정인과 같은 오행이 사주 내에 없어야 한다.
⑤ 월상일위 편인격은 화가, 음악가, 탤런트, 가수, 발명가, 운동선수 등의 직업이 어울린다.

월상일위 상관격은 언어능력과 관련되므로 입을 가지고 하는 직업에 적합하다.

KEY POINT

연지와 관련된 귀격은 없다.

31 다음 사주에서 귀격에 대한 설명으로 옳지 않은 것은?

```
시 일 월 연
戊 戊 甲 己
午 辰 戌 酉
```

① 월간에 갑목(甲木)이 있고 사주 내에 목(木) 오행이 없으니 귀격이 된다.
② 시지에 오화(午火)가 있고 사주 내에 화(火) 오행이 없으니 귀격이 된다.
③ 월간 갑목(甲木)이 편관에 해당하고 사주 내에 편관과 정관이 없으니 귀격이 된다.
④ 연지에 유금(酉金)이 있고 사주 내에 금(金) 오행이 없으니 귀격이 된다.
⑤ 시하일위 귀격은 공부와 관련된 직업이 적합하다.

이 사주는 시상일위 식신격, 시하일위 정관격, 월상일위 편인격 등 3가지 귀격이 있다.

32 다음 사주에서 귀격에 대한 설명으로 옳지 않은 것은?

```
시 일 월 연
戊 丙 甲 丙
子 午 午 午
```

① 이 사주에는 3개의 귀격이 있다.
② 이 사주에는 시상일위 식신격이 있다.
③ 이 사주는 월간에 갑목(甲木)이 있고 일간을 제외한 사주에 목(木) 오행이 없으므로 격이 된다.
④ 이 사주는 시지에 귀격이 있으므로 시하일위 정관격이라고 부른다.
⑤ 이 사주에는 귀격 중에 편관격이 있다.

33 다음 중 비견발달격에 대한 설명으로 옳지 않은 것은?

① 비견이 2개이고 45점이면서 겁재가 사주에 없으면 비견발달격이다.
② 비견이 3개이고 30점이면서 겁재가 사주에 없으면 비견발달격이다.
③ 비견발달격은 내격의 비견격과 작용이 비슷하다.
④ 비견발달격은 시상일위 비견격과 작용이 비슷하다.
⑤ 비견발달격은 군겁쟁재 사주와 작용이 비슷하다.

34 다음 격 중에서 사업을 하면 가장 좋은 격은?

① 비견발달격　② 비겁발달격　③ 식신발달격
④ 상관발달격　⑤ 편재발달격

35 다음 중 가장 배짱 있고 리더십이 있는 격은?

① 비견발달격　② 편관발달격　③ 정재발달격
④ 식신발달격　⑤ 정인발달격

36 다음 중 성격이 안정적이고 생각지향적인 타입끼리 짝지어진 것은?

① 식신발달격 - 정인삼합격　② 편인발달격 - 편인삼합격
③ 편재발달격 - 편관삼합격　④ 상관발달격 - 편재삼합격
⑤ 정인발달격 - 비견삼합격

37 발달격과 삼합격에 대한 설명으로 옳지 않은 것은?

① 삼합격에는 10개의 격이 존재한다.
② 발달격에는 10개의 격이 존재한다.
③ 삼합격은 합 중에서도 삼합만을 활용한다.
④ 삼합격은 합에 해당하는 3개의 글자가 모두 있어야 한다.
⑤ 발달격의 육친격과 삼합격의 육친격이 같으면 성격 유형 또한 비슷하다.

KEY POINT

비견발달격과 비슷한 작용을 하는 격은 내격의 비견격, 외격의 시상일위 비견격, 시하일위 비견격, 월상일위 비견격, 비견삼합격이다.

편재발달격은 사업이나 장사 등이 잘 어울리는 격이다.

편관발달격은 적극적이고 활동적이며 배짱 있고 리더십이 있다.

식신발달격과 정인발달격은 안정적이고 선비적인 성격이다.

삼합격은 합에 해당하는 세 글자가 모두 있어야 한다. 예를 들어, 인오술(寅午戌) 삼합이면 이 세 글자가 모두 있어야 삼합격이 성립된다. 그리고 삼합과 방합 또한 삼합격이 될 수 있다.

KEY POINT

무무(戊戊) 병존격은 해외 역마와 관련된 격이다.

38 다음 중 도화살과 관련된 격이 아닌 것은?

① 계계(癸癸) 병존격
② 임임(壬壬) 병존격
③ 자오묘유(子午卯酉)
④ 무무(戊戊) 병존격
⑤ 사패격

해설 정답은 ①번이다. 갑갑(甲甲) 병존격은 속하지 않는다.

39 다음 중 역마살과 관련된 격이 아닌 것은?

① 갑갑(甲甲) 병존격
② 인신사해(寅申巳亥)
③ 무무(戊戊) 병존격
④ 술술(戊戊) 병존격
⑤ 사맹격

사맹격은 사주 내에 인신사해(寅申巳亥) 네 글자가 모두 있는 것으로 역마살과 관련이 있다.

40 다음 중 고집이 세고 명예를 소중히 생각하는 격이 아닌 것은?

① 괴강격
② 백호격
③ 사맹격
④ 사고격
⑤ 양인격

금수쌍청격은 리더십과 추진력과는 무관한 격이다.

41 금수쌍청격에 대한 설명으로 옳지 않은 것은?

① 신계(辛癸)가 나란히 붙어 있으면 금수쌍청격이다.
② 리더십과 추진력이 뛰어나 지도력이 있다.
③ 머리가 총명하고 지혜롭다.
④ 동양학이나 종교학 등에 관심이 많다.
⑤ 경임(庚壬) 두 글자가 나란히 붙어 있으면 금수쌍청격이다.

역마격은 활동성이 있지만, 배짱이나 적극성과는 별개이다.

42 역마격에 대한 설명으로 옳지 않은 것은?

① 활동적이고 움직임이 많은 직업이 좋다.
② 군인, 경찰 등의 직업에도 어울린다.
③ 배짱이 있고 적극적인 타입의 성격이다.
④ 술술(戊戊) 병존격은 해외 역마와 관련이 있다.
⑤ 외교관, 스튜어디스, 비행사 등의 직업에 어울린다.

43 다음 중에서 신약사주이면서도 격의 작용이 우선하는 격은?

① 현무당권격　② 양간부잡격　③ 천간일기격
④ 재관쌍미격　⑤ 복덕수기격

KEY POINT

현무당권격은 재다신약 사주이지만 재다신약보다 우선한다. 일반적인 재다신약은 격의 특징보다 재다신약의 특징이 우선하여 나타나는 경우가 많다.

44 복덕수기격에 대한 설명으로 옳지 않은 것은?

① 을목(乙木)이 세 글자 있으면 복덕수기격이다.
② 사유축(巳酉丑) 세 글자가 붙어 있어야만 복덕수기격이다.
③ 명예를 얻거나 관직에 진출하는 것이 좋다.
④ 을목(乙木) 세 글자가 서로 붙어 있지 않고 떨어져 있어도 격이 이루어진다.
⑤ 복덕격(福德格) 또는 금신격(金神格)이라고도 부른다.

사유축(巳酉丑) 세 글자가 있으면 복덕수기격이 되는데, 서로 붙어 있지 않고 떨어져 있어도 격이 성립된다.

45 백호격에 대한 설명으로 옳지 않은 것은?

① 백호격은 괴강격, 양인격과 작용이 비슷하다.
② 지배받기 싫어하며 맡겨주고 인정해주는 직업이 잘 맞는다.
③ 독립적이고 자유주의자의 기질이 있다.
④ 백호격은 백호대살이 일주에 있으면 이루어진다.
⑤ 백호격이 있으면 배우자가 피를 흘리고 죽는다는 것은 타당하지 않다.

백호대살이 사주 내에 3개 이상 있어야 격이 성립된다. 일반적으로 백호대살이 연주에 있으면 조부모가, 월주에 있으면 부모형제가, 일주에 있으면 배우자가, 시주에 있으면 자식이 피를 흘리고 죽는다고 하는데 전혀 타당성이 없다.

46 봉황지격에 대한 설명에 대하여 옳지 않은 것은?

① 봉황지격은 양신성상격이라고도 부른다.
② 봉황지격에는 천원일기격이 있다.
③ 봉황지격에는 지원일기격이 있다.
④ 봉황지격은 양간부잡격이라고도 부른다.
⑤ 봉황지격은 명예와 관직으로 진출하면 좋다.

봉황지격은 양신성상격이라고도 한다.

KEY POINT

팔자연주격에는 성격이 나타나지 않는다.

47 팔자연주격에 대한 설명으로 옳지 않은 것은?

① 사주의 연월일시가 구슬을 꿰듯 구성된 것을 말한다.
② 연주와 일주가 같고, 월주와 시주가 같은 것을 말한다.
③ 인생의 흐름이 좋고 인덕이 있다.
④ 팔자연주격을 줄여서 연주격이라고 부르기도 한다.
⑤ 독립적이고 자유로우며 적극적이다.

순환상생격은 오행인 목화토금수(木火土金水)가 순서대로 시계방향이든 시계 반대방향이든 돌아가는 경우에 이루어진다.

48 순환상생격에 대한 설명으로 옳지 않은 것은?

① 순환상생격은 오행 목화토금수(木火土金水)가 시계방향으로만 순서대로 돌아가는 것이다.
② 오행이 모두 순서대로 돌아가면 사주팔자 여덟 글자 중에서 일곱 글자만 돌아가도 된다.
③ 오행 중 4개가 순서대로 돌아가면 사주 여덟 글자 모두가 돌아가야 한다.
④ 인생의 흐름이 다른 사람에 비해 순조롭고, 사주 당사자도 자신의 삶을 긍정적으로 바라보는 타입이다.
⑤ 매사에 꾸준하게 밀고 나가는 성실한 타입이다.

신약 사주는 합을 하여 신강한 사주로 변화하고, 신강 사주는 합을 하여 신약 사주로 변화하는 것이 대덕격1이다.

49 대덕격1에 대한 설명으로 옳지 않은 것은?

① 신약한 사주가 합을 하여 신강한 사주가 되거나, 신강한 사주가 합을 하여 신강한 사주가 되어야 한다.
② 사주원국의 더운 사주가 합을 하여 추운 사주로 변하거나, 사주원국의 추운 사주가 합을 하여 더운 사주로 변화하는 것을 말한다.
③ 대덕격1은 조후로 보는 방법과 억부(신강·신약)로 보는 2가지가 있다.
④ 신강 사주가 합을 하여 신약 사주로 변하는 것보다 신약 사주가 합을 하여 신강 사주로 변화하는 것이 유리하다.
⑤ 대덕격1은 명예를 추구하거나 관직으로 진출하면 좋다.

50 대덕격2에 대한 설명으로 옳지 않은 것은?

① 예를 들어, 목극토(木剋土) → 토극수(土剋水)의 원리를 말한다.
② 극하는 오행이 30~40점에 해당하는 경우를 말한다.
③ 극하는 세 오행의 점수는 상황에 따라 약간씩 달라질 수 있다.
④ 월지의 점수는 계절을 참고하지 않고 사주에 나타난 원래 점수로 한다.
⑤ 대덕격2는 명예를 소중히 여기는 직업이나 관직에 진출하는 것이 좋다.

51 다음 중 삼기격에 대한 설명으로 옳지 않은 것은?

① 갑무경(甲戊庚)은 천상삼기격에 해당한다.
② 을병정(乙丙丁)은 지하삼기격에 해당한다.
③ 신임계(辛壬癸)는 인간삼기격에 해당한다.
④ 삼기격에는 3가지 종류가 있다.
⑤ 무병임(戊丙壬)은 천지인삼기격에 해당한다.

52 다음 사주 중에서 양간부잡격에 해당하는 사주는 무엇인가?

①
시	일	월	연
乙	甲	乙	甲
丑	子	亥	辰

②
시	일	월	연
己	丁	己	丁
酉	酉	酉	酉

③
시	일	월	연
癸	癸	癸	癸
亥	未	亥	卯

④
시	일	월	연
辛	辛	辛	辛
卯	亥	卯	亥

⑤
시	일	월	연
戊	戊	戊	戊
午	午	午	午

KEY POINT

서로 극하는 오행 3개의 점수는 사주원국의 오행보다는 계절의 변화를 읽는 월지와 일지 분석법을 통해 분석한다.

천지인삼기격은 존재하지 않는 격이다.

양간부잡격은 천간이 한 가지 오행으로 이루어져 있으면서 연월일시가 양음양음 또는 음양음양일 때를 말한다.

여기 정답!

1) 3 2) 4 3) 4 4) 4 5) 3
6) 4 7) 4 8) 3 9) 3 10) 3
11) 5 12) 1 13) 3 14) 3 15) 3
16) 1 17) 5 18) 4 19) 5 20) 2
21) 5 22) 1 23) 1 24) 1 25) 1
26) 1 27) 5 28) 5 29) 1 30) 3
31) 4 32) 5 33) 5 34) 5 35) 2
36) 1 37) 3 38) 4 39) 1 40) 3
41) 2 42) 3 43) 1 44) 2 45) 4
46) 4 47) 5 48) 1 49) 1 50) 4
51) 5 52) 1

대덕 한마디

우리 나라 운명산업의 현주소

많은 사람들이 역학이나 사주명리학 등의 운명학을 미신이나 사이비라고 매도하지만, 요즘과 같은 최첨단 과학시대, 정보과학의 시대에도 운명학은 사라지고 않고 우리 곁에 남아 있다. 오히려 과학과 정보의 발달과 더불어 운명산업은 더욱 진화·발전하고 있는 상황이다.

단적인 예로, 시대의 변화에 민감한 역학자들은 인터넷을 활용하면서 신세대를 대상으로 고객층을 넓혀가고 있다. 주요 인터넷 포털사이트를 검색해보면 운명이나 역학 관련 사이트가 매우 많다. 이것은 쉽고 단순하며 편리성을 추구하는 신세대들의 취향과 매우 잘 맞는데, 이를 통해 사람들은 굳이 점집이나 철학관을 찾아가지 않아도 인터넷이란 열린 공간을 통해 자신의 운명을 언제 어디서든 알아볼 수 있게 되었다.

뿐만 아니라 운명산업의 수요층이 다양하게 세분화되고 있다. 예전의 운명학은 사람이 살고 죽는 문제, 결혼문제 등에 한정적으로 활용되는 경우가 많았다. 그러나 요즘에는 결혼문제뿐만 아니라 대학입시, 취업, 주식투자, 사업, 승진 등 다양한 전문 영역으로 확대되고 있으며, 역학자들은 자신만의 고유한 영역을 특화시키기 위해 노력하고 있다.

우리 나라의 인터넷 운세 콘텐츠(contents)는 게임이나 성인 콘텐츠 못지않은 인기를 얻고 있다. 현재 인터넷에서 영업 중인 역술 관련 사이트는 모두 150여 개로 사이버 부적이나 로또번호 운세 등으로 영역을 넓히고 있으며, 우리 나라뿐만 아니라 일본과 중국 등으로 사업을 확장하는 것을 목표로 하고 있다. 또한 오프라인 영업을 강화하기 위해 서울 시내에 운세 종합 쇼핑몰을 세울 계획도 가지고 있다.

인터넷이 아니더라도 기존의 영업 기반에 운명산업을 접목하는 경우는 얼마든지 있다. 한 통신

회사에서 제공하는 운세서비스의 경우에는 2005년 매출이 2004년에 비해 40% 증가하였으며, 휴대전화를 통해 부적과 운세 상승 벨소리 등 다양한 콘텐츠를 제공하고 있다.

현재 전국적으로 45만명의 역술인과 무속인들이 있으며, 운명산업의 규모는 약 2조원에 달하는 것으로 추정된다. 서울 인사동에서는 무속 종합 쇼핑몰을 세워 점집을 분양하고 있고, 신세대 패션 거리인 압구정동 로데오 거리에는 점집과 사주카페 70여 곳이 늘어서 있으며, 무속 타운의 원조라고 할 수 있는 미아리와 이화대 앞에도 수많은 역술인들이 활동하고 있다. 이곳에서는 사주명리학을 비롯하여 구슬점, 타로카드, 대나무 뽑기 등 다양한 방법으로 운명을 판단한다.

특히 기업에서도 점 마케팅이 유행하고 있다. 이마트 같은 대형 쇼핑몰과 CGV 등의 대형 영화관에는 타로카드 점집이 들어서 있고, 매년 새해가 되면 백화점 등에서 신년 운세를 보아주는 이벤트를 개최한다.

더욱이 최근 운명학이 제도권 교육으로 인정받기 시작하면서 더욱 전망이 밝아졌다. 최근 공주대학교, 경기대학교, 원광대학교, 대구한의대학교, 동부산대학교 등에는 장례풍수학과가 개설되었고, 서라벌대에는 풍수명리학과, 원광디지털대학교에는 얼굴경영학과가 개설되는 등 10여 개 대학에 관련학과가 생겼고, 앞으로도 개설을 목표로 준비 중인 학교가 많이 있다.

그러나 이러한 운세산업 번창의 이면에는 지나치게 흥미 위주로 흘러간다는 문제점이 있다. 재미와 흥미 위주로 가다 보면 기존의 사이비나 미신이란 굴레에서 벗어나기 어려워진다. 천천히 성장하더라도 체계적이고 학문적인 방향에서 검증하고 통계적 과학적 체계 안에서 성장 발전해 나가야 비로소 운명학과 운세산업이 새로운 최첨단 문명 속에서 나름대로 빛을 발할 수 있을 것이다.

그런 점에서 대학에 관련학과가 개설된 것은 매우 긍정적인 현상이라고 할 수 있다. 물론 막 걸음마를 시작한 만큼 미흡한 점이 없지는 않다. 대학의 커리큘럼이 사주명리학 기초를 배운 뒤 고전 공부에 치중하도록 짜여진 것이 가장 아쉬운 점이다. 중국의 사주명리학 원전을 번역하는 수준에서 벗어나지 못하고 있는 실정이기 때문이다. 대학에서 학문적으로 좀더 노력해야 할 부분이 바로 임상실험 과정이라고 할 수 있다. 임상실험을 통해 의미 있는 통계를 산출해내고 다양한 이론을 검증해야만 사주명리학, 운명학, 점학이 새로운 발전의 계기를 마련할 수 있을 것이다.

김동완의 사주명리학 강의 Vol.3
사주명리학 격국특강

글쓴이 | 김동완
펴낸이 | 유재영
펴낸곳 | 주식회사 동학사
기　획 | 이화진
편　집 | 나진이
디자인 | 임수미
본문 일러스트 | 김문수

1판 1쇄 | 2006년 7월 15일
1판 16쇄 | 2023년 11월 30일
출판등록 | 1987년 11월 27일 제10-149

주소 | 04083 서울 마포구 토정로 53 (합정동)
전화 | 324-6130, 324-6131 · 팩스 | 324-6135
E-메일 | dhsbook@hanmail.net
홈페이지 | www.donghaksa.co.kr
　　　　　www.green-home.co.kr

ⓒ 김동완, 2006

ISBN 89-7190-198-5 03150

• 잘못된 책은 구매처에서 교환하시고, 출판사 교환이 필요할 경우에는
  사유를 적어 도서와 함께 위의 주소로 보내주세요.
• 저자와의 협의에 의해 인지를 생략합니다.